Integrazione Sistemistica con LDAP
Seconda edizione

Simone Piccardi

I0474311

Truelite Srl – http://www.truelite.it – info@truelite.it

Integrazione Sistemistica con LDAP – Seconda edizione

Progetto grafico a cura di Fabio Venni

ISBN 978-0-244-52101-1

Questa documentazione libera è stata realizzata a supporto delle attività formative effettuate da Truelite S.r.l. La stesura di parte del materiale è stata finanziata insieme alla realizzazione di alcuni corsi erogati dall'azienda e lo stesso viene messo a disposizione di tutti sotto licenza CC-BY-SA.

Questo significa che potete distribuirlo, estenderlo e migliorarlo, a condizione che venga resa adeguata attribuzione (riportando esplicitamente anche il collegamento indicato nel paragrafo successivo) e che venga mantenuta la stessa licenza.

Questo testo viene distribuito su Internet all'indirizzo:

`http://labs.truelite.it/`

dove saranno pubblicate tutte le informazioni su nuove versioni ed aggiornamenti.

truelite

Società italiana specializzata nella fornitura di servizi, consulenza e formazione esclusivamente su GNU/Linux e software libero.

Per informazioni:
Truelite S.r.l.
Via Monferrato 6,
50142 Firenze.
Tel: 055-7879597
e-mail: info@truelite.it
web: http://www.truelite.it

Indice

Capitolo 1

Introduzione a LDAP

1.1 Il protocollo LDAP

In questa prima sezione faremo una introduzione generale su LDAP, trattando le caratteristiche essenziali del protocollo, la strutturazione dei dati, le varie convenzioni adottate ed il formato di interscambio in cui questi vengono usualmente tradotti.

1.1.1 Una visione di insieme

Il nome LDAP è l'acronimo di *Lightweight Directory Access Protocol*; si tratta di un protocollo che permette di accedere ad un servizio di *elenco* (non ho trovato una traduzione migliore del termine *directory* in questo contesto) in versione elettronica, analogo a quello che potrebbe essere un elenco telefonico, ma generalizzato nei contenuti. In sostanza si tratta di un database, ma il cui scopo principale è la ricerca di informazioni, e non la gestione (nel senso di registrazione ed aggiornamento continuo) delle stesse.

Per capire l'utilità di un servizio generico di questo tipo consideriamo come in un sistema GNU/Linux siano già presenti molteplici elenchi di informazioni: la lista degli utenti, quella dei gruppi, quella delle porte TCP e UDP, ecc.[1] In generale si tende a distinguere fra quelli che sono i servizi di elenco *locali*, come la lista degli utenti di /etc/passwd, e quelli che invece sono *globali*, come la lista delle corrispondente fra nomi a dominio e numeri IP fornite dal DNS.

La presenza di un servizio che permetta di mantenere diversi tipi di informazione e di recuperarli in maniera efficiente sulla base di criteri di ricerca generici viene allora a costituire uno strumento fondamentale in tutti quei casi in cui si debbano integrare fra loro sistemi diversi che necessitano di accedere a informazioni comuni, che a questo punto possono essere mantenute in maniera centralizzata all'interno di questo servizio.

I servizi di *elenco* sono stati standardizzati a livello internazionale, partendo dall'idea dell'elenco telefonico, nelle specifiche ISO X.500,[2] che prevedono sia un modello di dati che un

---

[1] buona parte di questi sono gestiti dal sistema del *Name Service Switch*, vedremo come potranno essere portati su LDAP in sez. 3.1.2.

[2] la *International Organization for Standardization*, una organizzazione non governativa dedicata allo sviluppo di standard, costituita da una rete di istituti nazionali, che invece sono spesso di origine governativa.

protocollo di accesso (il DAP, acronimo di *Directory Access Protocol*); LDAP parte dal modello di dati di X.500 ma utilizza un protocollo di accesso semplificato basato esclusivamente su TCP/IP, che è stato standardizzato dall'RFC 2251. Oltre a questo sono state semplificate alcune rappresentazioni dei dati e cancellate alcune funzionalità oscure e poco utilizzate.

Il protocollo LDAP è strutturato sul classico modello client-server, in cui in server mantiene le informazioni dell'elenco ed i client eseguono le interrogazioni e le ricerche. Inoltre in maniera analoga a quanto accade per i DNS qualora un server non possieda le informazioni richieste, può trasferire le richieste ad un altro server, adottando un'organizzazione ad albero (che approfondiremo in sez. 1.1.2) che permetterebbe di integrare le informazioni locali all'interno di una struttura globale di tutti i servizi di elenco.

Il protocollo è costituito da una parte che definisce l'organizzazione dei dati, chiamata *Data model*, che permette di stabilire come viene rappresentata l'informazione, uno schema di assegnazione dei nomi, detto *Naming model*, che identifica il singolo dato mantenuto nel sistema, ed infine una modalità di accesso ai dati con tanto di meccanismi molto dettagliati per il controllo degli accessi, come vedremo in sez. 2.2.2.

Il protocollo invece non dice niente rispetto alle modalità specifiche in cui i dati vengono memorizzati, tratta solo la loro strutturazione astratta, e le modalità con cui possono essere compiute sugli stessi le operazioni previste dal protocollo (ricerca, lettura o scrittura); l'implementazione è lasciata al funzionamento del singolo server.

Per la natura stessa del servizio le informazioni mantenute in un server LDAP sono per lo più lette, vengono scritte o aggiornate soltanto in maniera occasionale; per questo motivo non sono necessari i complessi meccanismi di *roll-back*[3] e sincronizzazione usualmente presenti nei più comuni database relazionali. Inoltre l'organizzazione delle informazioni è di tipo descrittivo e non relazionale e come accennato la struttura è ad albero e non a tabelle. Nonostante queste differenze con quella che è l'accezione più comune del termine,[4] faremo comunque riferimento alle informazioni mantenute in un server LDAP chiamandole *database*.

Un database LDAP pertanto deve essere ottimizzato per fornire risposte rapide in lettura e nelle ricerche, per essere facilmente replicato, e per supportare la distribuzione di carico su più server. Per questo motivo il protocollo, contrariamente a quanto è richiesto per i database relazionali, considera come accettabili delle inconsistenze temporanee nelle informazioni.

1.1.2 La strutturazione dei dati di LDAP

La caratteristica fondamentale del modello di dati usato da LDAP è la sua struttura ad albero, si parla infatti di DIT o *Data Information Tree*. Le informazioni sono mantenute in una gerarchia di *oggetti* o *voci* (in inglese sono chiamati *entries*) a partire da un oggetto o voce iniziale che costituisce la radice dell'albero (identificato con i termini *base* o più propriamente *suffix*), con i successivi oggetti "*contenuti*" all'interno di altri oggetti del livello precedente.

In realtà i singoli oggetti in quanto tali non contengono altri oggetti, ma solo degli *attributi* con assegnato un valore, dipendenti dalle *classi* da cui derivano (torneremo su questi concetti in dettaglio fra poco). Per questo parlare di un oggetto "*contenuto*" in un altro può essere

---

[3]si chiama così quella funzionalità che consente di finalizzare una serie di operazioni di modifica dei contenuti in un'unica volta, garantendo la possibilità, fintanto che non la si esegue, di ritornare allo stato precedente.

[4]quella che porta a identificare i database con i database relazionali interrogabili con il linguaggio SQL, ignorando che questo è solo uno dei tanti modi in cui è possibile organizzare una base di dati.

fuorviante fuori dal contesto dell'albero dei dati, in questo caso infatti essere "*contenuti*" deve essere inteso solo come un modo di rappresentare la struttura ad albero, per cui sotto un oggetto possono situarsene degli altri che a loro volta possono averne al di sotto altri, e così via. È grazie a questa strutturazione che il protocollo permette di suddividere le informazioni in maniera gerarchica, ed eventualmente anche di dividerle su diversi alberi che potrebbero risiedere anche su server diversi, supportando così in maniera naturale la distribuzione dei dati.

All'interno dell'albero dei dati ogni oggetto viene identificato univocamente dal suo cosiddetto *Distinguished Name* (che in seguito abbrevieremo spesso con la sigla DN);[5] questo non è altro che il percorso che si deve fare a partire dalla radice dell'albero indicando i singoli oggetti da attraversare per arrivare a quello voluto, in sostanza un equivalente a quello che è un *pathname* nell'albero dei file di un sistema unix-like. Per specificare un *Distinguished Name* occorre quindi scrivere, iniziando però a differenza di un *pathname* dal fondo, la lista dei nomi dei singoli oggetti che occorre attraversare per risalire fino alla radice, separati da virgole.

Ciascun oggetto attraverso cui si passa attraversando l'albero per arrivare ad un *Distingui-shed Name* viene a sua volta identificato utilizzando il cosiddetto *Relative Distinguished Name* (o RDN) specificato nella forma `attributo=valore`, dove `attributo` è il nome che identifica l'attributo che si è scelto per indicare l'oggetto (come `dc`, `ou` o `cn`) mentre `valore` ne indica il contenuto: pertanto si potrà avere qualcosa come `ou=Ricerca`, o `cn=Simone Piccardi` (sul significato degli attributi e della relativa terminologia torneremo a breve).

Allora, usando una strutturazione dell'albero come quella illustrata in fig. 1.2, se vogliamo indicare l'oggetto di tipo *Person* corrispondente a Simone Piccardi indicato in figura, si dovrà usare come *Distinguished Name* il valore:

`cn=Simone Piccardi,ou=ricerca,dc=truelite,dc=it`

Si tenga presente che l'attributo utilizzato come *Relative Distinguished Name* può in teoria essere uno qualunque fra quelli che l'oggetto supporta, ma in genere si usa uno di quelli obbligatori (torneremo sul significato di tutto ciò a breve). Quello che assume questo ruolo è appunto quello che viene scelto come costituente il *Distinguished Name* quando l'oggetto viene creato.[6]

Come accennato la struttura ad albero dei dati di LDAP, oltre a consentire una suddivisione gerarchica delle informazioni, può permettere anche di inserire vari alberi mantenuti in diversi server (in maniera analoga alla struttura dei nomi a dominio) all'interno di una organizzazione dei dati *globale*, in cui si possono riunire in maniera coerente DIT diversi sotto una radice unica. Questo ovviamente richiede che la radice usata dai singoli server sia scelta con un criterio coerente che consenta questa integrazione; di questi criteri ne esistono in sostanza due.

Il primo criterio deriva direttamente dallo scopo originale di LDAP, che era quello di fornire un database distribuito, analogo a quello del DNS, che costituisse l'analogo dell'elenco del telefono su Internet; un servizio distribuito contenente cioè informazioni riguardo nomi, indirizzi, numeri telefonici e dati specifici di società e persone.

In questo caso era previsto che le informazioni venissero gerarchizzate su base geografica: alla radice dell'albero stanno allora degli oggetti "*Country*" che specificano il paese con l'attributo "`c`", sotto i quali poi si pongono ulteriori oggetti di specificazione geografica più limitata come

---

[5] il formato dei *Distinguished Name* è definito dall'RFC 2253, che si può consultare per avere tutti i dettagli al proposito.

[6] questo gli conferisce un significato speciale, e vedremo in sez. 1.2.3 che per modificarne il valore occorre un'operazione specifica.

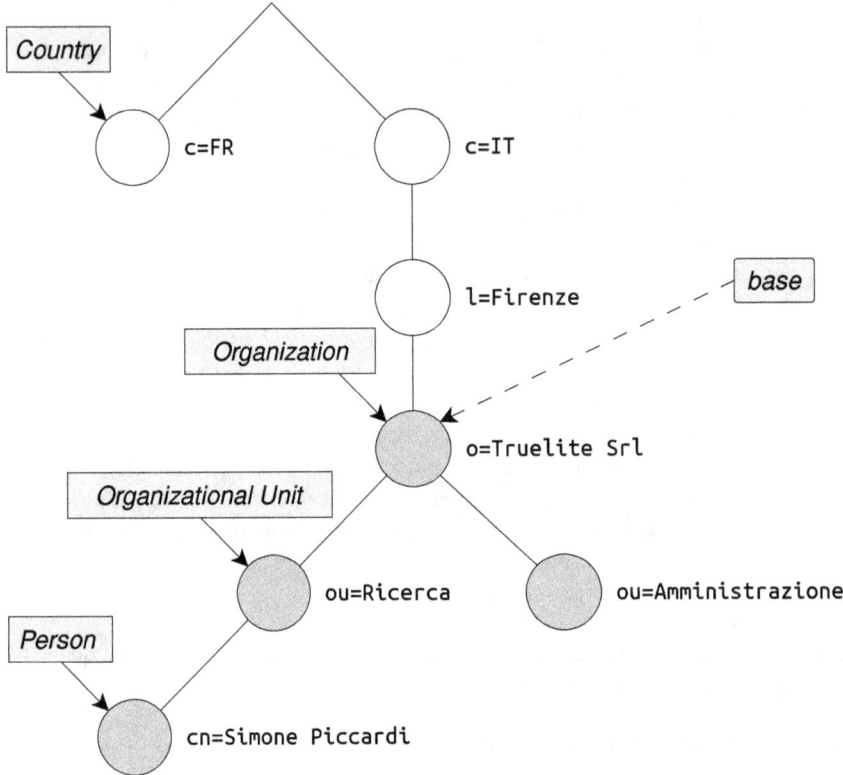

Figura 1.1: Strutturazione di un albero LDAP su base geografica.

"st", che indica lo "*State*" dove il concetto deriva dall'ambito statunitense dove la suddivisione geografica è da "*nazione*" (gli USA) a singolo "*stato*" (il Texas); in ambito europeo in genere questo campo indica la provincia o viene omesso. A questi può seguire "l" che indica la località (città, o più in generale il comune) ed infine "o" che indica la propria organizzazione.

Un esempio di albero organizzato con questo criterio di strutturazione è riportato in fig. 1.1, ma lo citiamo solo per riferimento, oggi infatti questo criterio è in sostanziale disuso, anche perché a differenza del DNS non è mai nata la gerarchia di server che avrebbe dovuto popolare e gestire i vari livelli della struttura. Tuttavia è interessante notare che questa suddivisione si ritrova identica nelle informazioni inserite nei certificati TLS/SSL che identificano il soggetto titolare del certificato, che anch'esse originano dallo standard ISO X.500.[7]

Il secondo criterio è invece ripreso direttamente dall'albero dei domini del DNS, di cui LDAP ricalca la filosofia anche per quanto riguarda la distribuzione dell'informazione. In questo caso alla radice dell'albero stanno sempre degli oggetti "*Domain Component*", identificati tramite il valore del rispettivo attributo "dc", cui si assegnano a fila i nomi delle componenti del proprio nome a dominio, inseriti uno sotto l'altro nell'albero in modo da replicare la struttura dei domini su Internet. Un esempio di questa strutturazione è riportato in fig. 1.2.

---

[7]si possono trovare maggiori dettagli al riguardo nel cap. 2.1 di [SGL].

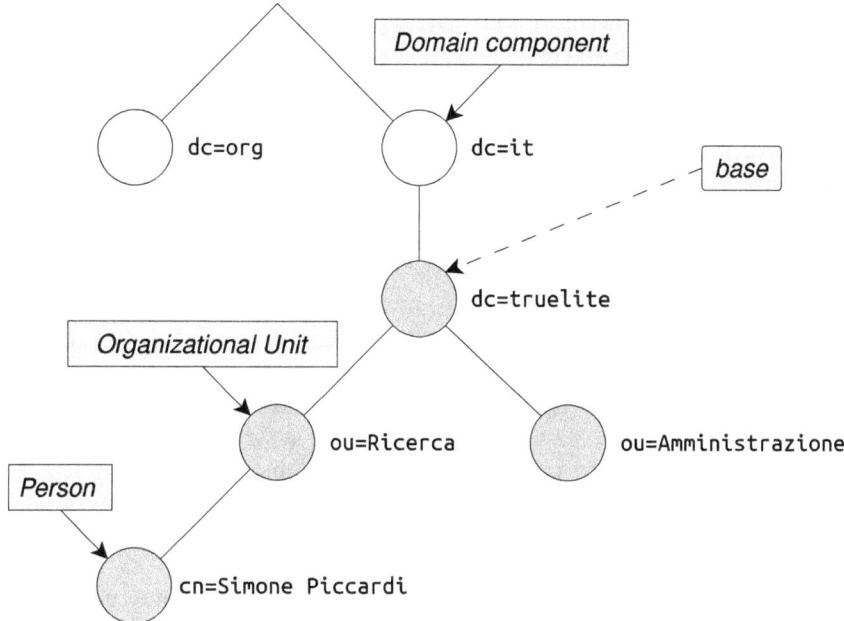

Figura 1.2: Strutturazione di un albero LDAP sulla base dell'albero dei domini.

In generale tutte le volte che si installa un server LDAP occorre scegliere quale strutturazione dell'albero si vuole usare, e definire un punto iniziale in cui far comparire i dati in esso presenti, rispetto ad uno di questi due criteri. Questo punto di partenza, che costituisce la radice del proprio DIT, è quello che nella nomenclatura viene chiamato "*suffisso*" (*suffix* in inglese). Ha questo nome proprio perché viene usato come tale per i nomi di tutti gli oggetti contenuti nell'albero: in sostanza è il suffisso del *Distinguished Name* di ogni oggetto dell'albero.

Come possibili esempi, se si è scelto il criterio basato sui nomi a dominio potremo avere un suffisso come dc=truelite,dc=it, mentre se si è scelto il criterio geografico potremo avere un suffisso come o=Truelite Srl,l=Firenze,c=IT. Come accennato oggi viene quasi universalmente utilizzata la strutturazione dei nomi a dominio,[8] per cui scelta del punto di partenza al di sotto del quale si specificano i DN del proprio albero deriva dalla scelta di un nome a dominio.

Si tenga presente che in teoria, se non si ha nessun interesse relativo ad una possibile integrazione con altri server LDAP, il suffisso potrebbe anche essere assente e si potrebbe partire ponendo come radice dell'albero un oggetto qualunque (il suffisso in tal caso sarebbe il suo RDN). Resta comunque una pratica comune utilizzarne uno; in tal caso si deve tener presente che non è necessario creare nel database tutti gli oggetti in esso indicati, ma solo quello posto alla radice dell'albero; ad esso cui sarà associato il suffisso come *Distinguished Name* (per questo in fig. 1.2 si è indicato il primo oggetto, dc=it, con un cerchio vuoto).

Infine accade che talvolta venga fatto riferimento al suffisso anche con il nome di "*base*", nel senso di base dell'albero dei dati. In realtà con "*base*" nella nomenclatura si indica il punto di partenza di una ricerca generica (ci torneremo in sez. 1.2.2). Questa può essere posta in

---

[8]questo è ad esempio il default di Debian a partire dalla release 3.1 (Sarge).

qualunque sezione dell'albero, la confusione fra i due termini deriva dal fatto che se non la si specifica esplicitamente, il default è che le ricerche cominciano dalla radice dell'albero per cui la base coincide con il suffisso.

Finora abbiamo parlato di oggetti e attributi, indicandone in maniera generica una tipologia (ad esempio *Domain Component*), sorvolando e dando per scontati alcuni concetti che occorre invece trattare dettagliatamente. Il modello di dati usato da LDAP infatti ha una precisa architettura che segue il paradigma della programmazione ad oggetti; ciascun oggetto presente in un albero LDAP è una *istanza* di una o più *classi*, e può contenere i valori di uno o più degli *attributi* definiti dalle classi di cui è istanza.

Le classi che definiscono le caratteristiche degli oggetti presenti in un database vengono chiamate *objectclass*: una *objectclass* definisce anzitutto quali sono gli attributi di un oggetto che la utilizza,[9] e fra questi quali sono quelli obbligatori che devono essere necessariamente presenti. Inoltre, come accennato, un oggetto può utilizzare più *objectclass*; in questo caso solo una può essere di tipo *strutturale*, cioè in grado di definirne la struttura, le altre dovranno essere *ausiliarie* cioè classi in cui si definiscono attributi non essenziali, usate per estendere le possibilità di associare dati all'oggetto. Il modello delle *objectclass* consente inoltre di utilizzare il concetto di ereditarietà, tipico della programmazione ad oggetti, e costruire delle classi complesse a partire da classi più semplici.

Il protocollo prevede che ogni *objectclass* sia identificata univocamente da un codice OID[10] (sigla che sta per *Object Identifier*) e da un nome mnemonico. Quando viene definita si deve indicare se è strutturale o ausiliaria, quali sono gli attributi previsti e quali fra questi sono obbligatori, ed infine se è "*derivata*" da un'altra classe o meno. Nel primo caso si dovranno definire solo gli eventuali attributi aggiuntivi rispetto alla classe originaria, altrimenti deriverà soltanto dalla *objectclass* predefinita **top**; in questo caso si dice che la classe è "*primaria*".

Buona parte della standardizzazione di LDAP consiste appunto nella definizione di una serie di *objectclass* e dei relativi attributi per la memorizzazione di specifiche informazioni. Per provare ad illustrare meglio il concetto facciamo qualche esempio, partendo da una delle classi più semplici, la **dcObject**, che definisce gli oggetti di tipo *Domain Component* incontrati poco fa. La classe è stata standardizzata dall'RFC 2247 e la sua definizione, così come viene fatta nei file di *schema* di OpenLDAP (vedi sez. 2.1.2) è la seguente:[11]

```
objectclass ( 1.3.6.1.4.1.1466.344 NAME 'dcObject'
        DESC 'RFC2247: domain component object'
        SUP top AUXILIARY MUST dc )
```

Questa definizione ricalca direttamente, a parte la direttiva **objectclass** iniziale che è specifica del file di configurazione di OpenLDAP, quella contenuta nell'RFC citato. La definizione viene fatta usando una sintassi che prevede l'indicazione iniziale dell'OID della classe (**1.3.6.1.4.1.1466.344**), seguito dalla definizione delle caratteristiche della stessa espresse con

---

[9] intendendo con un utilizzo della classe da parte di un oggetto, l'essere quest'ultimo istanza della stessa.

[10] gli OID sono dei codici numerici univoci, organizzati in forma gerarchica a livello globale, usati identificare un *oggetto*; i vari numeri sono standardizzati dalla IANA, e per LDAP vengono prevalentemente utilizzati numeri al di sotto del prefisso "1.3.6.1.4.1."; per maggiori dettagli si consulti http://en.wikipedia.org/wiki/Object_identifier.

[11] la definizione è tratta dal file /etc/ldap/schema/core.schema di una Debian Stretch, che in genere viene incluso nel file di configurazione del server di *OpenLDAP*, vedi sez. 2.1.2.

parole chiave scritte in maiuscolo seguite dai rispettivi valori, il tutto separato da spazi o a capo. In questo caso abbiamo il nome della classe indicato dopo NAME seguito da una descrizione indicata dopo DESC. La classe è primaria dato che deriva, come indicato con SUP, solo da top, la parola chiave AUXILIARY indica invece che si tratta di una classe ausiliaria. Infine la classe definisce un solo attributo, dc, che è obbligatorio dato che segue l'indicazione MUST.

Come secondo esempio, un po' più complesso per poter illustrare anche altre caratteristiche della sintassi che consente di definire le *objectclass*, prendiamo una delle classi più comuni, la organizationalUnit, standardizzata dall'RFC 2256; in questo caso la sua definizione è:

```
objectclass ( 2.5.6.5
    NAME 'organizationalUnit'
    DESC 'RFC2256: an organizational unit'
    SUP top STRUCTURAL
    MUST ou
    MAY ( userPassword $ searchGuide $ seeAlso $ businessCategory $
        x121Address $ registeredAddress $ destinationIndicator $
        preferredDeliveryMethod $ telexNumber $ teletexTerminalIdentifier $
        telephoneNumber $ internationaliSDNNumber $
        facsimileTelephoneNumber $ street $ postOfficeBox $ postalCode $
        postalAddress $ physicalDeliveryOfficeName $ st $ l $ description ) )
```

Di nuovo la definizione ricalca direttamente quella contenuta nell'RFC citato: viene indicato l'OID della classe (2.5.6.5), seguito dalla definizione del nome e dalla descrizione. Anche in questo caso si tratta di una classe primaria che deriva da top ma al contrario di dcObject la classe è strutturale come indicato da STRUCTURAL. Come prima seguono gli attributi obbligatori (uno solo "ou", sempre indicato con MUST) e poi quelli opzionali, indicati con MAY, come elenco fra parentesi separati dal carattere "$".

Come ad ogni classe, anche ad ogni attributo viene associato un codice OID ed un nome mnemonico che lo identifica (in alcuni casi anche più di uno); inoltre nella sua definizione viene specificato da quale tipo di dati questo può essere costituito (stringa, valore numerico, ecc.), se può essere presente più volte o meno in uno stesso oggetto, e che criteri di ricerca per i valori contenuti sono eventualmente supportati. Di nuovo per illustrare meglio il concetto ricorriamo ad un esempio tratto dall'RFC 2256 per l'attributo "ou" appena incontrato, e per l'attributo name da cui questo deriva:[12]

```
attributetype ( 2.5.4.11 NAME ( 'ou' 'organizationalUnitName' )
    DESC 'RFC2256: organizational unit this object belongs to'
    SUP name )
attributetype ( 2.5.4.41 NAME 'name'
    EQUALITY caseIgnoreMatch
    SUBSTR caseIgnoreSubstringsMatch
    SYNTAX 1.3.6.1.4.1.1466.115.121.1.15{32768} )
```

---

[12]anche in questo caso la definizione è tratta dal file /etc/ldap/schema/core.schema di una Debian Stretch, anche se la definizione di name è commentata in quel file, essendo questo predefinito dal server in quanto è la base di tutti gli attributi che contengono stringhe di testo, per i quali svolge il ruolo che ha top per le *objectclass*.

Anche in questo caso la definizione ricalca direttamente, a parte la direttiva `attributetype` iniziale, la sintassi della definizioni degli attributi usata negli RFC. Al solito si indica inizialmente l'OID dell'attributo seguito dalla dichiarazione del nome (con `NAME`) che come si vede nel caso di `ou` può prevedere anche più valori (anche `organizationalUnitName`); inoltre si può derivare un attributo da un altro con `SUP` come per le *objectclass*. Le caratteristiche di un attributo vengono poi indicate con `EQUALITY` per specificare come viene stabilita l'uguaglianza fra due valori (nell'esempio *case insensitive*) e con `SUBSTR` come viene effettuata la corrispondenza di una sotto-stringa. Il tipo di dato viene indicato (in genere con il codice OID che lo definisce) con `SYNTAX`.[13]

Come altro esempio, un po' più complesso, consideriamo l'attributo `dc` incontrato con la classe `dcObject` definito anch'esso nell'RFC 2247, in questo caso avremo:[14]

```
attributetype ( 0.9.2342.19200300.100.1.25
        NAME ( 'dc' 'domainComponent' )
        DESC 'RFC1274/2247: domain component'
        EQUALITY caseIgnoreIA5Match
        SUBSTR caseIgnoreIA5SubstringsMatch
        SYNTAX 1.3.6.1.4.1.1466.115.121.1.26 SINGLE-VALUE )
```

Stavolta l'attributo non deriva da nessun altro, ed è al solito definito usando il suo OID, con due possibili nomi (`dc` e `domainComponent`), ma utilizza dei criteri diversi per `EQUALITY`, `SUBSTR` e `SYNTAX` che fanno riferimento a stringhe codificate in AI5 (l'*International Alphabet 5* è una codifica a 7 bit estensione dell'ASCII, usata appunto per i nomi a dominio classici). Inoltre la presenza di `SINGLE-VALUE` ci dice che l'attributo non può avere valori multipli.

La disponibilità di diverse *objectclass* standardizzate è uno dei maggiori punti di forza di LDAP, perché fornisce delle strutture di dati pronte per essere riutilizzate senza doversele reinventare tutte le volte. Molte delle applicazioni di LDAP come supporto per le informazioni si basano proprio sulla scelta delle opportune *objectclass* per memorizzare alcuni dati, vale pertanto la pena fare una breve panoramica su alcune di quelle di base, salvo poi approfondire più avanti quelle di uso più specialistico.

Come accennato la `organizationalUnit` è una delle classi più comuni, e serve a definire una unità organizzativa (da cui il nome inglese): la definizione appena vista ci dice che la classe è strutturale e che, derivando direttamente da `top`, è una classe primaria; richiede poi l'attributo obbligatorio `ou` che indica il nome dell'unità organizzativa. Inoltre benché in genere negli oggetti si usi solo `ou`, la classe consente anche l'uso di una lunga lista di altri attributi opzionali. La sua modalità di utilizzo più comune è comunque quella in cui tutte le voci relative a persone (o altri tipi di dati) attinenti ad una certa unità organizzativa vengono inserite nell'albero al di sotto della voce che identifica l'unità stessa. In questo modo si può suddividere l'albero in tanti rami alla base di ciascuno dei quali c'è una *Organizational Unit* che ne classifica il contenuto.

Un'altra delle *objectclass* più usate è `inetOrgPerson` (definita nell'RFC 2798), una classe derivata di tipo strutturale che viene utilizzata principalmente per gestire indirizzari (vedi sez. 3.3.1). In questo caso gli oggetti di questa classe servono specificamente a memorizzare dei dati attinenti

---

[13]questi valori, nel caso di *OpenLDAP*, sono predefiniti e disponibili direttamente all'interno del server.

[14]anche in questo caso come nel precedente la definizione è tratta dal file `/etc/ldap/schema/core.schema` di una Debian Stretch.

ad una persona; la classe richiede obbligatoriamente la presenza di un *Common Name* e consente poi di utilizzare una lunga serie di altri attributi per associare ai suoi oggetti informazioni come l'indirizzo, il numero di telefono, il ruolo, ecc.

Come in precedenza i dati del database vengono sempre inseriti come valore dell'attributo di un oggetto dell'albero; il citato *Common Name*, identificato dalla stringa "`cn`", è uno di quelli più usati ed è presente in un gran numero di classi diverse; viene usato per memorizzare il nome di una persona (ad esempio "`Simone Piccardi`"). A seconda della classe che si utilizza (questo è anche uno degli scopi di poterne definire di diverse) ne potranno essere disponibili altri, ad esempio nella citata `inetOrgPerson` un altro attributo è "`mail`", che viene utilizzato per memorizzare un indirizzo di posta elettronica (ad esempio "`piccardi@truelite.it`").

Oltre agli attributi ordinari, ottenuti facendolo derivare da una *objectclass*, ad un oggetto possono essere associati anche degli *attributi operativi*, detti talvolta, quando derivano dalle caratteristiche dell'oggetto stesso, *attributi virtuali*. Questi attributi sono gestiti direttamente dal server LDAP per mantenervi dati di gestione degli oggetti o informazioni ad essi associate, e non vengono mostrati nelle ricerche ordinarie (torneremo sull'argomento in sez. 1.2.2).

Fa eccezione a questa regola l'attributo "`objectClass`" che viene comunque mostrato in ogni oggetto ed i cui valori corrispondono ai nomi di ciascuna delle classi da cui esso deriva. Nella creazione dell'oggetto l'indicazione di questi argomenti consente di specificare le *objectclass* che si vogliono usare per lo stesso, avendo così la possibilità di assegnare i valori agli attributi in esse definiti; per questo il nome "`objectClass`" come nome di attributo è riservato e non può essere ridefinito.

Sono invece propriamente operativi gli attributi che server come `slapd` associano ad ogni oggetto, come `modifiersName`, che indica chi (in termini di *Distinguished Name*) ha modificato per ultimo l'oggetto, o `modifyTimestamp`, che indica il tempo dell'ultima modifica, o gli analoghi `creatorsName` e `createTimestamp` riferiti alla creazione. Ad ogni oggetto viene inoltre associato un identificativo univoco UUID, nell'attributo `entryUUID`, che ne consente l'identificazione anche qualora esso venga spostato all'interno dell'albero dei dati.

Altri due attributi operativi vengono generati automaticamente per ogni voce sono `entryDN`, che ripresenta come valore di un attributo il *Distinguished Name* dell'oggetto, e `hasSubordinates`, che ha un valore logico che indica se nell'albero dei dati l'oggetto ha altri oggetti al di sotto.

Dato che (come vedremo in sez. 1.2.2) è sul valore degli attributi che possono essere fatte le ricerche, la presenza di questi attributi consente di eseguire selezioni usando caratteristiche delle voci del database che non sarebbero inseribili all'interno di un attributo ordinario. In particolare con `entryDN` si possono eseguire ricerche su sezioni multiple di rami di albero, cosa che non sarebbe possibile effettuare all'interno di una singola ricerca ordinaria in quanto la base di ricerca è sempre una sola.

Si tenga presente che quelli citati sono attributi operativi che sono definiti per tutti gli oggetti, ma, come vedremo anche in sez. 1.2.2, ne possono esistere di specifici associati solo ad alcuni tipi di oggetti; su questi torneremo nel seguito, via via che li incontreremo.

1.1.3   Il formato LDIF

In generale ogni server LDAP mantiene i propri dati utilizzando un suo meccanismo di supporto il cui formato non è specifico (per *OpenLDAP* tratteremo l'argomento in sez. 2.1.2). Per permettere di trasferire i dati fra server diversi è stato definito un apposito formato di interscambio, l'*LDAP*

Data Interchange Format, denominato in breve LDIF, che permette di esprimere una qualunque voce usando dei semplici file di testo.

Lo standard che definisce il formato LDIF è specificato dall'RFC 2849; esso prevede che ogni voce contenuta in un database LDAP possa essere espressa in testo semplice, con una schematizzazione della stessa secondo la seguente forma generica:

```
# commento
dn: <distinguished name>
<nome attributo>: <valore>
<nome attributo>: <valore>
...
```

Al solito il carattere "#" viene usato per indicare una linea di commento mentre le righe vuote vengono usate come separatori fra le diverse voci. Ciascuna voce deve essere introdotta da una riga iniziante per "dn:" che ne dichiari il *Distinguished Name* in modo da identificarla univocamente; questo deve essere espresso come visto in sez. 1.1.2.

Alla dichiarazione del *Distinguished Name* seguono le assegnazioni dei vari attributi contenuti nella voce nella forma illustrata: questi devono essere indicati tramite il relativo nome, come cn o objectClass, seguito dal carattere ":", da uno spazio singolo e poi dal valore. Per poter utilizzare uno specifico attributo occorrerà ovviamente che l'oggetto derivi da una *objectclass* che lo definisce. Se il file specifica un oggetto che deve essere creato si può indicare da quali *objectclass* derivarlo attraverso l'attributo speciale objectClass.

Se una riga è troppo lunga può essere fatta proseguire sulla successiva usando come primo carattere di quest'ultima o uno spazio o un tabulatore, questo significa che la specificazione del nome di un attributo deve sempre essere iniziata sul primo carattere di una riga. Si faccia conto inoltre che gli ulteriori spazi iniziali che seguono il carattere ":" non vengono ignorati, e che la presenza di spazi multipli all'interno dei valori viene mantenuta tale e quale; pertanto se non si vogliono spazi aggiuntivi occorre stare attenti a non metterceli.

Qualora il valore dell'attributo non sia esprimibile con caratteri stampabili, o inizi per uno spazio o con i caratteri riservati ":" e "<", questo dovrà essere specificato usando una sintassi diversa. Le opzioni sono due, la prima prevede l'uso di un valore codificato in formato *Base-64*[15], la seconda invece prevede la lettura dei dati direttamente da una fonte di dati esterna specificata tramite la sua URL. In tal caso la dichiarazione del valore di un attributo userà le due forme alternative "::" e ":<", ad esempio per specificare il valore di un attributo jpegPhoto si potranno usare le sintassi:

```
jpegPhoto:: /9j/4AAQSkZJRgABAgAAZABkAAD/7AARRHVja3kAAQAEAAAAUAAA/+4ADkFk
  b2JlAGTAAAAAf/bAIQAAgICAgICAgICAgMCAgIDBAMCAgMEBQQQEBAQEBQYF
  BQUFBQUGBgcHCAcHBgkJCgoJCQwMDAwMDAwMDAwMDAEDAwMFBAUJBgYJ
  ...
jpegPhoto:< file:///path/to/photo.jpeg
```

---

[15]questa è una semplice codifica, le cui specifiche si possono trovare all'interno dell'RFC 2045, che permette di esprimere un qualunque dato binario codificando lo stesso in un formato che prevede l'uso di 64 caratteri stampabili: le lettere maiuscole e minuscole, i numeri ed i caratteri "+" e "/".

Qualora un attributo compaia più volte questo dovrà essere ripetuto su righe distinte; infine si possono inserire più voci all'interno di uno stesso file separandole con una o più righe vuote. Un esempio di file LDIF è allora il seguente:

─────────────────────────────── ldapsample.ldif ───────────────────────────────
```
# Truelite Srl, Contacts, truelite.it
dn: cn=Truelite Srl,ou=Contacts,dc=truelite,dc=it
cn: Truelite Srl
sn: Srl
mail: info@truelite.it
telephoneNumber: 0557879597
facsimileTelephoneNumber: 0557333336
postalAddress:: VmlhIE1vbmZlcnJhdG8sIDYKRmlyZW56ZSwgRkkgNTAxNDIKSXRhbHk=
labeledURI: http://www.truelite.it
o: Truelite Srl

# Antonio Javier Russo, Contacts, truelite.it
dn: cn=Antonio Javier Russo,ou=Contacts,dc=truelite,dc=it
cn: Antonio Javier Russo
sn: Russo
mobile: 0471XXXXXX
fileAs: Russo, Antonio
mail: russo@indirizzo.fake.it
mail: antonio.russo@no.spamming.allowed.de
o: Associazione Software Libero
title: Coordinatore
```
──

in cui sono definite due voci nella unità operativa `Contacts` (nel caso utilizzata per mantenere un indirizzario); si noti come trattandosi di voci relative a tipi di dati diversi queste siano realizzate con oggetti diversi, che hanno diversi attributi.

1.1.4 L'architettura delle interrogazioni su LDAP

Come accennato in sez. 1.1.1 LDAP nasce come un sistema in grado di offrire dei servizi di elenco a livello globale. Questo significa che, come accade con il meccanismo delle delegazioni del DNS, è possibile adottare una strutturazione coerente degli alberi dei dati che consenta di affidare ad un server le risposte relative alla sua sezione della gerarchia globale, ottenendo così la distribuzione delle informazioni.

Il protocollo LDAP prevede una modalità generica con cui possono essere richieste le informazioni ad un server; questa può essere indicata con l'utilizzo di una URL estesa, così come con una URL usuale è possibile interrogare un server web. Questa URL estesa per LDAP ha la seguente forma generica:

`ldap://indirizzo.dominio.it/base?attributi?profondità?filtro`

Come per le URL del web, la prima parte, dopo l'indicazione del protocollo che prevede l'uso di `ldap` al posto di `http`, specifica l'indirizzo del server da contattare, e consente come per le URL ordinarie anche di indicare una eventuale porta nella forma `ldap://server.dominio.it:porta` o di usare un indirizzo IP al posto del nome.

La seconda parte della URL indica invece la ricerca da effettuare, ed ha una sua sintassi specifica composta, come mostrato nell'esempio, da diversi elementi separati dal carattere "?".

Questi elementi sono quelli che costituiscono il contenuto di una ricerca col protocollo LDAP e sono gli stessi indipendentemente dalla forma specifica con cui poi li si va ad esprimere. In sostanza sono gli argomenti previsti dalle funzioni che realizzano le richieste di ricerca secondo il protocollo e che possono essere passati al comando `ldapsearch` che vedremo in sez. 1.2.2.

Il primo elemento è l'indicazione del punto di partenza della ricerca all'interno dell'albero dei dati, la cosiddetta *base* della ricerca, che deve essere espressa con il suo *Distinguished Name*. In genere corrisponde al *suffisso* della radice dell'albero illustrato in sez. 1.1.2, ma le ricerche possono essere effettuate a partire da qualunque profondità e non solo dalla radice.

Il secondo elemento indica la lista, separata da virgole, dei nomi degli attributi dei quali si vuole ottenere il valore; se non specificato verranno restituiti i valori di tutti gli attributi ordinari presenti in ciascun oggetto che corrisponde alla ricerca.

Il terzo elemento è una parola chiave che indica la *profondità* della ricerca all'interno dell'albero, ed è espresso da uno dei valori di tab. 1.6. Il quarto ed ultimo elemento è un *filtro di ricerca*; il protocollo infatti consente di indicare al server un criterio di selezione degli oggetti dei quali si vogliono ottenere i dati. Tratteremo con maggiore dettaglio il significato di questi ultimi due elementi in sez. 1.2.2.

Dato che esistono diversi meccanismi di connessione con cui si può contattare un server (torneremo su questo in sez. 1.2.1 e sez. 2.1.2), l'identificativo iniziale della URL, oltre a quanto mostrato nell'esempio precedente, può assumere anche una delle tre forme illustrate in tab. 1.1, che identificano altrettante modalità diverse con cui collegarsi al server.

Indicatore	Significato
`ldap://addr.or.ip:port`	Indica una connessione in chiaro tramite socket TCP.
`ldaps://addr.or.ip:port`	Indica una connessione di rete cifrata con SSL (vedi sez. 2.2.3)
`ldapi:///pathname`	Indica una connessione ad un socket locale (vedi sez. 2.1.1).

Tabella 1.1: Gli indicatori di protocollo per le URL del servizio LDAP.

Infine una componente importante di qualunque interrogazione è quella della modalità con cui si effettua il *collegamento* ad un server LDAP, il cosiddetto *binding*. Il protocollo prevede infatti che una interrogazione avvenga attraverso almeno tre fasi distinte:

connessione   la creazione iniziale di una connessione (di rete o locale) per comunicare con il server: è determinata dalla sezione iniziale della URL (protocollo ed indirizzo, come da tab. 1.1);

collegamento   il collegamento al server, da eseguire autenticandosi come utente o in forma anonima: non è indicabile nella URL;

richiesta   l'invio della richiesta al server, per una interrogazione questa è determinata dalla sezione finale della URL che specifica base, attributi, ecc.

Tutte le volte che si vuole interagire con un server LDAP per una qualunque operazione si devono sempre eseguire le prime due fasi: la *connessione* serve a contattare il server, mentre il *collegamento* serve ad identificarsi, consentendo al server di effettuare un eventuale controllo degli accessi (argomento che tratteremo in sez. 2.2.2). Le modalità con cui si effettua il collegamento possono essere diverse (le tratteremo in sez. 2.2.1) ma in generale prevedono che si indichi da parte del client (ognuno ha la sua modalità) un *Distinguished Name* che identifica un utente sul server e la relativa password; è comunque possibile non indicare nulla, ottenendo un *collegamento anonimo*. L'interazione con il server potrebbe anche fermarsi dopo queste due fasi,[16] ma quando si effettua una interrogazione occorre proseguire effettuando la relativa richiesta sulla connessione, che resterà comunque attiva per poterne eseguire delle altre.[17]

Il caso più comune di uso del protocollo LDAP è quello in cui un client effettua una interrogazione per ottenere dei dati ottenendo direttamente dal server interrogato la risposta, secondo lo schema illustrato in fig. 1.3. Questo caso ovviamente è quello in cui il server interrogato è quello che gestisce i dati dell'albero per cui è stata eseguita la richiesta, che quando si usano delle risorse *locali* è quello che avviene sempre. Se si fa una analogia con il DNS questo è quanto equivale all'effettuare una richiesta per il dominio di cui è responsabili.

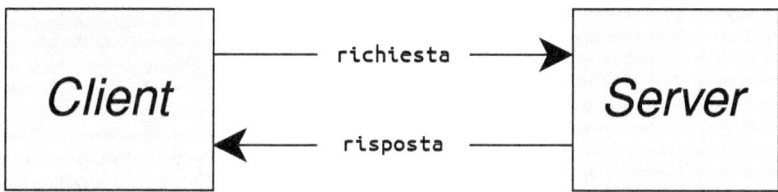

Figura 1.3: Struttura di una richiesta diretta ad un server LDAP.

Benché ormai LDAP venga utilizzato prevalentemente per mantenere informazioni locali secondo lo scenario di fig. 1.3, il protocollo rende comunque possibile l'uscita dall'ambito locale e l'esecuzione di interrogazioni generiche anche in un ambito globale. In questo caso il meccanismo di funzionamento del protocollo è simile a quello del DNS, è necessario cioè inserire il server a cui si fanno le richieste all'interno di una gerarchia globale, così che diventi possibile redirigere le richieste attinenti ad altri rami di albero verso server di livello superiore che possano a loro volta inviarle a quei server subordinati che mantengono le informazioni richieste.

La redirezione avviene tramite il meccanismo detto dei *referral*, che si è illustrato in fig. 1.4. Si può cioè configurare un server LDAP che fornisce dati per un certa sezione di una gerarchia globale perché per richieste che escono da detta sezione possa fornire un *riferimento* ad un altro server a cui ripetere la richiesta. Questo può essere sia un server di livello superiore che sia in grado di rispondere direttamente o di fornire ulteriori riferimenti ad altri server sotto di lui che mantengono i dati quella particolare sezione di albero.

La potenza del meccanismo dei *referral* è che, come per il DNS, esso è del può essere reso del tutto trasparente rispetto alle richieste, per le quali si riceverà solo la risposta finale; occorre precisare però che non tutti i client sono in grado di seguire i *referral* in maniera autonoma, ma in esiste anche una estensione del server *OpenLDAP* (l'*overlay* `chain`, vedi sez. 2.2.4) in grado di fare il lavoro per loro conto e fornire direttamente il risultato.

---

[16]come avviene tutte le volte che questa ha il solo scopo di verificare le credenziali di autenticazione, perché in tal caso tutto quello che serve è completare la fase di collegamento, è in questo modi infatti che viene gestita la centralizzazione delle autenticazioni su LDAP.

[17]il protocollo prevede la possibilità di fare richieste sincrone (in cui si attende la risposta prima di farne un'altra), che asincrone (in cui si possono fare più richieste, processando le risposte man mano che arrivano), ma questi dettagli attengono al funzionamento di basso livello dei client.

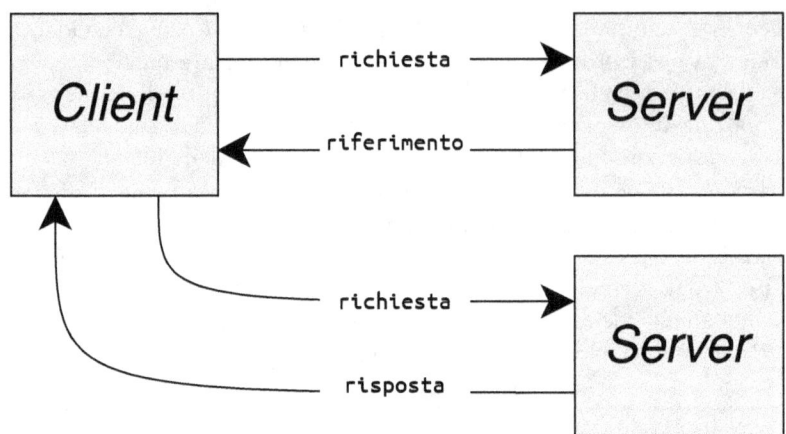

Figura 1.4: Il meccanismo dei *referral* di LDAP.

Ovviamente perché tutto questo sia possibile occorre, come per il DNS, la presenza di una gerarchia globale di server. Benché questa funzionalità sia scarsamente utilizzata dato che l'uso prevalente di LDAP è per mantenere dati ed informazioni relativi alla propria organizzazione, una tale gerarchia è possibile.

Si tenga presente comunque che anche se non si è interessati a far parte di un servizio strutturato a livello globale questa caratteristica di LDAP risulta particolarmente utile in quanto consente, anche all'interno di una singola organizzazione, di suddividere le informazioni (ad esempio relative alle varie divisioni) su server diversi messi in relazione fra loro e mantenuti coerenti in un unico albero grazie alla presenza dei riferimenti.

1.2   L'uso del servizio LDAP e la gestione dei dati

Tratteremo in questa sezione i programmi e le relative funzionalità inerenti l'uso del servizio LDAP dal lato client. Non tratteremo specificatamente l'installazione dei singoli programmi, dato che per gli stessi normalmente si usano i pacchetti forniti dalla propria distribuzione. Faremo comunque riferimento principalmente ai programmi forniti dal progetto *OpenLDAP*, la cui installazione manuale avviene insieme a quella del server, che verrà trattata in sez. 2.1.

1.2.1   La configurazione generica per l'accesso client

Come illustrato in sez. 1.1.4 l'accesso ai dati forniti da un servizio LDAP avviene tramite l'o-monimo protocollo con una comunicazione fra un client ed un server. Oltre alle interrogazioni, che tratteremo in dettaglio in sez. 1.2.2, il protocollo fornisce anche le funzionalità per inserire e modificare i dati su un server, ed in sez. 1.2.3 tratteremo l'uso dei programmi a riga di comando forniti allo scopo dal progetto *OpenLDAP*.

Nella gran parte dei casi la comunicazione fra client e server con il protocollo LDAP viene effettuata facendo ricorso a delle opportune librerie (nel nostro caso tratteremo in dettaglio quelle fornite da *OpenLDAP*), che implementano l'interfaccia di programmazione generica che poi verrà usata dai vari programmi. Per questo effettuare la configurazione delle suddette librerie comporta automaticamente anche la configurazione di tutti i programmi che usano le funzionalità che esse mettono a disposizione.

Anche nei casi in cui si usino altre librerie (ad esempio esistono librerie native per Python e Ruby), la nomenclatura e le informazioni da fornire ad un client restano comunque le stesse, e quanto vedremo qui, applicato al caso specifico delle librerie di *OpenLDAP*, si riapplicherà in maniera sostanzialmente identica anche per quelle (alcune fanno anche riferimento allo stesso file di configurazione).

Il file di configurazione generale delle librerie di *OpenLDAP* è `ldap.conf`, installato sotto `/etc/ldap/` su Debian e sotto `/etc/openldap/` su RedHat, e per quanto riguarda l'espressione delle direttive esso ha un formato generale molto semplice in cui si esprime una direttiva a inizio riga cui segue un valore che inizia dal primo carattere che non sia una spaziatura dopo la direttiva e termina a fine riga o all'ultima serie di spazi prima della fine riga.

Questo significa che eventuali spazi intermedi vengono considerati parte del valore, e lo stesso dicasi per virgolette, punteggiatura ecc. Linee vuote o di commento (che iniziano con `#`) vengono ignorate, ma i commenti non possono essere inseriti nella stessa riga di una direttiva, in quanto entrerebbero a far parte del valore assegnato alla stessa.

Direttiva	Significato
BASE	Indica il *Distinguished Name* usato come base per le ricerche nell'albero.
BINDDN	Indica il *Distinguished Name* dell'utente per conto del quale viene eseguito il collegamento di default, se non lo si indica il collegamento è anonimo.
BINDPW	La password da usare per collegarsi con il *Distinguished Name* specificato dalla precedente BINDDN.
DEREF	Specifica come viene eseguita la dereferenziazione degli alias quando si esegue una ricerca, prende i valori `never` (default) per non eseguirla mai, `searching` per eseguirla solo per oggetti sotto la base ma non per la base stessa, `finding` solo per la base e `always` per farla comunque.
HOST	Indica il nome o l'indirizzo IP del server a cui collegarsi di default, nella forma `indirizzo:porta`, è deprecata.
PORT	Indica la porta da usare quando ci si collega ad un server LDAP, è deprecata.
REFERRALS	Indica se i client deve seguire automaticamente eventuali *referral* restituiti dal server, i valori possibili sono `on` (default), `true`, `yes`, `off`, `false`, `no`.
SCOPE	Indica la profondità su cui viene eseguita la ricerca dei dati, prende i valori illustrati in tab. 1.6.
SIZELIMIT	Indica un limite massimo di dimensioni nelle ricerche, deve essere un valore positivo; un valore nullo (il default) indica una dimensione illimitata.
TIMELIMIT	Indica un limite massimo di tempo nell'eseguire una ricerca, deve essere un valore positivo; un valore nullo (il default) indica un tempo illimitato.
URI	Indica la URL (nel formato illustrato in tab. 1.1) con cui contattare il server.

Tabella 1.2: Le principali direttive di `ldap.conf`.

L'impostazione principale che si esegue in questo file è quella del server di default, a cui verranno rivolte le interrogazioni quando non se ne è indicato uno esplicitamente. Questo può essere fatto con le direttive HOST e PORT, cui deve seguire rispettivamente l'indirizzo IP (o il nome) del server e il numero di porta. Quest'ultimo può anche essere indicato direttamente nell'argomento di HOST scrivendolo separato con un carattere ":" di seguito al nome (o all'indirizzo); si può anche non specificare la porta, nel qual caso sarà utilizzata la porta standard associata al servizio LDAP, la 389.

Le direttive HOST e PORT sono comunque deprecate in favore della nuova direttiva URI; questa prende un indirizzo nella forma della URL estesa già illustrata in precedenza, che specifica l'indirizzo (ed eventuale porta) del server a cui ci si rivolge, o, nel caso di ldapi://, il pathname del socket locale su cui è in ascolto il server. Si tenga presente che con URI si possono specificare più URL (separate da spazi) e che queste verranno utilizzate una dopo l'altra in caso di mancata risposta; questo consente di avere un meccanismo di *failover* automatico della connessione verso un server, supportato direttamente da qualunque programma usi le librerie standard.

Un'altra direttiva fondamentale è BASE che permette di definire il *Distinguished Name* da usare come suffisso base per le ricerche; serve cioè ad impostare la radice dell'albero dei dati presenti sul server, ma può essere anche usata per restringere l'accesso delle interrogazioni ad una sezione particolare dell'albero (ad esempio alla sola parte che contiene l'indirizzario, o a quella relativa ad una sola unità operativa).

Variabile	Significato
LDAPNOINIT	Se definita disabilita tutti i valori di default, nessuno dei file di configurazione o delle variabili seguenti ha effetto.
LDAPCONF	Deve essere assegnata al nome del file da usare come file di configurazione aggiuntivo rispetto a ldap.conf, le cui direttive soprassiedono quest'ultimo e quelle di .ldaprc.
LDAPRC	Indica il nome di un file aggiuntivo rispetto a .ldaprc, da cercare nella directory corrente o nella home dell'utente, i cui contenuti hanno la precedenza rispetto a quanto indicato in un eventuale LDAPCONF.
LDAP<XXX>	Soprassiede il valore della direttiva *XXX* in una qualunque delle indicazioni precedenti di tab. 1.2 (ad esempio LDAPURI soprassiede il valore di URI).

Tabella 1.3: Variabili di ambiente che controllano il comportamento delle librerie di accesso di *OpenLDAP*.

Le altre direttive comuni più usate sono riportate in tab. 1.2, i nomi in tabella sono indicati in maiuscolo, ma il loro valore è *case insensitive* e negli esempi sono spesso utilizzati, in maniera altrettanto valida, caratteri minuscoli. Il file prevede inoltre la presenza di ulteriori direttive relative alla configurazione di alcune funzionalità specifiche come SSL o SASL che non sono riportate qui e che esamineremo più avanti (in sez. 2.2.3 e sez. 2.2.1) quando tratteremo i relativi argomenti. Per l'elenco completo si può comunque consultare la pagina di manuale, accessibile con man ldap.conf.

Oltre alla configurazione generale di ldap.conf, le librerie seguono anche quella personale che un utente può creare usando le stesse direttive all'interno di un file .ldaprc posto nella sua home directory; così facendo le nuove impostazioni soprassiederanno quelle generali. Di solito è in questo file che è opportuno inserire (proteggendolo dalla lettura) le eventuali direttive BINDDN e BINDPW usate per definire un accesso autenticato.

Una ulteriore capacità di personalizzazione si può ottenere con l'uso di alcune variabili di ambiente, ad esempio con `LDAPCONF` si può indicare un file di configurazione aggiuntivo con cui sovrascrivere le direttive dei file precedenti. Un elenco di queste variabili di ambiente, del loro effetto e delle priorità delle relative configurazioni è riportato in tab. 1.3.

In generale tutto quello che c'è da impostare sul lato client è il server a cui rivolgersi e la base della ricerca (senza la quale non si otterrebbero i risultati). Il contenuto tipico di un file `ldap.conf` è pertanto analogo al seguente, estratto dal file installato su Debian Wheezy, a cui si sono aggiunte le configurazioni per raggiungere un server (definendo `BASE` e `URI`):

```
—————————————————————— ldap.conf ——————————————————————
#
# LDAP Defaults
#

# See ldap.conf(5) for details
# This file should be world readable but not world writable.

#BASE       dc=example, dc=com
#URI        ldap://ldap.example.com ldap://ldap-master.example.com:666
BASE        dc=truelite, dc=it
URI         ldaps://ldap.truelite.it

#SIZELIMIT     12
#TIMELIMIT     15
#DEREF         never

# TLS certificates (needed for GnuTLS)
TLS_CACERT          /etc/ssl/certs/ca-certificates.crt
```

1.2.2 Interrogazioni e ricerche su LDAP

L'utilizzo principale che viene fatto di un server LDAP è quello di eseguire interrogazioni e ricerche sui dati in esso mantenuti. Per la gran parte dei programmi che utilizzano LDAP (quelli che vedremo in sez. 3.2) queste interrogazioni avvengono direttamente attraverso le funzioni di libreria, ma *OpenLDAP* fornisce anche un client a riga di comando: `ldapsearch`.

Il comando di default si rivolge al server (o ai server) indicati in `ldap.conf`, ma si può specificare a quale server LDAP collegarsi usando l'opzione `-H` ed indicando il server con la sintassi delle URI estese illustrata in sez. 1.2.1. In caso di problemi di connessione si può abilitare la stampa di messaggi di debug dal lato client usando l'opzione `-d`, che prende gli stessi valori usati da `slapd`, che vedremo in tab. 2.3.

In generale, oltre a indicare a quale server rivolgersi, per poter eseguire una qualunque operazione su un server LDAP è necessario anche autenticarsi. L'autenticazione è un argomento complesso, che tratteremo in sez. 2.2.1, per adesso basti sapere che esistono diverse modalità di autenticazione, e che tutti i programmi client forniti da *OpenLDAP* supportano un gruppo di opzioni comuni relative all'autenticazione.

In particolare negli esempi utilizzeremo solo quella che viene chiamata modalità di *autenticazione semplice*, per attivare la quale occorre usare l'opzione `-x`. Questa opzione deve essere indicata sempre, i programmi infatti richiedono una modalità di autenticazione ed il default è di usare quella basata sulle librerie SASL (che affronteremo in sez. 2.2.1); tutto ciò richiederebbe la presenza della relativa infrastruttura, che la gran parte delle distribuzioni non installano neanche, per cui diventa necessario forzare l'uso dell'autenticazione semplice.

Se non si specifica altro che `-x` si effettuerà un accesso anonimo, mentre per specificare per conto di quale utente ci si vuole collegare si deve usare l'opzione `-D` seguita del DN che si vuole utilizzare come utente, in tal caso si potrà usare l'opzione `-W` per richiedere l'immissione della relativa password sul terminale, mentre con `-w` questa potrà essere specificata direttamente sulla linea di comando. Abbiamo visto in sez. 1.2.1 come queste informazioni possano essere specificate in un file di configurazione con le direttive `BINDDN` e `BINDPW`, in modo da non doverle indicare tutte le volte.

Opzione	Significato
`-d` *N*	Abilita la modalità di debug, prende come parametro una maschera binaria secondo i valori illustrati in tab. 2.3.
`-D` *dn*	Specifica il DN da usare come utente per collegarsi al server.
`-h` *host*	Specifica il server a cui collegarsi per hostname o indirizzo IP (deprecato in favore di `-H`).
`-H` *uri*	Specifica il server a cui collegarsi con la sintassi delle URL di LDAP.
`-p` *port*	Specifica la porta a cui collegarsi sul server indicato con `-h` (deprecato in favore di `-H`).
`-v`	Stampa maggiori informazioni sullo *standard output*.
`-x`	Usa l'autenticazione semplice.
`-y` *file*	Specifica un file contenente la password.
`-w` *pass*	Specifica direttamente la password, passata come parametro, per l'autenticazione semplice.
`-W`	Richiede l'immissione di una password per l'autenticazione semplice.
`-Z`	Invia una richiesta di *StartTLS* sulla connessione in chiaro per attivarne la cifratura con TLS, una seconda "Z" richiede che l'operazione abbia successo per proseguire.

Tabella 1.4: Le opzioni comuni dei programmi client di *OpenLDAP*.

Si tenga presente che in ogni caso con `ldapsearch` si potranno ottenere soltanto quelle informazioni a cui i privilegi dell'utente con cui ci si collega danno accesso, e nel caso di accesso anonimo solo a quelle rese pubbliche. Le principali opzioni comuni, usate da `ldapsearch` e da tutti gli altri programmi client forniti da *OpenLDAP*, sono riportate in tab. 1.4.

Il comando prende come primo argomento un filtro di ricerca, lo stesso che può comparire nelle URL estese viste in sez. 1.1.4 (sulla cui sintassi torneremo più avanti) seguito da una lista opzionale di attributi. Se una o più voci corrispondenti al filtro di ricerca vengono trovate, il comando stampa sullo *standard output* i relativi risultati in formato LDIF. Se non si specifica un filtro verrà stampato il contenuto di tutto l'albero, compatibilmente con il numero massimo di voci restituite dal server (secondo il valore della direttiva `sizelimit`, vedi sez. 2.1.2).

Se si sono indicati degli attributi (per nome) verranno stampati solo i valori di questi ultimi, altrimenti verranno stampati tutti gli attributi ordinari presenti nell'oggetto, compatibilmente con i privilegi dell'utente con cui ci si è collegati, ad esempio nel caso di collegamento anonimo si potranno stampare solo i valori degli attributi dichiarati pubblici.

Come attributo si può anche specificare il valore riservato "+" che identifica l'insieme degli *attributi operativi* associati ad un oggetto (si ricordi quanto illustrato in sez. 1.1.2) che di default non vengono mai stampati. Il protocollo riconosce anche il valore "*" indica tutti gli attributi ordinari, e che da solo è equivalente a non indicare nulla, ma utilizzato insieme a "+" consente di ottenere la stampa di tutti gli attributi (sia ordinari che operativi). In sostanza se si usa solo "+" verranno stampati solo gli attributi operativi, mentre con "'+' '*'" vengono stampati tutti. Infine si può utilizzare il valore speciale "1.1" per richiedere che nessun attributo venga stampato (e si otterrà solo la lista degli oggetti).

Opzione	Significato
-A	Ricava solo la presenza degli attributi e non il loro valore.
-L	Richiede che i risultati siano riportati in formato LDIF; specificato una sola restringe l'output a LDIFv1, usato due volte elimina i commenti, una terza volta non scrive la versione usata; il default è la versione estesa di LDIF.
-b *base*	Indica la base della ricerca da specificare con il corrispondente *Distinguished Name*.
-l *sec*	Indica un limite di tempo nell'esecuzione della ricerca (specificato in numero di secondi); un valore nullo soprassiede un eventuale limite specificato in ldap.conf.
-s *scope*	Indica la profondità della ricerca, prende come argomento uno dei tre valori di tab. 1.6.
-S *attr*	Ordina i risultati in base ai valori dell'attributo passato come argomento, questo comporta prima una lettura completa, l'ordinamento e la stampa.
-t	Scrive i risultati su un insieme di file temporanei (è utile per tutti quei casi in cui un attributo contiene dati non testuali).
-z *size*	Indica un limite sul numero di voci riportate come risultato della ricerca; un valore nullo soprassiede un eventuale limite specificato in ldap.conf.

Tabella 1.5: Le opzioni principali di ldapsearch.

Con l'opzione -b inoltre si può restringere la ricerca ad una sezione dell'albero indicando la base della ricerca con il DN da cui partire; il default è usare la base dell'albero specificata in ldap.conf, se questa non è indicata viene usato un valore nullo, ed in genere non si otterrà nessun risultato. Si può poi definire la profondità a cui viene eseguita la ricerca con l'opzione -s, questa prende tre valori, illustrati in tab. 1.6. Le altre opzioni principali del comando sono riportate in tab. 1.5, al solito l'elenco completo è nella pagina di manuale.

Valore	Significato
base	Indica il livello esatto del DN indicato.
one	Indica il livello successivo a quello del DN indicato.
sub	Indica tutti i livelli successivi a quello del DN indicato.

Tabella 1.6: Valori per il parametro che indica il livello di profondità di una ricerca.

Posto che si siano indicati in ldap.conf i valori corretti di URI e BASE per raggiungere il server, si potrà effettuare una interrogazione nella forma più semplice con:

```
$ ldapsearch -x
#
```

```
# LDAPv3
# base <dc=truelite,dc=it> (default) with scope subtree
# filter: (objectclass=*)
# requesting: ALL
#

# truelite.it
dn: dc=truelite,dc=it
objectClass: top
objectClass: dcObject
objectClass: organization
o: Truelite S.r.l
dc: truelite

# admin, truelite.it
dn: cn=admin,dc=truelite,dc=it
objectClass: simpleSecurityObject
objectClass: organizationalRole
cn: admin
description: LDAP administrator

    ...
```

e si otterranno (avendo eseguito una richiesta anonima) i dati pubblicamente disponibili forniti dal server LDAP in formato LDIF; si noti anche come l'output del comando riporti una intestazione commentata in cui compaiono i parametri della richiesta, con i valori della base, dello *scope* e del filtro utilizzati per la stessa e l'elenco degli attributi richiesti (nel caso ALL) che può essere utile per capire cosa accade quando non si ricevono risultati.[18]

I filtri di ricerca sono una delle funzionalità previste dal protocollo LDAP per ottimizzare le interrogazioni; il filtro infatti viene inviato direttamente al server come parte della richiesta, ed è quest'ultimo che si incarica di eseguire la ricerca con le condizioni in esso specificate, restituendo soltanto i risultati che corrispondono. Questo consente di ridurre la quantità dei dati trasmessi, effettuando la selezione degli stessi direttamente sul server; uno degli errori più comuni per i programmatori alle prime armi con LDAP è proprio quello di farsi restituire tutti i dati per poi eseguire la ricerca sul lato del client. Per questo motivo, oltre ad essere l'argomento principale di ldapsearch, essi sono riconosciuti da qualunque client e vengono utilizzati tutte le volte che si vogliono definire dei criteri di ricerca per la selezione delle informazioni.

La sintassi dei filtri di ricerca è piuttosto complessa ed è stata standardizzata nell'RFC 2254; essi si basano su delle espressioni di base che poi possono essere combinate fra di loro. Ogni espressione deve comunque essere racchiusa fra parentesi tonde, così come ogni combinazione di espressioni, pertanto un filtro sarà sempre espresso con una stringa del tipo: "(filtro)". Si tenga presente però che nel caso di uso di ldapsearch sulla riga di comando le parentesi tonde sono caratteri riservati della shell, per cui l'espressione del filtro dovrà essere adeguatamente protetta dall'interpretazione della stessa (in genere lo si fa mettendola fra apici singoli).

Le espressioni di base sono riportate in tab. 1.7; le prime quattro operano sui valori degli attributi, mentre la quinta seleziona tutti gli oggetti nell'albero che appartengono ad una certa objectclass; questo vale anche per le objectclass derivate da altre, per cui se si richiede objectclass=person saranno selezionati anche gli oggetti delle classi inetOrgPerson o

---

[18]il caso più comune è che si è sbagliata la base di ricerca o un eventuale filtro.

organizationalPerson, che dalla classe person sono derivate. Il tipo di ricerca che viene effettuata dipende dall'espressione utilizzata; inoltre le espressioni supportano la presenza del carattere jolly "*" che ne modifica il significato. Il filtro di default usato da ldapsearch quando non se ne specifica uno è (objectclass=*), che indica tutti gli oggetti presenti nel database.

Espressione	Significato
attr=val	Richiede l'uguaglianza del valore o la ricerca di una sotto-stringa se il valore contiene il carattere jolly "*" o la semplice presenza se si è usato solo "*".
attr~=val	Esegue una ricerca di uguaglianza *approssimata* secondo uno degli algoritmi di somiglianza definiti dal protocollo (in questo caso è necessaria la presenza di un indice di tipo approx (vedi tab. 2.8) per l'attributo in questione).
attr>=val	Seleziona tutti i valori che siano lessicalmente uguali o *maggiori* di quello specificato.[19]
attr<=val	Seleziona tutti i valori che siano lessicalmente uguali o *minori* di quello specificato.
objectclass=val	Seleziona tutti gli oggetti della objectclass specificata.

Tabella 1.7: Espressioni di base di un filtro di ricerca.

Dato che l'espressione utilizzata in un filtro ha un diretto riscontro nel tipo di ricerca che il server si trova a effettuare, e che per l'ottimizzazione delle ricerche sono necessari diversi metodi di indicizzazione del database, è bene trattare in dettaglio tutti i possibili casi, in quanto la configurazione delle indicizzazioni da fare sul server è strettamente connessa al tipo di ricerche che vengono eseguite; per questo faremo riferimento ai valori della direttiva index di slapd (vedi tab. 2.8) che tratteremo in dettaglio in sez. 2.1.2.

Se si richiede solo la corrispondenza di un attributo ad un certo valore, con una espressione del tipo "(uid=piccardi)", verrà eseguito un test di uguaglianza e si dovrà utilizzare una indicizzazione di tipo eq. Con l'uso del carattere jolly si possono però anche eseguire ricerche sulla presenza di una certa stringa, come (mail=*@truelite.it), ed in questo caso si dovrà usare una indicizzazione di tipo sub.[20] Infine se si usa soltanto il carattere jolly, con una espressione del tipo di (ou=*) la ricerca sarà eseguita richiedendo solo la presenza di quell'attributo, e l'indicizzazione dovrà essere di tipo pres; lo stesso avviene per tutte le ricerche sulle *objectclass*.

Operatore	Esempio	Significato
&	(&(exp1)(exp2)(exp3))	Devono valere sia exp1 che exp2 che exp3.
|	(|(exp1)(exp2)(exp3))	Devono valere o exp1 o exp2 o exp3.
!	(!(exp))	Non deve valere exp.

Tabella 1.8: Operatori per le espressioni sui filtri di ricerca.

La potenza dei filtri di ricerca è che si possono combinare fra di loro più espressioni (di base, o costruite come combinazione di altre espressioni) utilizzando tre operatori logici che

---

[19]questa regola di selezione richiede che l'attributo sia definito con una regola di ordinamento opportuna; in generale questo non avviene quasi mai e l'uso di un filtro che contenga una tale espressione, o la analoga <=, è estremamente raro.

[20]o una delle varie forme subinitial, subfinal e subany a seconda della posizione.

hanno rispettivamente il significato di AND, OR e NOT logico, secondo la sintassi illustrata in tab. 1.8. In questo modo è possibile ottenere dei filtri di ricerca anche molto complessi.

Ad esempio se si vogliono ricercare tutte le persone il cui cognome inizia o per "S" o per "D" in un database che contiene un indirizzario (per le voci del quale è definito l'attributo sn che indica il cognome), si potrà usare l'espressione:

```
$ ldapsearch -x "(|(sn=S*)(sn=D*))"
```

Con la versione 3 del protocollo è stata introdotta anche una estensione alla sintassi dei filtri di ricerca denominata *Extensible Match Filters*, perché consente di estendere le modalità con cui effettuare la ricerca. Le motivazioni per questa estensioni sono sostanzialmente due: la prima è che ci sono casi in cui può essere utile effettuare una ricerca su un attributo usando un criterio di corrispondenza che non è quello canonico; ad esempio si potrebbe voler effettuare una ricerca *case sensitive* su attributi usualmente usati in forma *case insensitive*. La seconda è quella che permette di fare ricerche su più sottorami di alberi, includendo nei risultati della ricerca non solo gli attributi che hanno uno specifico valore, ma anche quelli che hanno quell'attributo con quel valore come componente del proprio *Distinguished Name*. La sintassi generica di un filtro esteso, dove si sono indicate fra parentesi quadre le parti opzionali, è la seguente:[21]

```
attributo[:dn][:regola-corrispondenza]:=valore
```

Nella sua forma più semplice, in cui si chiede la semplice corrispondenza di un attributo, un filtro esteso è sostanzialmente equivalente ad una richiesta di uguaglianza: ad esempio usare (ou:=People) è del tutto identico a (ou=People). Se però si introduce una diversa regola di corrispondenza si potrà cambiare il tipo di risultati, ad esempio usando come filtro (ou:caseExactMatch:=People) si potrà richiedere una corrispondenza esatta invece di quella *case insensitive* che è il default previsto per l'attributo ou; un elenco delle principali regole di corrispondenza si può ottenere dall'RFC 4517.

Infine l'utilizzo dell'ulteriore indicazione "dn:" è quello che consente di selezionare anche tutti gli oggetti che nel proprio *Distinguished Name* un attributo con quel valore, per cui con un filtro di ricerca come(ou:dn:=People) otterremo tutti gli oggetti che contengono un attributo ou con valore People ma anche, se questo viene usato come radice di un ramo di albero, tutti gli oggetti al di sotto dello stesso.

Oltre alle interrogazioni generiche dei dati mantenuti dal server LDAP di cui si è parlato finora, molti server, fra cui slapd, supportano delle interrogazioni speciali che consentono di ottenere informazioni relative al server stesso. In particolare essendo previste diverse versioni e revisioni del protocollo, ed potendo essere adottate una grande quantità di estensioni, può risultare estremamente utile sapere quali sono quelle disponibili.

I dati relativi alle funzionalità ed alle estensioni presenti vengono in genere pubblicati come specifici attributi della radice dell'albero (il cosiddetto *Root DSE*), e possono essere richiesti direttamente attraverso il protocollo con una operazione di ricerca, per cui si può utilizzare di nuovo ldapsearch per ottenere le informazioni. In questo caso però occorre indicare esplicitamente che si intendono ottenere i dati relativi al *Root DSE* e non al proprio albero, pertanto occorrerà indicare quest'ultimo, che è contraddistinto da una base vuota.

---

[21]in realtà esiste la ulteriore possibilità di omettere l'attributo iniziale nel qual caso la ricerca verrà fatta su tutti gli attributi presenti e questo consente di effettuare una ricerca generica di un valore all'interno dell'albero, che non è possibile con i filtri ordinari.

Gli attributi previsti dal protocollo LDAP per indicare le varie caratteristiche del server sono `supportedFeatures`, `supportedControl` e `supportedExtension`, che però essendo classificati come attributi operativi (si ricordi quanto detto in sez. 1.1.2) non vengono restituiti in una ricerca ordinaria. Per ottenerli dovrebbero essere richiesti esplicitamente indicandoli per nome, ma come accennato può utilizzare il valore speciale "+" per averli tutti. Così per conoscere i dati relativi al proprio server sarà sufficiente eseguire il comando:

```
$ ldapsearch -x -b "" -s base +
# extended LDIF
#
# LDAPv3
# base <> with scope baseObject
# filter: (objectclass=*)
# requesting: +
#

#
dn:
structuralObjectClass: OpenLDAProotDSE
configContext: cn=config
namingContexts: dc=truelite,dc=it
supportedControl: 2.16.840.1.113730.3.4.18
supportedControl: 2.16.840.1.113730.3.4.2
supportedControl: 1.3.6.1.4.1.4203.1.10.1
supportedControl: 1.2.840.113556.1.4.319
supportedControl: 1.2.826.0.1.3344810.2.3
supportedControl: 1.3.6.1.1.13.2
supportedControl: 1.3.6.1.1.13.1
supportedControl: 1.3.6.1.1.12
supportedExtension: 1.3.6.1.4.1.1466.20037
supportedExtension: 1.3.6.1.4.1.4203.1.11.1
supportedExtension: 1.3.6.1.4.1.4203.1.11.3
supportedExtension: 1.3.6.1.1.8
supportedFeatures: 1.3.6.1.1.14
supportedFeatures: 1.3.6.1.4.1.4203.1.5.1
supportedFeatures: 1.3.6.1.4.1.4203.1.5.2
supportedFeatures: 1.3.6.1.4.1.4203.1.5.3
supportedFeatures: 1.3.6.1.4.1.4203.1.5.4
supportedFeatures: 1.3.6.1.4.1.4203.1.5.5
supportedLDAPVersion: 3
supportedSASLMechanisms: NTLM
supportedSASLMechanisms: DIGEST-MD5
supportedSASLMechanisms: CRAM-MD5
entryDN:
subschemaSubentry: cn=Subschema
```

e come si può vedere oltre ai tre attributi indicati se ne ottengono pure altri, relativi a ulteriori caratteristiche del server, come `supportedSASLMechanisms` che indica quali meccanismi di autenticazione SASL sono disponibili (vedi sez. 2.2.1), o il contesto di configurazione (espresso da `configContext`) che indica la base di ricerca per il database che contiene la configurazione (che come vedremo in sez. 2.1.3 è sempre `cn=config`).

Fra questi sono interessanti gli eventuali *contesti nominali* (espressi da `namingContexts`) corrispondenti ai suffissi usati per ciascun database mantenuto nel server (nell'esempio precedente ce n'è uno solo, `dc=truelite,dc=it`); è ad esempio cercando questi ultimi che si può ottenere da un server la base (o le basi, se ve ne sono più di uno) dei DIT presenti sullo stesso.

Per quanto riguarda gli attributi `supportedFeatures` e `supportedControl` citati in precedenza invece il risultato non è molto leggibile, dato che funzionalità, estensioni e controlli non vengono descritti esplicitamente, ma identificati dal relativo OID, il cui valore è quello indicato nei vari RFC che descrivono le estensioni e le aggiunte del protocollo.[22]

1.2.3   La gestione dei dati su LDAP

Oltre alla lettura, che abbiamo appena esaminato, anche tutti gli altri aspetti della gestione dei dati di un server LDAP (creazione, modifica, cancellazione) si possono effettuare attraverso le funzionalità fornite dal protocollo, usando un qualunque client che ne sfrutti le capacità. Nel caso di Linux esistono parecchi programmi in grado di fare da gestori generici,[23] ma fra i programmi di utilità a riga di comando forniti da *OpenLDAP* c'è `ldapmodify` che è quello che viene usato per manipolare le voci presenti su un server ed aggiungerne di nuove. Trattandosi di uno dei comandi client di *OpenLDAP* valgono le stesse indicazioni generali relative alle modalità con cui ci si collega ed autentica presso il server, illustrate in sez. 1.2.1, ed il comando prende tutte le opzioni comuni riportate in tab. 1.4.

Quando `ldapmodify` viene invocato con l'opzione `-a`, o lanciato come `ldapadd`, il comando permette anche di aggiungere nuove voci. Ovviamente perché sia possibile effettuare le operazioni è necessario che l'utente con cui ci si collega al server, da specificare con l'opzione `-D`, abbia i privilegi necessari. Si tenga presente che se non si specifica nessun utente viene fatto un collegamento anonimo che non consente di operare nessuna modifica.[24]

Opzione	Significato
`-a`	Aggiunge una voce.
`-c`	Prosegue l'elaborazione dei dati successivi anche in caso di errori.
`-f file`	Legge i dati dal file indicato invece che dallo *standard input*.
`-n`	Esegue il comando in modalità di test senza eseguire le scritture.
`-S file`	Scrive sul file indicato i dati che sono stati saltati in caso di errore (da usare con `-c`).

Tabella 1.9: Le principali opzioni di `ldapmodify`.

Il comando legge i dati dallo *standard input*, o da un file specificato con l'opzione `-f`. Oltre a quelle di tab. 1.4 il comando prevede l'opzione `-c` che permette di proseguire nelle modifiche anche se c'è stato un errore (il default è uscire al primo errore), e `-n` che si limita a mostrare quello che accadrebbe (permettendo così di rilevare eventuali errori) senza modificare effettivamente il contenuto del database. Le principali opzioni sono illustrate in tab. 1.9, ed al solito l'elenco completo è riportato nella pagina di manuale.

---

[22]un elenco di quelle supportate da *OpenLDAP* è illustrato su `http://www.openldap.org/faq/data/cache/645.html`.

[23]per gli amanti dell'interfaccia grafica `gq` era un ottimo client basato su GTK con una interfaccia grafica per l'accesso a qualunque tipo di informazione memorizzata su un server LDAP, ma non è più mantenuto; probabilmente il più completo oggi disponibile è *Apache Directory Studio*, che però è basato su Eclipse ed è molto pesante.

[24]a meno di non aver effettuato una configurazione completamente sbagliata dei privilegi di accesso.

Fintanto che lo si usa per aggiungere una voce (con l'opzione `-a` o come `ldapadd`) i dati possono essere specificati nel formato LDIF ordinario trattato in sez. 1.1.3, in generale però `ldapmodify` usa delle voci LDIF con una notazione speciale, denominate *change record*, che consentono di esprimere le modifiche che si vogliono effettuare ed i valori da assegnare usando una estensione della sintassi vista in sez. 1.1.3. In questo caso il file LDIF non esprime più il contenuto di una voce del database, ma le operazioni da compiere sulla stessa.[25]

La forma generale di un *change record* di LDIF è quella di una voce, espressa sempre nel formato visto in sez. 1.1.3 che però richiede che immediatamente sotto il *Distinguished Name* (che identifica l'oggetto su cui si vuole operare) sia indicata la definizione dell'attributo speciale `changetype`, con una riga nella forma:

```
changetype: operazione
```

dove con *operazione* si indica che tipo di modifica si vuole effettuare sul server, utilizzando uno dei valori illustrati in tab. 1.10.

Operazione	Significato
add	Aggiunge una voce.
modify	Modifica una voce.
delete	Cancella una voce.
modrdn	Modifica il *Relative DN*.
moddn	Sinonimo di modrdn.

Tabella 1.10: Le operazioni per l'attributo `changetype` di un *change record*.

Nel caso di aggiunta di una voce si usa `add` ed il resto della voce è il contenuto della stessa, sempre in formato di LDIF. Dato che questa è anche l'operazione di default, nel caso di `ldapadd` quello che accade è che se `changetype` non è presente viene sottinteso che si vuole effettuare l'aggiunta di una voce, e siccome in questo modo l'informazione che resta è quella di un LDIF con il normale contenuto della stessa, diventa possibile indicare la voce da aggiungere usando il formato LDIF ordinario illustrato in sez. 1.1.3, senza usare la sintassi specifica dei *change record*.

Nel caso di cancellazione si indica come operazione `delete` e non è necessario specificare niente altro e la voce con il *Distinguished Name* indicato verrà rimossa. La forma generica di un *change record* per la cancellazione è pertanto qualcosa come:

```
dn: cn=common name,dc=domain,dc=it
changetype: delete
```

Per la cancellazione di una voce dall'albero è comunque disponibile anche un comando specifico, `ldapdelete`; questo prende come argomento uno o più *Distinguished Name* delle voci da cancellare. Se non si passa nessun argomento il comando cerca di leggere i suddetti dallo *standard input*. Oltre alle opzioni di tab. 1.4 anche `ldapdelete` prende le opzioni `-c` e `-n`, con lo stesso significato che hanno per di `ldapmodify`. Al solito l'elenco completo è nella pagina di manuale. Si tenga presente che anche in questo caso fintanto che non ci si collega al server usando un utente con privilegi appropriati le operazioni non saranno eseguite.

---

[25]la descrizione del formato usato per queste operazioni è comunque disponibile nella pagina di manuale del formato LDIF, accessibile con `man ldif`.

L'operazione più complessa, la sola che esegue effettivamente la modifica del contenuto di una voce sul database, è `modify`. La complessità è dovuta al fatto che come modifica si potrebbe voler aggiungere, cancellare o cambiare uno o più attributi, con una combinazione arbitraria di queste modifiche. Ognuna di queste tipologie di modifica deve essere indicata subito dopo `changetype` con la definizione dell'opportuno attributo riservato (rispettivamente `add`, `delete` e `replace`) che indichi su quale attributo si vuole operare (da assegnare come valore), a cui poi far seguire i valori dello stesso. Eventuali operazioni multiple sulla stessa voce possono essere indicate separandole con una riga contenente soltanto un "`-`" come primo carattere. In sostanza una operazione di modifica avrà come *change record* qualcosa del tipo:

```
dn: cn=common name,dc=domain,dc=it
changetype: modify
add: attributoDaAggiungere
attributoDaAggiungere: valore aggiunto
attributoDaAggiungere: altro valore aggiunto
-
delete: attributoDaCancellare
attributoDaCancellare: valore da cancellare
attributoDaCancellare: altro valore da cancellare
-
replace: attributoDaModificare
attributoDaModificare: valore modificato
attributoDaModificare: altro valore modificato
```

La questione è complicata dal fatto che gli attributi possono consentire valori multipli, questo, visto nel testo dell'LDIF associato, significherà che detto attributo compare all'interno dell'oggetto più volte, con valori diversi. Nel caso si esegua una aggiunta con `add`, se l'attributo che si aggiunge consente valori multipli, si potranno indicare più valori in una sola sezione come nell'esempio precedente, che verranno aggiunti a quelli già presenti.

Se l'attributo non consente valori multipli la sintassi precedente darà luogo a errore (se ne può aggiungere solo uno) e lo farà anche se questo già esiste, mentre nel caso siano supportati valori multipli si avrà un errore solo qualora cerchi di aggiungere un valore che già esiste. Infine qualora si debbano aggiungere più attributi occorrerà usare una diversa sezione con `add` per ciascuno di essi.

Se si effettua una cancellazione con `delete` si potranno indicare, per gli attributi che hanno valori multipli, i singoli valori che si vogliono cancellare (gli altri non saranno toccati), si avrà un errore se si richiede la cancellazione di un valore inesistente. Se non si indica nulla verranno cancellati tutti i valori presenti. Anche in questo caso se si vogliono cancellare attributi diversi occorrerà usare più sezioni con `delete`.

Per modificare il valore di un attributo occorre invece usare `replace`, indicando il nuovo valore. Ma se l'effetto è chiaro nel caso di un attributo a valore singolo (si dovrà indicare il nuovo valore che sostituirà quello presente), quando si hanno valori multipli l'effetto dell'operazione è di sostituire tutti quelli presenti con quelli indicati. Questo significa che se si intende cambiare un solo valore fra quelli presenti non si può usare `replace`, indicandone il nuovo valore, perché questo rimuoverebbe anche tutti gli altri; occorrerà invece prima cancellare quello con il valore da cambiare con `delete` e poi riaggiungerlo col nuovo valore con `add`.

L'ultima operazione è `modrdn` che consente di modificare il valore del *Relative Distinguished Name* (si ricordi quando illustrato in sez. 1.1.2) di un oggetto. Il *Relative Distinguished Name* è un attributo che ha un ruolo speciale per cui non può essere cambiato con `modify` richiedendo questa operazione specifica. Con questa operazione inoltre (da cui anche la possibilità di indicarla anche con `moddn`) si può anche spostare l'oggetto in un altro ramo dell'albero. La forma generica in un *change record* che con questa operazione è:

```
dn: cn=common name,dc=domain,dc=it
changetype: modrdn
newrdn: cn=new name
deleteoldrdn: 0 o 1
[newsuperior: DN]
```

dove `newrdn` indica quale sarà il nuovo attributo da usare come RDN (che verrà creato se non esistente), mentre `deleteoldrdn` indica, con `1`, se si deve mantenere nell'oggetto il vecchio RDN (che diventerà un attributo ordinario) o, con `0`, se lo si vuole cancellare. L'uso di `newsuperior` è opzionale (per questo lo si è indicato fra parentesi), ma se specificato consente di indicare il *Distinguished Name* di un altro ramo dell'albero, sotto il quale verrà spostato l'oggetto.

Si tenga presente che non è necessario che il nuovo RDN sia usi lo stesso attributo del DN originale come nell'esempio, se ne può usare uno qualunque di quelli consentiti dalle *objectclass* dell'oggetto, ma è comunque buona norma utilizzare uno degli attributi univoci ed obbligatori della *objectclass* strutturale che si sta usando. Lo scopo più comune dell'operazione infatti è quella di consentire di modificare il valore dell'attributo usato come RDN (che come detto non può essere fatto con `modify`) o di spostare l'oggetto in un altro ramo dell'albero.

Per compiere questa operazione è comunque disponibile il comando dedicato `ldapmodrdn`; il comando usa le stesse opzioni di `ldapmodify` e prende come argomenti il *Distinguished Name* dell'oggetto da modificare seguito dal nuovo valore dell'RDN. Se non si forniscono argomenti il comando si aspetta che i suddetti valori vengano passati sullo *standard input* o sul file specificato con l'opzione `-f`; in tal caso potranno essere ripetuti anche più volte, nel qual caso andranno separati da linee vuote. Infine con l'opzione `-s` si può indicare il *Distinguished Name* del ramo di albero sotto il quale spostare gli oggetti indicati.

Vista la macchinosità dei *change record*, non approfondiremo ulteriormente l'argomento, anche perché con la presenza di comandi dedicati come `ldapadd`, `ldapdelete` e `ldapmodrdn` che coprono gli altri casi d'uso, il loro utilizzo principale sarebbe quello con `ldapmodify` per effettuare modifiche su un database, ma per questo sono disponibili molte alternative più semplici da usare.

Tralasciando i programmi a interfaccia grafica, si distingue per la sua usabilità, anche se non fa parte dei programmi di gestione distribuiti con *OpenLDAP*, `ldapvi`, che consente di eseguire in maniera piuttosto semplice (una volta che si diventi pratici del formato LDIF), le operazioni di modifica dei dati su un server; il programma infatti consente di ottenere di visualizzare i dati di un server LDAP all'interno di un qualunque editor di testo in formato LDIF, per poterli modificare, e poi salvare all'indietro, curandosi di generare lui le corrette operazioni di modifica sulla base delle modifiche fatte con l'editor.

Il comando usa per i propri default il contenuto dei file `/etc/ldap/ldap.conf` e `.ldaprc`, per cui quando questi sono già stati configurati per indicare a quale server rivolgersi, una volta invocato visualizza all'interno di un editor tutte le voci disponibili sul server. L'editor utilizzato è quello di default del sistema (in genere vi), se ne può sempre indicare uno qualunque definendo la variabile di ambiente EDITOR. Si può passare come argomento del comando un filtro di ricerca, nel qual caso saranno mostrate solo le voci ad esso corrispondenti. Ovviamente in entrambi i casi si potranno ottenere soltanto le voci leggibili con una connessione anonima.

Dato che l'uso principale del comando è la modifica dei dati presenti su un database LDAP, è normalmente necessario autenticarsi con un utente opportuno per avere i diritti di scrittura. Come per ldapmodify questo si fa utilizzando l'opzione -D (usabile anche come --user), ma ldapvi consente di indicare l'utente non solo con il suo *Distinguished Name* ma anche fornendo un filtro di ricerca, ed inoltre usa di default l'autenticazione semplice (non esiste e non è necessaria l'opzione -x) e chiede da solo la password sul terminale.

Benché molte opzioni (oltre -D anche -s, -b e -w) abbiano lo stesso significato di quelle dei programmi client di *OpenLDAP* (quello illustrato in tab. 1.4), la sintassi di ldapvi è soltanto simile a questi, come già visto per -D. Un'altra differenza ad esempio è che il comando usa solo l'opzione -h per indicare il server da interrogare, ma questa supporta sia l'indicazione di un hostname che quella di una URL. Si sono comunque riportate le opzioni principali (insieme alla loro versione estesa che viene usata per il file di configurazione) in tab. 1.11.

Opzione		Significato
-b	--base	Imposta la base della ricerca.
-c	--continue	Prosegue la scrittura in caso di errore.
-d	--discover	Ottiene i *naming context* dalla *Root DSE*.
-D	--user	Imposta l'utente da usare per il collegamento.
-h	--host	Indica l'indirizzo o la URL del server da contattare.
—	--ldap-conf	Chiede di onorare i file di configurazione di sez. 1.2.1.
-w	--password	Imposta la password da usare per il collegamento.
—	--tls	La verifica su TLS (vedi sez. 2.2.3).

Tabella 1.11: Opzioni di ldapvi in forma breve ed estesa.

Il comando infatti supporta l'uso di un file di configurazione con funzionalità più ampie rispetto a quello dei comandi ordinari. Il file generale che si applica a tutto il sistema è /etc/ldapvi.conf, ma ogni utente può inserire le sue configurazioni personali (che avranno la precedenza) nel file .ldapvirc della sua home. In entrambi i file si possono mantenere diversi profili di configurazione, introdotti dalla parola chiave profile, seguita dal nome del profilo, a cui far seguire le configurazioni. Queste vengono impostate sulle righe seguenti usando come direttiva l'opzione estesa di tab. 1.11, da indicare senza il -- iniziale e seguita da un ":" ed uno spazio, e poi dal valore della stessa (o da yes se questa non prevede un valore). In sostanza dopo aver indicato il profilo si impostano le direttive con la stessa forma dell'assegnazione di un attributo in LDIF.

Si tenga presente che il file supporta l'uso del "#" come carattere di inizio riga per inserire un commento e di righe vuote, ma queste vengono considerate come la terminazione di un profilo, ed ignorate solo in questo caso, causando invece un errore se poste in mezzo alle direttive di un profilo; inoltre tutte le direttive devono essere contenute su una linea completa, per cui si abbia cura di andare a capo sull'ultima direttiva del file.

Il profilo da usare viene selezionato passando al comando il relativo nome come valore per l'opzione --profile. Se non si usa l'opzione il comando prevede che venga usato se esiste il profilo marcato default, e che altrimenti il contenuto dei file di configurazione venga ignorato.

In generale l'uso di questi file risulta utile per inserirvi i parametri di connessione (ad esempio utente e password, che non sono previsti con `ldap.conf`), in modo da non doverli riscrivere tutte le volte; un possibile esempio del file potrebbe essere:

```
────────────────────────────── .ldapvirc ──────────────────────────────
profile default
unpaged-help: yes
ldap-conf: yes
user: cn=admin,dc=truelite,dc=it
password: password_lunga_e_complicata
```

che ovviamente, contenendo una password che deve essere in chiaro, dovrà essere adeguatamente protetto dalla lettura.

Una volta autenticatisi presso il server con un utente con privilegi sufficienti a modificare i dati, si otterranno i contenuti del database (o un sottoinsieme se si passa un filtro di ricerca come argomento) direttamente all'interno dell'editor in formato molto simile a LDIF in cui ogni oggetto presenta un numero progressivo prima del suo DN.

Basterà modificare il contenuto cambiando i valori degli attributi, cancellandoli, o cancellando intere voci e all'uscita dall'editor il programma riprenderà il testo eventualmente modificato, e ne verificherà la correttezza (in caso contrario chiederà se uscire o rimodificare). Se si vogliono aggiungere delle voci occorrerà invece inserirle usando al posto del numero progressivo la parola chiave **add**.

Se le modifiche sono corrette il programma si incaricherà di applicarle, calcolando internamente i *change record* necessari. A meno di non aver eseguito nessuna modifica il `ldapvi` chiede sempre quale azione eseguire una volta che si esce dall'editor, se ad esempio si è modificato un valore si avrà un qualcosa del tipo:

```
add: 0, rename: 0, modify: 1, delete: 0
Action? [yYqQvVebB*rsf+?]
```

dove occorre indicare l'azione da eseguire premendo il tasto corrispondente; il significato dei possibili valori si può ottenere usando "?", con:

```
add: 0, rename: 0, modify: 1, delete: 0
Action? [yYqQvVebB*rsf+?] ?
Commands:
  y -- commit changes
  Y -- commit, ignoring all errors
  q -- save changes as LDIF and quit
  Q -- discard changes and quit
  v -- view changes as LDIF change records
  V -- view changes as ldapvi change records
  e -- open editor again
  b -- show login dialog and rebind
  B -- toggle SASL
  * -- set SASL mechanism
  r -- reconnect to server
  s -- skip one entry
  f -- forget deletions
  + -- rewrite file to include schema comments
  ? -- this help
Action? [yYqQvVebB*rsf+?]
```

In particolare si potrà uscire senza salvare nulla con "Q", modificare ulteriormente il risultato rientrando nell'editor con "e", tentare la scrittura con "y" (che si bloccherà al primo errore a meno di non aver usato l'opzione -c). Con "q" si possono salvare le modifiche su un file ed uscire, mentre ci si può riautenticare con "b".

Oltre alle opzioni utilizzate per poter modificare i dati,[26] il comando supporta anche alcune opzioni aggiuntive che forniscono delle funzionalità interessanti. Ad esempio se eseguito con --discover è in grado di interrogare la radice un server (la *Root DSE* vista in sez. 1.2.2) ed ottenere i *naming context* dei database in esso presenti così da identificare il valore da usare per il suffisso base anche se questo non è stato configurato in ldap.conf o indicato con --base; in tal caso con l'ulteriore opzione --config questi dati possono essere stampati in una forma adatta per l'inclusione in ldap.conf.

Un'altra opzione interessante, non collegata direttamente all'uso per la modifica online dei dati di un database, è --diff che consente di confrontare due file LDIF da indicare come argomenti. Il comando però richiede che i file siano generati nel formato interno di ldapvi (quello mostrato nell'editor), è pertanto il caso di generarli direttamente con ldapvi usando l'opzione --out che stampa quanto letto sullo *standard output* invece che inserirlo in un editor, con in più l'opzione --ldapvi che richiede che la stampa sia nel formato interno di ldapvi e non in LDIF standard. Questo assicura che i file prodotti essere confrontati correttamente, e si otterrà come risultato un file contenente i *change record* della differenza.

---

[26] si può anche usare un utente non privilegiato, ma ovviamente non si potranno applicare le modifiche al database.

Capitolo 2

Il server di *OpenLDAP*

2.1 Installazione e configurazione del server

Tratteremo in questa sezione l'installazione del server LDAP fornito dal progetto *OpenLDAP*. Il server è sviluppato dalla *OpenLDAP Foundation* e viene usato come implementazione di riferimento di LDAP in tutte le distribuzioni di GNU/Linux, anche se con l'acquisto da parte di RedHat del server LDAP di Netscape, esiste anche l'alternativa del *RedHat Directory Server*, per cui RedHat ne ha dismesso il supporto diretto.

2.1.1 Installazione ed avvio del servizio

Tutte le più importanti distribuzioni forniscono versioni già pacchettizzate di *OpenLDAP*, per cui in generale tutto quello che serve è usare il rispettivo gestore di pacchetti per eseguire l'installazione. In certi casi però la versione fornita potrebbe non avere tutte le estensioni o il supporto per le funzionalità volute o non essere sufficientemente aggiornata per cui può risultare necessario reinstallare dai sorgenti. Questa è anche la sola modalità supportata dagli sviluppatori, che in genere rispondono soltanto a richieste relative all'ultima versione rilasciata. I sorgenti di *OpenLDAP* sono disponibili sul sito del progetto a partire dalla pagina web `http://www.openldap.org/software/download/`; i file sono sempre nella forma `openldap-VERSIONE.tgz`, che vanno scompattati al solito nella directory in cui si eseguirà la compilazione.

Molte delle funzionalità di *OpenLDAP* si basano su altri pacchetti e librerie, per poterle utilizzare è ovviamente necessario che questi siano presenti; non è fondamentale che siano presenti tutti (lo script di configurazione consente di selezionare quelli che servono) ma ovviamente per quelli che si intende utilizzare dovranno essere presenti anche i relativi pacchetti di sviluppo. L'elenco dei prerequisiti è il seguente, torneremo sulla configurazione di alcune di queste funzionalità in sez. 2.2:

SSL/TLS   Per l'uso di connessioni cifrate con il *Transport Layer Security*[1] *OpenLDAP* richiede la presenza delle librerie OpenSSL o delle alternative GnuTLS; non

---

[1]questa è la standardizzazione ufficiale fatta dalla IETF del protocollo di cifratura delle comunicazioni a livello di socket introdotta con il *Secure Socket Layer* di Netscape, per maggiori dettagli si consulti sez. 2.1.3 di [SGL].

si potrà avere una piena conformità allo standard LDAPv3 se *OpenLDAP* non rileva la presenza di una libreria che supporti SSL.

Kerberos   *OpenLDAP* supporta i servizi di autenticazione basati su Kerberos, in particolare si possono utilizzare le due implementazioni libere di Kerberos V: Heimdal e MIT Kerberos.

SASL   *OpenLDAP* può utilizzare SASL (*Simple Authentication and Security Layer*) per l'autenticazione degli utenti. Questo richiede la presenza delle librerie Cyrus SASL senza le quali non si potrà avere una piena conformità allo standard LDAPv3.

Berkley DB   per mantenere i suoi dati un server *OpenLDAP* necessita del supporto di un database su cui salvarli, ed nelle versioni meno recenti questo avviene utilizzando, sia pure con possibili modalità diverse, Berkley DB, del quale necessitano le librerie di gestione.[2]

TCP wrapper   *OpenLDAP* supporta i *TCP wrapper* per un controllo di accesso elementare degli accessi sulla base degli indirizzi di provenienza delle connessioni al server, che può essere utilizzato qualora essi siano stati installati.

La procedura di installazione dei sorgenti è effettuata con gli *Autotools GNU*,[3] e viene controllata dallo script `configure`. Lo script di configurazione riconosce le opzioni standard degli autotools, e permette di abilitare le varie funzionalità aggiuntive di *OpenLDAP* con le opzioni `--enable-FEATURE` e `--with-PACKAGE`, dove `FEATURE` e `PACKAGE` indicano rispettivamente una funzionalità da abilitare o un pacchetto esterno da utilizzare. Un elenco delle opzioni disponibili si può ottenere invocando lo script di configurazione come:

```
$ ./configure --help
...
Optional Features:
  ...
  --enable-syslog        enable syslog support [auto]
  --enable-proctitle     enable proctitle support [yes]
  --enable-ipv6          enable IPv6 support [auto]
  --enable-local         enable AF_LOCAL (AF_UNIX) socket support [auto]
...
SLAPD Backend Options:
  ...
  --enable-hdb           enable Hierarchical DB backend no|yes|mod [yes]
  --enable-ldap          enable ldap backend no|yes|mod [no]
  --enable-mdb           enable mdb database backend no|yes|mod [yes]
...
SLAPD Overlay Options:
  ...
  --enable-accesslog     In-Directory Access Logging overlay no|yes|mod [no]
  --enable-auditlog      Audit Logging overlay no|yes|mod [no]
```

---

[2] le versioni più recenti usano un database in memoria sviluppato ad hoc all'interno del progetto, MDB, ma per compilare il programma con la configurazione di default restano comunque necessarie le librerie per Berkley DB.

[3] per una descrizione più dettagliata di questa procedura si può fare riferimento a sez. 4.2.1 di [AGL].

```
   --enable-collect        Collect overlay no|yes|mod [no]
   --enable-constraint     Attribute Constraint overlay no|yes|mod [no]
   ...

Optional Packages:
  ...
  --with-cyrus-sasl        with Cyrus SASL support [auto]
  --with-fetch             with fetch(3) URL support [auto]
  --with-threads           with threads [auto]
...
```

In tab. 2.1 si sono riportate le opzioni principali con il relativo valore di default, si tenga presente che gli *overlay* (vedi sez. 2.2.4) che estendono le funzionalità rientrano nelle funzionalità e si abilitano con opzioni del tipo `--enable-OVERLAY` dove `OVERLAY` è il nome dello stesso. Qualora si voglia abilitare una funzionalità che usualmente non è attiva (ad esempio i TCP wrapper) la si dovrà abilitare esplicitamente passandola come argomento al comando.

Opzione	Default	Significato
`--enable-debug`	si	Abilita il supporto per il debug.
`--enable-syslog`	auto	Abilita il supporto per l'uso del *syslog*.
`--enable-ipv6`	auto	Abilita il supporto per IPv6.
`--enable-local`	auto	Abilita il supporto per i socket locali.
`--enable-cleartext`	si	Abilita il supporto per mantenere le password in chiaro.
`--enable-crypt`	no	Abilita il supporto per mantenere le password cifrate con `crypt`.
`--enable-modules`	no	Abilita il supporto dinamico per i moduli.
`--enable-wrappers`	no	Abilita l'uso dei *TCP wrapper*.
`--enable-hdb`	si	Abilita il supporto più avanzato dei dati su Berkley DB.
`--enable-mdb`	si	Abilita il nuovo supporto dei dati su database in memoria (mdb).
`--enable-ldap`	no	Abilita il supporto per il proxy su un altro server LDAP.
`--enable-sql`	no	Abilita il supporto dei dati su un database relazionale.
`--enable-ppolicy`	si	Abilita l'*overlay* ppolicy.
`--enable-syncprov`	si	Abilita l'*overlay* syncprov per la replicazione (vedi sez. 2.3).
`--with-cyrus-sasl`	auto	Abilita l'utilizzo delle librerie SASL di Cyrus.
`--with-threads`	auto	Abilita l'utilizzo dei thread.
`--with-tls`	auto	Abilita l'utilizzo del TLS con OpenSSL.

Tabella 2.1: Le opzioni usate dallo script di configurazione per la compilazione di *OpenLDAP*.

Una volta eseguito con successo lo script di configurazione, a differenza di quanto avviene normalmente con gli *autotools*, si dovranno costruire le dipendenze con `make depend` come riportato sull'ultima riga stampata dallo stesso, e poi compilare con `make`. A questo punto è anche disponibile il comando `make test` per verificare il funzionamento del pacchetto. Infine `make install`, eseguito con i privilegi di amministratore installerà sia il server, che le librerie, che i programmi di utilità a riga di comando (di default sotto `/usr/local`).

Se invece si procede all'installazione dalla versione fornita dalla propria distribuzione si tenga presente che in molti casi le varie parti di *OpenLDAP* sono separate in pacchetti diversi; ad esempio nel caso di Debian/Ubuntu il server è nel pacchetto `slapd`, le librerie nel pacchetto `libldap-versione` e i programmi di utilità a riga di comando in `ldap-utils`, mentre per Red-Hat/CentOS il server è nel pacchetto `openldap-servers`, le librerie nel pacchetto `openldap` ed i programmi in `openldap-clients`. A questi si aggiungono poi, qualora si debbano compilare altri programmi che li richiedono, i pacchetti di sviluppo.

Qualora si sia installato *OpenLDAP* dai sorgenti si troverà un file di configurazione di esempio per il server in `/usr/local/etc/openldap`; in genere i pacchetti delle distribuzioni installano i file di configurazione in una directory direttamente sotto `/etc`, ad esempio `/etc/ldap` per Debian e `/etc/openldap` per RedHat/CentOS. In questa directory si trova il file di configurazione delle librerie, `ldap.conf`, il file di configurazione del server, `slapd.conf`, oppure, nelle versioni più recenti, la directory `slapd.d`, oltre ad eventuali altri file di configurazione.

Su una macchina che deve fare da server LDAP, benché non siano strettamente necessarie, si devono installare tutte le componenti. Per utilizzare *OpenLDAP* a livello client invece l'unica componente necessaria è la libreria `libldap2` che viene usata da tutti i programmi (comprese le utilità fornite da *OpenLDAP* stesso) che devono interrogare un server LDAP; in genere si installano anche i programmi di utilità.

Nel caso si usi Debian installando il server il sistema del *debconf* si curerà anche di chiedere alcuni dei parametri di base per la creazione di una struttura minimale per il proprio albero dei dati (in sostanza le informazioni necessarie a stabilire quale sarà la propria *radice locale*), ed una password da associare ad un utente amministrativo che avrà accesso completo al database. Installando il client *debconf* chiede invece i dati del server e della radice da usare come valore preimpostato (le ultime versioni del pacchetto cercano di automatizzare al massimo il procedimento usando il dominio della macchina specificato in fase di installazione).

Una volta installato il server questo potrà essere avviato direttamente con il comando `slapd`. Questo, se eseguito senza l'opzione `-d` che abilita la modalità di debug, crea un nuovo processo figlio e si dissocia dal terminale continuando a girare come demone, utilizzando le impostazioni che trova nel file di configurazione `/etc/ldap/slapd.conf` (che tratteremo in sez. 2.1.2) o con i dati del database di configurazione nella directory `/etc/ldap/slapd.d` (che tratteremo in sez. 2.1.3). Un file di configurazione alternativo può essere indicato con l'opzione `-f`, ed una directory alternativa con l'opzione `-F`.

Di default il server si pone in ascolto per connessioni TCP in chiaro su tutte le interfacce di rete usando la porta standard del servizio LDAP, la 389. Si può però modificare questo comportamento con l'opzione `-h` che prende come parametro una lista di URL con gli indicatori di tab. 1.1, che definisce le modalità (e l'indirizzo locale) con cui ci si potrà connettere al server. Come riportato in tab. 1.1, oltre la modalità classica si ha a disposizione, se si sono abilitati i relativi supporti, la possibilità di usare connessioni cifrate con SSL/TLS e la connessione su socket locali.

Nei primi due casi si dovranno specificare nella URL l'indirizzo IP e la porta nella sintassi classica delle URL, cioè qualcosa nella forma "`ldap://indirizzo:porta/`" per ascoltare in chiaro sulla porta e l'indirizzo IP specificati, o qualcosa nella forma "`ldaps:///`" per ascoltare sull'indirizzo generico e sulla porta standard, che avendo richiesto SSL, stavolta è la 636. Invece nel terzo caso si dovrà specificare il pathname assoluto del socket locale,[4] o genericamente "`ldapi:///`" per indicare l'uso del default che normalmente corrisponde a `/var/run/ldapi`.

In genere il server viene eseguito utilizzando un utente ed un gruppo non privilegiato, da indicare con rispettivamente le opzioni `-u` e `-g`, che dipende dalla distribuzione (ad esempio per

---

[4]si ricordi che i socket locali sono un meccanismo di intercomunicazione fra processi basato sull'uso di un file speciale, di tipo socket; per maggiori dettagli si veda la sez. 1.2 di [AGL].

Debian è `openldap` mentre su RedHat/CentOS è `ldap`).

Indicatore	Significato
-d *N*	Indica il livello di debug, secondo i valori di tab. 2.3.
-f *file*	Indica un file di configurazione alternativo.
-F *dir*	Indica una directory di configurazione alternativa.
-g *group*	Indica il gruppo per conto del quale eseguire il server.
-h *urls*	Indica a quale tipo di connessione risponde il server come lista di URL LDAP (vedi tab. 1.1) separate da spazi.
-l *fac*	Indica quale *facility* usare nel sistema del *syslog*.
-s *prio*	Indica la priorità da assegnare ai messaggi di `slapd` nel sistema del *syslog*.
-t	Esegue un controllo sintattico del file di configurazione (è deprecato con la 2.4, sostituito da `slaptest`).
-u *user*	Indica l'utente per conto del quale eseguire il server.

Tabella 2.2: Opzioni del comando `slapd`.

Si sono riportate le altre opzioni principali di `slapd` in tab. 2.2. Al solito per l'elenco completo si può fare riferimento alla pagina di manuale del comando; inoltre buona parte di esse può essere specificata con apposite direttive nel file di configurazione (vedi sez. 2.1.2). Normalmente per lanciare il server è sempre opportuno utilizzare l'opportuno script di avvio messo a disposizione dalla propria distribuzione, nel caso di Debian `/etc/init.d/slapd`, per RedHat/CentOS `/etc/init.d/ldap`, oppure, nelle versioni più recenti che usano `systemd`, le relative *unit file*.

Nel caso di Debian poi in `/etc/defaults/slapd` sono utilizzabili le due variabili di ambiente `SLAPD_SERVICES` e `SLAPD_OPTIONS` da utilizzare rispettivamente per passare agli script di avvio del servizio una diversa URL rispetto al default di `ldap:///` (la variabile deve contenere il valore del parametro per l'opzione -h) e per indicare eventuali opzioni aggiuntive (ad esempio di debug) da usare all'avvio del server. Lo stesso effetto si può ottenere con RedHat/Fedora/CentOS usando il file `/etc/sysconfig/ldap` e le relative variabili.[5]

Una delle opzioni più importanti è -d che attiva la modalità di debug; essa permette di eseguire il server interattivamente, ottenendo così i messaggi direttamente sul terminale. L'opzione richiede un parametro che indica quali informazioni di debug debbano essere stampate, questo viene interpretato come maschera binaria, ed ogni bit attiva la stampa di una certa classe di messaggi, secondo lo schema di tab. 2.3.

Specificando un valore nullo si disattivano i messaggi di debug, mentre con -1 si attivano tutti quanti; in genere per non restare affogati nell'output del server è opportuno selezionare solo i messaggi della classe cui fa riferimento il problema che si vuole investigare; questo si fa semplicemente sommando i valori riportati nella prima colonna di tab. 2.3. Così se si vogliono verificare le modalità della connessione su SSL/TLS e la verifica delle regole di accesso si potrà invocare il programma come:

```
# slapd -d 8 -h ldaps:///
```

---

[5] il sistema è in questo caso meno flessibile perché pur restando `SLAPD_OPTIONS` non è previsto un equivalente di `SLAPD_SERVICES`, ma il parametro di -h viene deciso con i valori di `SLAPD_LDAP`, `SLAPD_LDAPS`, `SLAPD_LDAPI` che sono nella forma `yes`/`no` e non consentono di passare una URI.

Indicatore	Sigla	Significato
0	–	Nessuna informazione.
1	trace	Traccia le chiamate alle singole funzioni.
2	packet	Informazioni sulla gestione dei pacchetti.
4	args	Informazioni di debug generico.
8	conns	Informazioni sulla gestione della connessione.
16	BER	Stampa i pacchetti ricevuti ed inviati.
32	filter	Informazioni sull'uso dei filtri.
64	config	Informazioni sulla scansione della configurazione.
128	ACL	Informazioni sull'uso delle regole di accesso.
256	stats	Statistiche delle operazioni e delle connessioni.
512	stats2	Statistiche sulle voci inviate.
1024	shell	Stampa le comunicazioni con lo *shell backend* (vedi sez. 2.1.2).
2048	parse	Informazioni sulla scansione delle voci.
4096	cache	Informazioni sulla cache (inutilizzate).
8192	index	Informazioni sugli indici (inutilizzate).
16384	sync	Informazioni sulla replicazione con *syncrepl* (vedi sez. 2.3.3).
32768	none	Consente solo i messaggi che vengono comunque registrati indipendentemente dal livello indicato, in sostanza disabilita le precedenti.
-1	–	Abilita tutte le informazioni.
?	–	Stampa i valori precedenti.

Tabella 2.3: Significato dei bit di debug.

2.1.2 La configurazione tradizionale del server

La configurazione del server è ovviamente molto complessa e ne tratteremo in questa sezione solo gli aspetti di base, rimandando a sez. 2.2 per i dettagli relativi alle funzionalità più avanzate. Come accennato il file di configurazione di default è `slapd.conf`; questo contiene una serie di direttive, una per riga, nella forma classica di una parola chiave seguita da un valore, separati da uno o più spazi o altri caratteri vuoti. Quando un valore contiene degli spazi questo deve essere indicato delimitandolo con delle virgolette, se queste ultime sono contenute in un valore devono essere protette dal carattere di escape "\" che può essere usato anch'esso nello stesso modo. Come al solito le righe che iniziano per un "#" sono considerate commenti e vengono ignorate come le righe vuote,[6] infine una riga che inizia con uno spazio è considerata la continuazione della precedente.

A partire dalla versione 2.4 di *OpenLDAP* inoltre la configurazione può essere effettuata usando direttamente il protocollo LDAP stesso (ci torneremo in sez. 2.1.3), con un ramo di albero dedicato, `cn=config`, i cui dati vengono mantenuti in forma di file LDIF in una specifica gerarchia di directory sul filesystem. Il server comunque riconosce ancora il file `slapd.conf`, ed in questa sezione faremo riferimento solo alla modalità classica.

Il file prevede tre tipi di direttive di configurazione: quelle generali che sono applicabili a tutto il server, quelle specifiche che sono applicabili solo ad un tipo di supporto e quelle ancor più specifiche che si applicano ad un singolo database. Una delle caratteristiche più interessanti di *OpenLDAP* infatti è che una singola istanza del server `slapd` può gestire diversi database, inoltre

---

[6]stando attenti a che le righe siano effettivamente vuote: infatti la presenza di uno spazio all'inizio di una riga implica che questa è la continuazione della precedente, e si possono avere effetti inaspettati quando una riga *sembra* essere vuota ma non lo è davvero.

per mantenere i dati è possibile usare diversi supporti, (quelli che in gergo vengono chiamati *backend*) che sono disponibili in forma modulare.

La possibilità di avere diversi *backend* consente così di svincolare completamente la parte del server che gestisce le operazioni previste dal protocollo LDAP, dal codice che gestisce i dati presenti in un database, garantendo una enorme flessibilità nel mantenimento degli stessi sui supporti e le modalità più varie. Ad esempio è con uno di questi supporti che si può gestire la cosiddetta *proxy replication* che tratteremo in sez. 2.3.4.

Due direttive, `backend` e `database`, servono a definire l'inizio di una sezione del file di configurazione in cui si immettono rispettivamente le direttive di configurazione relative ad un certo supporto (volte a controllarne le caratteristiche specifiche) e ad uno specifico database (coi dati ad esso attinenti); la fine di una sezione è delimitata dall'inizio di un'altra sezione con la presenza di una di queste due direttive, o dalla fine del file di configurazione.

Le direttive inoltre prevedono una gerarchia ed un ambito di validità. Quelle globali possono essere usate anche all'interno di una sezione `backend` o `database` ma in tal caso il loro valore sarà applicato soltanto a detta sezione, e lo stesso vale per direttive relative ad un supporto usate in una sezione `database`. Inoltre una direttiva utilizzata in una sezione `backend` soprassiederà il valore assegnato globalmente, ed una direttiva utilizzata in una sezione `database` soprassiederà sia il valore globale che quello assegnato in una sezione `backend`. Se una direttiva compare più volte all'interno di una stessa sezione verrà utilizzato il valore dell'ultima assegnazione. Questo in sostanza comporta una struttura del tipo:

```
# Configurazioni di carattere generale
<direttiva generale> <valore>
<direttiva generale> <valore>
...
# Primo tipo di supporto
backend <tipo1>
<direttiva specifica per supporto> <valore>
...
database <tipo1>
<direttiva specifica per database> <valore>
...
database <tipo1>
<direttiva specifica per database> <valore>
...
# Secondo tipo di supporto
backend <tipo2>
<direttiva specifica per supporto> <valore>
...
database <tipo2>
<direttiva specifica per database> <valore>
...
```

in cui prima si dichiara il tipo di supporto, seguito dalle configurazioni specifiche dello stesso, e poi i vari database che utilizzano quel supporto (con le loro configurazioni specifiche). Si tenga presente che il server non esegue controlli sulla correttezza della sintassi, per cui si faccia attenzione a rispettare la struttura illustrata.

Tipo	Significato
mdb	Usa il nuovo default del *Lightweight Memory-Mapped DB*.
bdb	Usa Berkley DB (con vecchia interfaccia, deprecata).
hdb	Nuova interfaccia (evoluzione di bdb) per Berkley DB.
ldif	Mantiene i dati su file LDIF nel filesystem.
ndb	Interfaccia verso le NDB API di MySQL, sperimentale.
ldap	Fa da proxy verso un altro server LDAP.
meta	Fa da proxy verso un gruppo di server LDAP.
sql	Mappa i dati in un database relazionale su LDAP.
relay	Fa da proxy nei confronti di un database locale (sperimentale).
shell	Ottiene i dati da script di shell.
perl	Ottiene i dati da script Perl.
sock	Ottiene i dati da un altro programma con un socket.
monitor	Riporta dati statistici del server.
passwd	Riporta i dati di /etc/passwd.
dnssrv	Riporta i dati da un DNS.
null	Non fa nulla.

Tabella 2.4: I vari tipi di supporto per i dati di slapd.

Entrambe le direttive backend e database prendono come argomento uno degli identificativi dei vari supporti disponibili riportati in tab. 2.4, un database infatti deve comunque essere mantenuto in un qualche supporto. Fino alla versione 2.3 di *OpenLDAP* il supporto consigliato dal progetto era bdb, che indica l'utilizzo delle librerie Berkley DB (si ricordi quanto detto in sez. 2.1.1) che offrono funzionalità avanzate per le transazioni[7] e consente l'accesso simultaneo in lettura e scrittura da più processi.

Nelle versioni successive veniva invece consigliato l'uso del nuovo *backend* hdb, (è stato ad esempio il default installato su Debian a partire dalla versione 5.0) che si appoggia sempre a Berkley DB ed ha le stesse caratteristiche di bdb, ma con alcune ottimizzazioni sulla gestione degli indici, che sono mantenuti in memoria e non su file (ottenendo maggiori prestazioni in scrittura, ma un avvio più lento).

A partire dalla versione 2.4.39 il default è diventato invece mdb, un database in memoria sviluppato specificamente come supporto per *OpenLDAP*, che assicura prestazioni nettamente superiori e che ha iniziato a soppiantare i precedenti, ed è diventato il default di Debian a partire dalla versione 8.0. Rispetto ai *backend* basati su Berkley DB presenta un notevole vantaggio in velocità ed una configurazione molto più semplice; non esiste motivo (a parte l'utilizzo di un database ereditato da una versione non sufficientemente recente del server) per non utilizzarlo.

Tutti i supporti disponibili sono elencati in tab. 2.4. In generale i supporti si possono suddividere in tre categorie generali: quelli che mantengono effettivamente dei dati, quelli che servono come intermediari per dati mantenuti altrove, e quelli che generano i dati al volo. Il primo gruppo, quello usato normalmente, contiene i precedenti mdb, bdb e hdb. A questi si aggiungono ldif, che scrive i dati su dei file LDIF direttamente sul filesystem (è il supporto usato internamente

---

[7]le cosiddette funzionalità *ACID*, un acronimo che indica le quattro proprietà di *Atomicity*, *Consistency*, *Isolation*, e *Durability* che assicurano la consistenza dei dati e la possibilità di riportare il database in uno stato coerente anche in caso di terminazioni anormali.

per la nuova modalità di configurazione del server direttamente via LDAP) e lo sperimentale ndb che consente di inserire i dati su un cluster MySQL usando la API omonima (NDB).

Al secondo gruppo appartengono ldap, meta, sql e lo sperimentale relay; il primo serve a fare da proxy per un altro server, mentre il secondo può fare da proxy per un pool di server che condividono la gestione di una sezione di albero. Il terzo permette di utilizzare attraverso LDAP i dati già presenti in un database relazionale. Come accennato infatti il modello di dati di un albero LDAP non si adatta alla struttura a tabelle di un database relazionale,[8] pertanto questo *backend* non è un *backend* valido per mantenere i dati di un albero LDAP quanto una soluzione che consente, quando non se ne può fare a meno, di interrogare il contenuto di un database relazionale con LDAP fornendo le opportune associazioni coi dati delle tabelle. Infine relay permette di creare un proxy al contenuto di un database locale (e può essere utilizzato per creare delle *viste* sullo stesso).

Al terzo gruppo appartengono perl, shell, sock, monitor, passwd, dnssrv e null. I primi due consentono di abbinare ad ogni operazione l'esecuzione di script Perl o di shell, restituendo i relativi risultati, il terzo esegue la stessa operazione girando le richieste su un socket locale su cui si può far operare un programma esterno qualunque che generi le risposte; monitor è una interfaccia alle informazioni statistiche del server stesso (vedi sez. 2.2.4), mentre passwd e dnssrv fanno da ponte per le informazioni mantenute nel file /etc/passwd e nei record SRV di un DNS. Infine null non fa proprio nulla.

Un server in cui si usano più supporti per dati gestiti direttamente è poco comune, in quanto ha poco senso usare supporti diversi (si complica soltanto la gestione), a meno che l'uso non sia dettato da esigenze specifiche di compatibilità con vecchi dati o di accesso a formati particolari, per i quali comunque converrebbe effettuare una conversione. Può invece capitare di dover gestire più database, ad esempio per gestire indirizzari di diverse organizzazioni.

Il primo gruppo di direttive che esamineremo sono quelle globali, intese come quelle che sono applicabili a tutto il server. Si tenga presente comunque che alcune di esse, come le direttive per il controllo degli accessi che tratteremo in sez. 2.2.2, normalmente non vengono utilizzate a livello globale quanto piuttosto a livello dei singoli database, come è logico aspettarsi dato che questi possono avere logiche di gestione diverse.

Per semplificare la gestione dei file di configurazione inoltre si può usare la direttiva include che prende come argomento il nome di un file, il cui contenuto viene incluso automaticamente nel file principale come se fosse stato scritto direttamente all'interno di esso. La direttiva può essere usata ricorsivamente, ma con attenzione dato che non esiste un limite sul numero di annidamenti e non c'è nessun meccanismo che rilevi la presenza di circoli viziosi in cui due file si includono a vicenda.

Normalmente questa direttiva viene utilizzata per includere nella configurazione i cosiddetti file di *schema* che contengono le definizioni delle *objectclass* degli oggetti che stanno nell'albero; questi si dichiarano a loro volta con delle direttive apposite, objectclass e attributetype, che hanno una sintassi specifica (vista brevemente in sez. 1.1.2) che ricalca quella usata nelle definizioni degli RFC. Con *OpenLDAP* vengono distribuiti dei file .schema già pronti, contenenti le definizioni delle *objectclass* principali, necessarie al normale funzionamento del server.

Una direttiva molto importante, specie se si hanno elenchi molto grandi, è sizelimit, che impone un limite sul numero massimo di voci, da specificare come argomento, che il server

---

[8]una interessante discussione di questa problematica si trova nelle FAQ di *OpenLDAP*, consultabile all'indirizzo http://www.openldap.org/faq/data/cache/378.html.

restituisce come risultato di una ricerca; il default è di 500, e non è detto che sia sufficiente in tutte le situazioni. Analoga è `timelimit` che impone un limite sulla durata del tempo speso dal server a fornire una risposta, questo fa riferimento al tempo reale e deve essere specificato in numero di secondi. Entrambe prevedono l'uso del valore `unlimited` per rimuovere i limiti.

Direttiva	Significato
argsfile	Indica un file in cui sono scritti gli argomenti a passati a riga di comando nell'avviare il server (quando non è eseguito interattivamente).
idletimeout	Specifica il numero di secondi da aspettare prima di chiudere forzatamente una connessione inattiva, il default è 0 che indica di non chiuderla mai.
include	Permette di includere le direttive da un altro file.
loglevel	Abilita la registrazione di eventi ed operazioni sul sistema del *syslog* (di default viene usata la facility `LOCAL4`), usa come argomento un intero che specifica una maschera binaria i cui bit sono illustrati in tab. 2.3 (lo stesso valore usato con l'opzione `-d`), il valore di default è 128, `none` disabilita la registrazione.
moduleload	Indica un modulo di estensione da caricare (in genere relativo al supporto per uno specifico tipo di database o per un *overlay*); prende o un pathname assoluto o uno relativo alla directory specificata con `modulepath`.
modulepath	Indica la directory in cui vengono cercati i moduli di estensione.
password-hash	Configura il tipo di hash delle password utilizzate nel contenuto degli attributi `userPassword` quando si usano le *LDAP Password Modify Extended Operations*, usa i valori della prima colonna di tab. 2.13.
pidfile	Indica il file in cui viene registrato il PID del server quando questo viene eseguito come demone in modalità non interattiva.
referral	Consente di indicare la URL con cui passare il riferimento ad un altro server quando viene fatta una richiesta che non può essere esaudita localmente, secondo il meccanismo illustrato in fig. 1.4.
sizelimit	Indica il numero massimo di voci che possono essere restituite in risposta ad una ricerca, il default è 500 (`unlimited` consente di restituire tutti i risultati).
timelimit	Indica il limite massimo in secondi che il server può impiegare nel soddisfare una richiesta, il default è 30 secondi (`unlimited` indica di aspettare indefinitamente).
writetimeout	Specifica il numero di secondi da aspettare prima di chiudere forzatamente una connessione con una scrittura pendente, cosa che consente di recuperare le operazioni in caso di blocchi sulla rete; il default è 0 che indica di non chiuderla mai.

Tabella 2.5: Le direttive generali di `slapd.conf`.

Altre direttive importanti sono `modulepath` e `moduleload` che consentono di indicare rispettivamente la directory dove sono stati installati i moduli di estensione del server e quali fra questi devono essere caricati. Dato che molte funzionalità del server sono normalmente fornite dai moduli (ad esempio i vari *backend* su cui si salvano i dati o gli *overlay* che tratteremo in sez. 2.2.4) queste due direttive vanno sempre dichiarate. Si tenga inoltre presente che nel caso di `moduleload` i moduli verranno caricati nell'ordine in cui vengono indicati, questi consente di poter caricare per primo un modulo che sia necessario al funzionamento di un altro.

Le principali direttive globali sono state riportate in tab. 2.5, ma ne esistono molte altre relative a configurazioni più avanzate che tratteremo in seguito, quando affronteremo gli argomenti specifici a cui attengono; l'elenco completo viene comunque riportato nella pagina di manuale, accessibile con `man slapd.conf`.

Un esempio dell'uso di questo primo gruppo di direttive si trova nel seguente estratto del file di configurazione standard installato con il pacchetto da una Debian Lenny,[9] da cui si sono rimossi per brevità righe vuote e commenti:

```
                                  slapd.conf
include          /etc/ldap/schema/core.schema
include          /etc/ldap/schema/cosine.schema
include          /etc/ldap/schema/nis.schema
include          /etc/ldap/schema/inetorgperson.schema
pidfile          /var/run/slapd/slapd.pid
argsfile         /var/run/slapd.args
loglevel         none
modulepath       /usr/lib/ldap
moduleload       back_hdb
sizelimit        500
```

Si noti come nell'esempio prima si includono i vari file con gli schemi che definisco le *objectclass* degli oggetti che immetteremo nel database, poi si impostano i file dove si troveranno memorizzate le informazioni relative al server, si disabilitano i messaggi di debug, si imposta la directory da cui caricare i moduli ed infine si attiva il supporto hdb per Berkley DB.

Il secondo gruppo di direttive è quello delle direttive relative ad un determinato tipo di supporto, che vanno specificate dopo una direttiva backend. Si ricordi che in questo modo esse verranno applicate a tutti i database che usano quello stesso *backend*. Come per le direttive globali anche queste possono essere sovrascritte con valori diversi se riutilizzate in una sezione relativa ad uno specifico database che usi quel supporto, ed in effetti in genere è proprio in questo modo che vengono usate, ed è estremamente raro vederle applicate al di fuori di una sezione relativa ad un singolo database.

Dato che ogni *backend* ha delle caratteristiche proprie, ognuno definisce anche delle direttive specifiche, che saranno supportate soltanto se si è caricato il modulo che fornisce il supporto richiesto e che saranno valide per i database che lo utilizzano. Per ciascuno dei supporti descritti in tab. 2.4 esiste allora una apposita pagina di manuale, nella forma slapd-*SUPPORTO*, contenente tutte le informazioni ad esso relative.

Dato che questo è il supporto con la configurazione più complessa, che può essere ancora marginalmente in uso quando si ereditano dei database installati su vecchie versioni del server, tratteremo sommariamente le direttive relative ai *backend* bdb e hdb (che sono le stesse). Le direttive principali in questo caso sono: cachesize che indica quante voci mantenere in memoria e checkpoint che indica la frequenza con cui scarica su disco il registro delle transazioni. Le altre direttive principali sono riportate in tab. 2.6 mentre l'elenco completo è accessibile con man slapd-hdb.

In realtà le configurazioni più sofisticate relative a Berkley DB sono mantenute nel file DB_CONFIG nella directory dove stanno i file del database, perché le librerie di Berkley DB fanno riferimento ultimativo alle impostazioni che sono in questo file. Per questo il team di sviluppo di *OpenLDAP* non ha ritenuto opportuno ridefinire direttive specifiche dentro la configurazione del server poiché questo avrebbe creato tutta una serie di possibili conflitti in caso di modifiche di questo file, difficili da rilevare.[10] Per la configurazione specialistica di Berkley

---

[9]sarebbero le stesse anche con una versione più recente, ma dopo Lenny Debian è passata all'uso di default della configurazione dinamica che vedremo in sez. 2.1.3.

[10]la direttiva dbconfig consente comunque di definire per comodità alcune di queste configurazioni direttamente all'interno di slapd.conf, ma avranno effetto solo se il file DB_CONFIG non esiste.

Direttiva	Significato
cachesize	Il numero di voci mantenute nella cache in memoria (se non specificata il valore di default è 2000).
checkpoint	La frequenza con cui viene scaricato su disco il registro delle transazioni, la direttiva prende due parametri, il primo che indica ogni quanti kilobyte ed il secondo che indica ogni quanti minuti deve essere eseguita l'operazione (il valore di default è nullo che significa che essi vengano ignorati).
dbconfig	Inserisce una direttiva di basso livello per Berkeley DB, come se la si fosse scritta in un file DB_CONFIG nella directory dei dati, effettiva soltanto se questo non esiste.
index	Le opzioni di indicizzazione (vedi anche tab. 2.8).
mode	I permessi con cui vengono creati i file dei dati, espressi in notazione ottale, come per chmod (il valore di default è 200).

Tabella 2.6: Le direttive per i supporti bdb e hdb.

DB si rimanda direttamente alla documentazione originale, che un tempo era disponibile su http://www.sleepycat.com/docs/ e adesso è ben sepolta nel sito di Oracle che ha acquisito i diritti sullo stesso, si sconsiglia comunque di dedicarvi del tempo che potrebbe essere utilizzato molto più fruttuosamente per aggiornare il server ed usare il nuovo *backend* mdb.

Uno dei grandi vantaggi del nuovo supporto mdb, oltre al notevole miglioramento delle prestazioni rispetto anche alla più ottimizzata configurazione di hdb, è anche la semplificazione della configurazione, la sola direttiva a cui bisogna realmente fare attenzione infatti è **maxsize** che indica la dimensione massima in byte del database, dato che questo non potrà crescere oltre questa dimensione, e che un ridimensionamento a server attivo non è praticabile.

Direttiva	Significato
checkpoint	La frequenza con cui vengono salvati i dati, usata solo in congiunzione con dbnosync; la direttiva prende due parametri, il primo che indica ogni quanti kilobyte ed il secondo che indica ogni quanti minuti deve essere eseguita l'operazione (il valore di default è nullo che significa che essi vengano ignorati), al momento il primo argomento viene ignorato.
dbnosync	Indica si deve disabilitare il salvataggio sincrono dei dati su disco, usandola si aumentano le prestazioni a scapito della salvaguardia dei dati, di default è disattiva.
index	Le opzioni di indicizzazione (vedi anche tab. 2.8).
maxsize	La dimensione massima in byte del database (il valore di default è 10485760).
mode	I permessi con cui vengono creati i file dei dati, espressi in notazione ottale, come per chmod (il valore di default è 600).
envflags	uno fra nosync, nometasync, writemap, mapasync, nordahead.

Tabella 2.7: Le direttive per il supporto mdb.

Con mdb i dati verranno mantenuti in un file di questa dimensione (ed occorrerà pertanto che nel filesystem ci sia spazio sufficiente per lo stesso) che verrà poi mappato in memoria. I dati resteranno in memoria e salvati in maniera sincrona ad ogni scrittura, a meno che non si sia specificata anche la direttiva dbnosync. In tal caso i dati verranno salvati su disco secondo quanto indicato dalla direttiva **checkpoint**, che ha la stessa sintassi già vista in tab. 2.6. Questa modalità *asincrona* dei salvataggi consente di ottenere migliori prestazioni a scapito dell'affidabilità (si possono perdere i dati non ancora scritti in caso di crash), ed è sconsigliata. Le altre principali opzioni di `mdb` sono elencate in tab. 2.7, l'elenco completo è accessibile con `man slapd-mdb`.

Un'altra direttiva definita a livello di supporto, ma disponibile per tutti i *backend* relativi alla gestione dei dati, ed usata sempre a livello di singolo database, è `index`, che permette di definire quali informazioni indicizzare per un accesso più veloce ai dati. Dato che comunque questa direttiva fa riferimento a dati specifici, anche questa non viene quasi mai utilizzata a livello di supporto generico, quanto piuttosto per ogni singolo database.

Tipo	Significato
pres	Indicizza per la presenza dell'attributo nel database qualunque valore esso abbia, permette di ottimizzare le ricerche in cui si richiedono tutti gli attributi di un certo tipo (ad esempio `cn=*`).
eq	Indicizza per la ricerca di una eguaglianza esatta del valore dell'attributo (ad esempio `uid=piccardi`).
sub	Indicizza per ricerca della presenza di una stringa all'interno del valore dell'attributo (ad esempio `cn=Simo*`). Questo tipo di indicizzazione può essere indicato in maniera specializzata usando al posto di `sub` i valori `subinitial`, `subfinal` e `subany` per specificare situazioni in cui la ricerca è eseguita su sottostringhe che stanno rispettivamente all'inizio (ad esempio `uid=sim*`), alla fine (ad esempio `uid=*ardi`) o nel mezzo (ad esempio `uid=*icc*`).
approx	Indicizza per la ricerca di stringhe approssimativamente uguali, (cioè ricerche eseguite con la sintassi `cn~=simone`).
none	Disabilita la generazione di indici (per attributi non indicizzabili come `jpegPhoto`).

Tabella 2.8: I vari tipi di indicizzazione usati come argomento della direttiva `index`.

La direttiva prevede due argomenti, il primo è il nome dell'attributo da indicizzare (ma se ne può indicare una lista separata da virgole) mentre il secondo, opzionale, indica quale tipo di indicizzazioni effettuare, e prende una lista, separata da virgole, dei valori di tab. 2.8; se non lo si indica verranno usate le indicizzazioni di default che si possono impostare con la direttiva stessa usando come attributo il valore riservato `default`.

La scelta dei giusti valori per le indicizzazioni è di fondamentale importanza per le prestazioni del server, pertanto è sempre opportuno indicizzare gli attributi sui quali si compiono le ricerche più frequenti; si rimanda a quanto visto in sez. 1.2.2 nella trattazione dei filtri di ricerca, per le indicazioni riguardo a quali indici queste corrispondono.

Non è però il caso di esagerare in quanto la creazione di indici inutili comporta spreco di memoria e rallenta le prestazioni in caso di scrittura, in maniera anche sensibile se il database contiene molti dati.[11] Inoltre è sempre opportuno selezionare il tipo di indici sulla base delle ricerche a cui vengono sottoposti i rispettivi attributi, ad esempio non avrebbe senso indicizzare un attributo come `userPassword` per la ricerca di sotto-stringhe.[12]

Il terzo gruppo di direttive sono quelle che eseguono le impostazioni specifiche di ciascun database. Esse sono utilizzabili soltanto all'interno di una sezione introdotta dalla direttiva `database` e sono indipendenti dal tipo di supporto utilizzato per lo stesso. Dato che nella maggior parte dei casi si ha un solo database che fa riferimento ad un unico supporto, e che anche quando i database sono più di uno, ognuno può avere sue specifiche esigenze relative alla modalità di

---

[11] come illustrato in sez. 1.1.1, le operazioni di scrittura su un database LDAP sono sporadiche: la gran del tempo impiegato da esse è proprio nella manutenzione degli indici che servono ad ottimizzare la lettura; evidentemente più dati sono mantenuti nel database, più costosa diventa l'operazione di aggiornamento degli indici.

[12] non ha senso in generale indicizzarlo, dato che non si compiono mai ricerche sulla base del suo contenuto.

Direttiva	Significato
access	Consente di impostare il controllo di accesso, vedi sez. 2.2.2.
directory	La directory in cui vengono mantenuti i file su cui sono registrati i dati (su Debian il default è /var/lib/ldap).
hidden	Rende il database *nascosto*, per cui non verrà usato per rispondere a nessuna interrogazione, e qualunque sia il *suffisso* usato non confliggerà con quelli degli altri database, il valore di default è off.
lastmod	Richiede che il server memorizzi nel database (in appositi attributi gestiti internamente) le informazioni relative all'ultima modifica di un oggetto, il valore di default è on.
limits	Consente di impostare limiti sulle operazioni, vedi sez. 2.2.2.
readonly	Consente l'accesso al database in sola lettura.
restrict	Se usato specifica una lista, separata da spazi, delle operazioni che non sono consentite sul database, con uno fra i valori: bind, compare, delete, modify, rename, search, i valori speciali all, read e write indicano rispettivamente tutte le operazioni, solo quelle di lettura e solo quelle di scrittura.
rootdn	Imposta il *Distinguished Name* associato all'utente che amministra il database per il quale non valgono i controlli di accesso (vedi sez. 2.2.1).
rootpw	Imposta la password dell'utente di amministrazione.
suffix	Imposta la radice del DIT associato al database, prende come argomento il *Distinguished Name* della stessa.

Tabella 2.9: Le direttive generiche per i database.

gestire il supporto sottostante, in genere queste si trovano sempre mescolate con le precedenti in una stessa sezione.

Si ricordi infatti che un database corrisponde ad una specifica sezione di un albero LDAP, che viene definita dalla direttiva suffix. Questa definisce la radice del DIT dei dati presenti in quel database, e prende come parametro il relativo *Distinguished Name*.[13] Una direttiva suffix deve essere obbligatoriamente presente in ogni sezione database, una seconda direttiva obbligatoria in ciascuna di queste sezioni è directory che indica appunto in quale directory sono mantenuti i file con i dati.

Un elenco delle principali direttive generiche relative ad un database è riportato in tab. 2.9; la tabella contiene soltanto le direttive attinenti le funzionalità di base, tratteremo le direttive relative alle varie funzionalità avanzate più avanti, nelle relative sezioni. Un esempio dell'uso di alcune di queste direttive è il seguente proseguimento del precedente estratto dal file di configurazione standard installato da una Debian Lenny:

```
━━━━━━━━━━━━━━━━━━━━━━━━━ slapd.conf ━━━━━━━━━━━━━━━━━━━━━━━━━
backend         hdb
database        hdb
suffix          "dc=truelite,dc=it"
directory       "/var/lib/ldap"
dbconfig set_cachesize 0 2097152 0
dbconfig set_lk_max_objects 1500
dbconfig set_lk_max_lockers 1500
index           objectClass eq
lastmod         on
checkpoint      512 30
```

---

[13]corrispondente al valore che si usa nella direttiva BASE per la configurazione del client.

dove si dichiarano un supporto ed un database per il ramo di albero `dc=truelite,dc=it`; i file relativi saranno mantenuti in `/var/lib/ldap`, con un indice di uguaglianza per gli attributi `objectClass` e si richiede che il database registri i dati di ultima modifica degli oggetti.

2.1.3 La configurazione dinamica via LDAP

A partire dalla versione 2.4 le modalità di configurazione del server sono state modificate, introducendo il supporto per un sistema, denominato *On-Line Configuration* e contraddistinto dalla sigla OLC, che consentisse la modifica al volo delle configurazioni, senza necessità di riavvio del servizio, utilizzando direttamente il protocollo LDAP.

Questo ha comportato il passaggio dal tradizionale file di configurazione `slapd.conf`, appena trattato, all'utilizzo di uno specifico database LDAP interno al server identificato dal suffisso `cn=config`, non modificabile, che definisce uno specifico DIT relativo alla configurazione. La configurazione del server viene pertanto rappresentata con opportuni oggetti mantenuti dentro questo database e visibili all'interno di questo DIT (devono cioè avere sempre questo suffisso), da modificare con le ordinarie operazioni di LDAP.

Con la versione attuale del server i dati di questo DIT sono mantenuti in un database che usa il *backend* `ldif` e vengono salvati nella directory `/etc/ldap/slapd.d/`. Questa assume pertanto il ruolo di "*directory di configurazione*" sostituendo il file `slapd.conf`, che viene ignorato se questa è presente. In realtà deve essere chiarito immediatamente che l'uso della locuzione "*directory di configurazione*", per quanto si ritrovi nella documentazione stessa del progetto (che non brilla per chiarezza, completezza e coerenza nella notazione) è molto fuorviante.

Se infatti è vero che è all'interno di detta directory che sono mantenuti i dati di configurazione, e che è questa directory che viene indicata nelle opzioni dei vari comandi quando si fa riferimento alla configurazione, non è accedendo alla stessa o modificandone il contenuto (anche se comunque si tratta di file di testo in formato LDIF) che si esegue la configurazione del server. Questa deve essere sempre e comunque eseguita attraverso il protocollo LDAP, o utilizzando i comandi `slapcat` e `slapadd` per trattare i dati relativi. Non ci si faccia quindi prendere dalla tentazione di modificare direttamente i file sotto `slapd.d`, i risultati potrebbero risultare anche molto spiacevoli.

Il passaggio al nuovo meccanismo di configurazione può essere eseguito con il comando `slaptest` il cui scopo ordinario è quello di eseguire un controllo sulla correttezza di una configurazione del server, da indicare a seconda dei casi o con `-f`, nel caso si usi un file di configurazione, o con `-F` qualora si usi il nuovo sistema. Se invece li si indicano entrambi il comportamento del comando è di convertire il contenuto del file di configurazione specificato da `-f` al nuovo formato e salvarlo nella directory indicata con `-F`.

Non esiste invece nessun programma in grado di eseguire il lavoro opposto, in quanto gli sviluppatori avevano manifestato l'intenzione di deprecare l'uso del file di configurazione a partire dalla nuova versione del server. A causa della fortissima reazione contraria di molti utenti (compresa quella dell'autore di questo testo) questa eventualità pare al momento rientrata, ma comunque la funzionalità di ritorno ad un ordinario file di configurazione non esiste, e il passaggio all'indietro può essere realizzato solo manualmente.

Il DIT del database di configurazione è illustrato sinteticamente in fig. 2.1. Alla base dell'albero sta la voce `cn=config`, ed al di sotto viene strutturata tutta la configurazione del server. La convenzione generale è che quella che era una direttiva di `slapd.conf` diventa un attributo

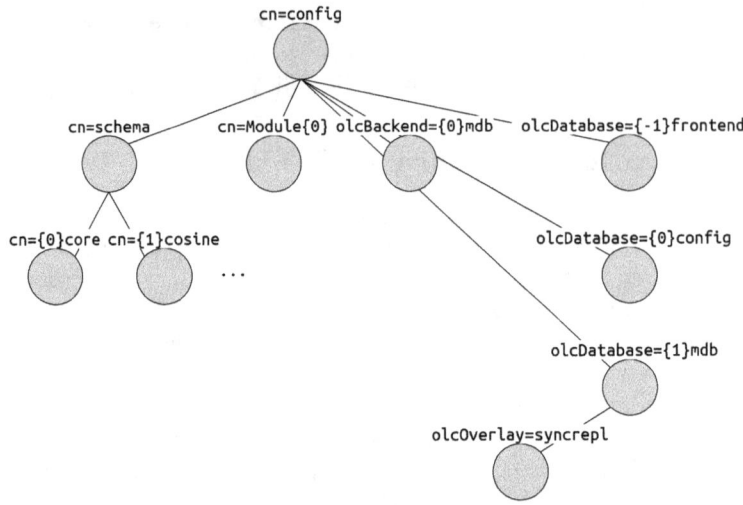

Figura 2.1: Il DIT del database di configurazione `cn=config`.

di una opportuna voce all'interno del DIT; il nome di questo attributo si ottiene aggiungendo il prefisso **olc** al nome della direttiva di **slapd.conf**, scritto nel cosiddetto "*CamelCase*", vale a dire con le parole che la compongono scritte con l'iniziale in maiuscolo (eliminando eventuali separatori presenti, ad esempio **password-hash** diventerà **olcPasswordHash**).

Le configurazioni globali del server sono inserite direttamente nella voce **cn=config** che costituisce la radice dell'albero, questa deriva dalla *objectclass* **olcGlobal** che definisce i vari attributi corrispondenti alle direttive di tab. 2.5; per cui si otterrà che la direttiva **argsfile** diventa l'attributo **olcArgsFile**, la direttiva **loglevel** diventa l'attributo **olcLogLevel** e così via; a ciascuno di essi dovrà poi essere assegnato il relativo valore, nella stessa forma usata per la direttiva tradizionale (per gli attributi non assegnati viene usato il default) con l'eccezione degli attributi che prendevano un valore dal significato booleano (che in precedenza potevano essere **yes** o **no** oppure **on** e **off**), in cui i valori possibili diventano solo **TRUE** o **FALSE**. Il contenuto di questa voce potrebbe essere pertanto qualcosa del tipo:

```
───────────────────────── cn=config.ldif ─────────────────────────
dn: cn=config
objectClass: olcGlobal
cn: config
olcArgsFile: /var/run/slapd/slapd.args
olcLogLevel: none
olcPidFile: /var/run/slapd/slapd.pid
olcToolThreads: 1
```

Una specifica eccezione per quanto riguarda le direttive che in **slapd.conf** facevano parte della configurazione globale sono le direttive relative al caricamento dei moduli e quelle relative alla definizione degli *schema*, per questo compito infatti è previsto l'uso di opportune voci ulteriori nell'albero della configurazione. In particolare le direttive **moduleload** e **modulepath** devono essere inserite nella voce **cn=module{0},cn=config**, usata specificamente per configurare i moduli, e derivante dalla *objectclass* `olcModuleList`. In questa voce occorrerà definire l'attributo `olcModulePath` per indicare la directory dove sono installati i moduli e per ciascun modulo da caricare usare l'attributo `olcModuleLoad` per indicarne il nome.

Già nel nome della voce (`cn=module{0}`) però si può notare uno degli inconvenienti che si devono affrontare nella nuova modalità di gestione delle configurazioni, non esiste infatti un modo di specificare un ordinamento sequenziale delle direttive, come avveniva naturalmente dentro `slapd.conf` scrivendole una di seguito all'altra, dato che l'unico ordinamento supportato da LDAP è quello gerarchico. Questo significa che quando occorre indicare una sequenza specifica in cui processare le configurazioni (come avviene anche per gli *schema* e per le direttive che definiscono il controllo degli accessi che tratteremo in sez. 2.2.2) questo deve essere fatto in forma esplicita, introducendo un indice progressivo nella forma "{*N*}",[14] come nel caso precedente.

Nel caso dei moduli l'ordinamento in sequenza è essenziale, dato che alcuni di essi possono dipendere da funzionalità fornite da altri moduli, che quindi devono essere caricati per primi. Nello specifico il problema si pone in due occasioni: si possono avere più directory in cui sono installati i moduli, ma una voce `olcModuleLoad` può specificare una sola directory `olcModulePath`, per cui in tal caso occorreranno più voci (`cn=module{0}`, `cn=module{1}`, ecc.) inoltre anche restando all'interno di una sola directory si possono dover caricare più moduli, di nuovo nella opportuna sequenza, per cui non si può usare come valore di `olcModuleLoad` solo il nome del modulo, ma questo deve avere come prefisso l'indice che ne identifica l'ordine di caricamento. Un esempio di questa voce, come installato nel default di Debian Jessie, è il seguente:

```
──────────────────── cn=module{0},cn=config.ldif ────────────────────
dn: cn=module{0},cn=config
objectClass: olcModuleList
cn: module{0}
olcModulePath: /usr/lib/ldap
olcModuleLoad: {0}back_mdb
```

La presenza dell'indice ovviamente complica la cosa perché come si può immaginare per inserire una voce in una sequenza già presente occorrerà inserire anche gli opportuni valori dell'indice. Il sistema prevede che se si deve aggiungere una configurazione si possano specificare i dati (voce o attributo che sia) senza indicare l'indice, e questo verrà assegnato automaticamente al valore in coda alla sequenza, mentre se si indica un indice i valori già eventualmente presenti a partire da quella posizione verranno automaticamente spostati in avanti. Inoltre se si cancella una voce o un attributo in una certa *posizione* gli indici di quelli seguenti verranno automaticamente ricalcolati e spostati all'indietro.

Il problema comunque è che anche se per generare la sequenza della configurazione si può usare un file LDIF, con le voci ordinate senza l'appesantimento degli indici, nella rilettura dal server della configurazione queste saranno necessariamente presenti, per cui il confronto fra due diverse configurazioni (prima banalmente ottenibile con un `diff`) risulterà complicato da tutti i cambiamenti dovuti solo alla variazione dell'indice del prefisso.

Un secondo aspetto delle configurazioni globali gestito diversamente nel nuovo sistema è quello relativo alle definizioni delle *objectclass* e degli attributi, che con `slapd.conf` vengono

---

[14]questo in tutte le altre configurazioni viene sempre usato come prefisso, ma per motivi ignoti all'autore (a quello di questo testo, ma presumibilmente anche a quello del codice) in questo caso viene usato un suffisso.

normalmente effettuate includendo direttamente i cosiddetti file di *schema*, che contengono le
relative dichiarazioni. In questo caso, come illustrato in fig. 2.1, queste configurazioni prevedono
un apposito ramo dell'albero alla cui radice è posta la voce cn=schema,cn=config che contiene
la definizione degli schema interni forniti direttamente dal server. Si tenga presente che la voce
cn=schema,cn=config non può essere modificata, ma leggendola gli si otterranno le definizioni
delle classi e degli attributi predefiniti.[15]

Al di sotto di questa voce vanno inserite tutte le ulteriori voci (derivate anch'esse dalla classe
olcSchemaConfig) contenenti gli *schema* definiti dagli utenti. Dato che uno *schema* può usare
objectclass e attributi definiti in uno *schema* precedente, anche in questo caso è necessario un
indice per impostare l'ordine in cui le direttive vengono processate. Questo comporta la presenza
di ulteriori voci cn={0}core,cn=schema,cn=config, cn={1}cosine,cn=schema,cn=config, ecc.

Le direttive backend e database, rispecchiando anche il loro speciale significato in slapd.conf,
sono gestite diversamente: pur essendo state anch'esse trasformate in attributi (rispettivamente
olcBackend e olcDatabase) devono però essere usate in altrettante voci (rispettivamente di classe
olcBackendConfig e olcDatabaseConfig) da inserire direttamente sotto cn=config nella forma
illustrata in fig. 2.1.

Questo significa che per ogni *backend* che si intende usare deve essere presente una voce
olcBackend, in cui il valore di questo attributo indica il nome del *backend* (quello di tab. 2.4).
In questa voce è previsto che vengano specificate le configurazioni generali applicate a tutti i
database che useranno quel *backend*, ma al momento non esiste attributo/direttiva specifico di
questo tipo e l'unico usato è olcBackend. La voce però deve essere inserita comunque per ogni
backend che si intende usare, inoltre è previsto anche in questo caso l'uso di un indice per indicare
la sequenza dei *backend* da utilizzare, per cui se ad esempio si utilizza mdb, si avrà comunque la
voce olcBackend={0}mdb,cn=config, il cui contenuto sarà qualcosa del tipo:

────────────────── olcBackend={0}mdb,cn=config.ldif ──────────────────
```
dn: olcBackend={0}mdb,cn=config
objectClass: olcBackendConfig
olcBackend: {0}mdb
```
───

Allo stesso livello dell'albero andranno poi inserite le voci olcDatabase che identificano ogni
database gestito dal server, in cui si inseriranno le configurazioni di quel database, e per queste,
oltre alla classe generica olcDatabaseConfig, occorrerà utilizzare anche la *objectclass* che definisce
gli attributi/direttive specifici di quel tipo di database, per cui per un database di tipo mdb si
userà olcMdbConfig, per uno di tipo hdb olcHdbConfig e così via. Come per la direttiva database
il valore di olcDatabase deve corrispondere al nome del *backend* che questo usa, e per distinguere
i diversi database deve essere aggiunto il solito indice progressivo come prefisso.

Si tenga presente però che ci sono sempre due database predefiniti, identificati dagli indici
speciali "{-1}" e "{0}". Il primo è frontend, che non corrisponde a nessun database reale, ma in
cui si inseriscono le direttive generali (come sizelimit o quelle attinenti il controllo di accesso
che vedremo in sez. 2.2.2) che devono essere usate da tutti i database presenti come default, a
meno di non essere sovrascritte nelle successive voci specifiche di ciascuno di essi; un esempio di
questa voce, come installato in una Debian Jessie, è:

───

[15]di nuovo si introduce una differenza fra quanto ottenibile dalla lettura dei dati dell'albero, rispetto ad un
eventuale file LDIF usato per crearlo, in questo caso nella lettura (via LDAP, nei dump con slapcat questi dati
non vengono scritti) compariranno anche i dati degli *schema* interni, che non si possono impostare in scrittura.

```
————————————————— olcDatabase={-1}frontend,cn=config.ldif —————————
dn: olcDatabase={-1}frontend,cn=config
objectClass: olcDatabaseConfig
objectClass: olcFrontendConfig
olcDatabase: {-1}frontend
olcAccess: {0}to * by dn.exact=gidNumber=0+uidNumber=0,cn=peercred,cn=external,cn=auth manage
                by * break
olcAccess: {1}to dn.exact="" by * read
olcAccess: {2}to dn.base="cn=Subschema" by * read
olcSizeLimit: 500
```

Il secondo database speciale è `config`, che fa riferimento al database di configurazione stesso, e che avendo l'indice "{0}" è sempre il primo database definito. In questo caso la configurazione attiene principalmente alle regole di accesso da applicare per le modifiche alla configurazione del server; un esempio di questa voce, preso sempre dal default installato con `slapd` in una Debian Jessie, è:

```
——————————————————— olcDatabase={0}config,cn=config.ldif —————————
dn: olcDatabase={0}config,cn=config
objectClass: olcDatabaseConfig
olcDatabase: {0}config
olcAccess: {0}to * by dn.exact=gidNumber=0+uidNumber=0,cn=peercred,cn=external,cn=auth manage
                by * break
olcRootDN: cn=admin,cn=config
```

Oltre a questi due database che devono essere sempre presenti e definiti e che non compaiono mai in una configurazione con `slapd.conf`, si dovranno poi definire quelli per ospitare i propri dati, facendo riferimento, come per la direttiva **database** classica, al *backend* che si intende utilizzare, indicato per nome nell'attributo **olcDatabase**, numerato progressivamente con il solito indice di prefisso.

A complicare le cose occorrerà pure tener presente che gli attributi che sostituiscono direttive specifiche del tipo di *backend* scelto non seguono la regola generale illustrata all'inizio (quella di prendere il prefisso **olc**) ma usano invece il più specifico **olcDb** (a meno che la direttiva non inizi già per **db**). Questo significa ad esempio che la direttiva **directory** verrà trasformata nell'attributo **olcDbDirectory**, la direttiva **index** nell'attributo **olcDbIndex**, la direttiva **checkpoint** nell'attributo **olcDbCheckpoint** e così via.

Come esempio di questo tipo di configurazione prendiamo la voce creata dal *debconf* all'installazione del server su una Debian Jessie nel caso in cui si sia impostato come radice dell'albero `dc=truelite,dc=it`; otterremo qualcosa del tipo:

```
————————————————————— olcDatabase={1}mdb,cn=config.ldif —————————
dn: olcDatabase={1}mdb,cn=config
objectClass: olcDatabaseConfig
objectClass: olcMdbConfig
olcDatabase: {1}mdb
olcDbDirectory: /var/lib/ldap
olcSuffix: dc=truelite,dc=it
olcAccess: {0}to attrs=userPassword,shadowLastChange by self write
                by anonymous auth
```

```
                by * none
olcAccess: {1}to dn.base="" by * read
olcAccess: {2}to * by * read
olcLastMod: TRUE
olcRootDN: cn=admin,dc=truelite,dc=it
olcRootPW: {SSHA}Ek/IqQKbG7ZEvbg0jDrVvU+pFLkSdLdI
olcDbCheckpoint: 512 30
olcDbIndex: objectClass eq
olcDbIndex: cn,uid eq
olcDbIndex: uidNumber,gidNumber eq
olcDbIndex: member,memberUid eq
olcDbMaxSize: 1073741824
```

Infine, qualora di volessero attivare degli *overlay* (tratteremo l'argomento in sez. 2.2.4) questi dovrebbero essere indicati con altrettante voci di classe `olcOverlayConfig`, identificate dall'attributo `olcOverlay`, poste nell'albero al di sotto della voce del database a cui li si applicano (si faccia di nuovo riferimento a fig. 2.1). Di nuovo questo attributo richiede che in `olcOverlay` si indichi il nome dell'*overlay*, a cui deve essere aggiunto il solito prefisso per ordinarne la sequenza dato che alcuni *overlay* necessitano di altri per poter funzionare. Nella voce poi saranno inserite le specifiche direttive di configurazione, tradotte alla solita maniera (con la convenzione abbondantemente illustrata dagli esempi precedenti) nei corrispondenti attributi.

Tutto questo ci mostra come il vantaggio di poter modificare le configurazioni senza dover riavviare il server comporti un prezzo piuttosto alto dato che l'uso del DIT di `cn=config` introduce una notevole complessità di gestione, il cui impatto va valutato; in particolare i principali svantaggi sono che:

1. occorre usare degli strumenti specifici e non un editor generico per modificare la configurazione.

2. la configurazione non è più su semplici file, per cui se si vogliono usare strumenti di versionamento o di gestione automatica occorre prendere le opportune misure di conversione dei dati.

3. in caso di errore nella configurazione che non fa ripartire il server, non si ha più modo di modificare la configurazione errata attraverso LDAP, e l'unica possibilità è ripartire da un precedente backup della stessa (vedi sez. 2.1.4) o provare a modificare manualmente, a proprio rischio e pericolo, i file in `slapd.d`.

4. una volta inseriti alcuni dati diventa impossibile eliminarli;[16] in particolare è impossibile cancellare uno *schema*, anche se questo non viene più usato, ed ugualmente è impossibile eliminare un database una volta creato; per farlo occorre fermare il server, creare un dump della configurazione con `slapcat`, modificarlo per rimuoverlo e ricreare la nuova configurazione con `slapadd` (vedi sez. 2.1.4).

5. non è più possibile commentare la propria configurazione (si possono mettere commenti in un eventuale file LDIF iniziale, ma questi spariranno nel database) anche se per questo è in corso di studio un possibile meccanismo per aggiungere commenti negli oggetti dell'albero.

6. la configurazione è assai poco leggibile anche disponendo di un unico file LDIF, sia per la presenza del prefisso `olc` in tutti gli attributi, sia per la necessità di inserire gli indici tutte le volte che è necessario un ordinamento.

---

[16]alcune di queste restrizioni verranno risolte con la versione 2.5, che al momento è però ancora in sviluppo.

Deve infine essere evidenziato che adottando il nuovo sistema occorrerà prevedere anche una specifica politica di backup delle configurazioni, dato che queste non possono essere semplicemente ripristinate ricopiando all'indietro un file (specie se si sono aggiunte parti non cancellabili). Per questo occorrerà allora ricorrere ai comandi `slapcat` e `slapadd` (che tratteremo in sez. 2.1.4).

Come conseguenza di tutto ciò, in tutti i casi in cui un semplice riavvio del servizio non costituisce un problema (ed anche in casi di requisiti di accesso al servizio molto stringenti il ricorso ad un sistema di bilanciamento del carico è probabilmente una soluzione altrettanto efficace) occorre valutare se vale davvero la pena usare il nuovo sistema.

Nel prosieguo di questo testo tratteremo, per semplicità espositiva e per la maggiore chiarezza della notazione, soltanto le direttive di configurazione classiche, che peraltro al momento della stesura di questo testo, nonostante l'enfasi del progetto sul nuovo sistema di configurazione, sono ancora quelle usate in buona parte della documentazione della guida ufficiale di `http://www.openldap.org/doc/admin24/index.html` e delle pagine di manuale.

2.1.4 Creazione e manutenzione di un database LDAP

Una volta installato e configurato il server, per poter immettere le informazioni sull'elenco occorre predisporre l'infrastruttura che permetta di inserirle negli appropriati rami dell'albero. Nel caso di Debian installando `slapd` il sistema del *debconf* provvede a chiedere le informazioni necessarie alla creazione della struttura iniziale dell'albero, contenente soltanto la radice del dominio e l'utente usato per l'amministrazione. Negli altri casi occorre decidere quale sarà la radice dell'albero (quella della direttiva `suffix` vista in sez. 2.1.2) per poi inserire le informazioni a mano.

In generale, anche se non è strettamente necessario,[17] è uso seguire la seconda delle due strutturazioni illustrate in sez. 1.1.2, quella che fa riferimento ai nomi a dominio, e poi occorre inserire nel database gli opportuni dati. Questo si può fare in due modi: il primo prevede l'uso del protocollo stesso per inserire informazioni all'interno dell'albero, il che comporta l'uso di un qualunque client LDAP in grado di parlare con il server (abbiamo trattato questo caso in sez. 1.2.3). Il secondo invece usa il programma di utilità `slapadd`, che fornisce un accesso diretto al database, ma che è specifico di *OpenLDAP* essendo questo uno dei programmi dedicati usati per la manutenzione dei dati di `slapd`; in questa sezione parleremo solo di questo.

La differenza fra le due modalità è che nel primo caso si potrà operare anche da remoto ed usando il protocollo le operazioni saranno valide per qualunque tipo di server LDAP. Nel secondo caso il comando potrà essere eseguito solo sulla macchina su cui si trova il database e si potrà usare solo per i dati gestiti da `slapd`.

Inoltre, dato che `slapadd` opera sui dati in maniera indipendente, è necessario utilizzarlo quando il server non è attivo. Il vantaggio è però che, con file di grosse dimensioni (ad esempio nel ripristinare un backup) il comando è molto più veloce e non necessita del collegamento al server con un utente dotato di sufficienti privilegi di accesso, né che questo sia attivo.

Il comando infatti agisce direttamente sui file del database e l'accesso è diretto sul filesystem senza dover passare dall'autenticazione di LDAP. Ovviamente occorre il permesso di scrittura sui file del database, che di norma ha soltanto l'amministratore, ed occorre anche verificare,

---

[17]si potrebbe partire direttamente anche con un oggetto di tipo *Organization*, che è un contenitore sufficientemente generico, l'uso di una delle due strutturazioni di sez. 1.1.2 infatti ha senso solo se si ha intenzione di inserire l'elenco in un albero di visibilità globale, cosa che in realtà accade assai raramente.

quando si creano i file, che questi poi possano essere usati dall'utente locale per conto del quale si esegue il server LDAP (quello dell'opzione -u di tab. 2.2, in genere openldap).

Un'altra differenza fra le due modalità di creazione dei dati è che nel primo caso le informazioni di controllo su un oggetto come il tempo di ultima modifica[18] non possono venire impostate, in quanto la loro scrittura viene gestita autonomamente dal server, mentre slapadd può inserire anche queste informazioni (nasce infatti come strumento di ripristino da un backup, dove anche queste informazioni vengono salvate).

Per inserire i dati con slapadd basta avere questi ultimi in formato LDIF. Il comando legge di default i dati dallo *standard input*, ma l'uso più comune è quello di usare l'opzione -l per farglieli leggere da un file. Si tenga presente che il comando si aspetta di ricevere i dati nell'ordine in cui i database sono dichiarati nella configurazione del server, che non esegue nessun controllo sulla presenza di una infrastruttura in cui inserire i dati (questo vuol dire che si avrà un errore se il dato esiste già o si cerca di inserirlo in una sezione dell'albero che ancora non esiste); per questo motivo lo si usa principalmente per ripristinare i dati ottenuti da un dump eseguito da slapcat.

Opzione	Significato
-b *suffix*	Opera sul database identificato dal suffisso *suffix*.
-c	Continua l'esecuzione del comando anche se riscontra degli errori, processando i dati restanti.
-d *N*	Abilita la stampa di messaggi di debug delle operazioni, prende i valori illustrati in tab. 2.3.
-f *file*	Esegue le operazioni usando la configurazione letta dal file *file*.
-F *dir*	Esegue le operazioni usando la configurazione contenuta nella directory *dir*.
-n *N*	Opera sull'*N*-simo database configurato; prende anche il valore 0 che indica il database della configurazione (vedi sez. 2.1.3); è incompatibile con -b.

Tabella 2.10: Le opzioni comuni dei comandi di gestione (slapadd, slapcat, slapindex, ecc.).

Qualora si voglia utilizzare un file di configurazione o una directory di configurazione alternativi li si possono specificare rispettivamente con l'opzione -f o -F. Inoltre in presenza di più database mantenuti dallo stesso server si può indicare su quale database operare, sulla base del valore della rispettiva radice, usando l'opzione -b, che prende come valore lo stesso parametro usato nella direttiva suffix di slapd (vedi sez. 2.1.2).

In tab. 2.10 si sono riportate le principali opzioni di slapadd comuni con tutti gli altri programmi di gestione associati a slapd, mentre in tab. 2.11, sono illustrate quelle specifiche del comando. Per l'elenco completo si consulti la pagina di manuale.

Come controparte di slapadd *OpenLDAP* fornisce anche il comando slapcat, che permette di estrarre tutti i dati presenti in un database scrivendoli in formato LDIF. Il comando è pertanto utilissimo per eseguire un backup completo del contenuto di un database, da riutilizzare come input per slapadd per ricreare da zero un albero come visto in precedenza. Se infatti ci si limitasse a salvare i file binari contenenti i dati del database, questi sarebbero riutilizzabili solo da uno slapd che utilizzi lo stesso tipo di supporto e con versione compatibile, mentre con

---

[18]quello che slapd mantiene automaticamente negli opportuni attributi interni quando si è impostata la direttiva lastmod a on (vedi sez. 2.1.2).

Opzione	Significato
-j *line*	Inizia dalla linea *line*, utile per riprendere il caricamento interrotto da un errore dopo che questo è stato corretto.
-l *file*	Legge i dati, in formato LDIF, dal file specificato come parametro.
-q	Abilita la scrittura veloce con minori controlli di consistenza, in caso di errore o interruzione il database può risultare inusabile.
-u	Abilita le operazioni in modalità di test, senza scrivere sul database.

Tabella 2.11: Le opzioni specifiche del comando slapadd.

un dump in formato LDIF è sempre possibile ricreare il contenuto di un database utilizzando qualunque supporto e qualunque versione del programma.

Diventa così anche abbastanza facile convertire il database da un *backend* ad un altro, ad esempio per aggiornare un server da hdb a mdb è sufficiente fare un dump con slapcat del database configurato con hdb, modificare la configurazione per usare mdb,[19] e reimportare il dump con slapadd allo stesso modo di come si fa per ripristinare un backup.

Opzione	Significato
-a *fltr*	Scrive solo le voci corrispondenti al filtro di ricerca *fltr* (vedi sez. 1.2.2).
-H *uri*	Scrive solo le voci corrispondenti alla URI di ricerca *uri* (da indicare nel formato illustrato in sez. 1.1.4).
-l *file*	Scrive i dati in formato LDIF sul file specificato come parametro.
-s *sub*	Scrive solo le voci corrispondenti al ramo di albero indicato da *sub* (con il suo DN).

Tabella 2.12: Le opzioni specifiche del comando slapcat.

Oltre alle opzioni comuni riportate in tab. 2.10, slapcat condivide con slapadd anche l'opzione -l che in questo caso indicherà il file su cui scrivere invece che quello da cui leggere. Un'altra opzione specifica è -H che consente di indicare una URI di ricerca (nel formato illustrato in sez. 1.1.4) per restringere la selezione dei dati; allo stesso scopo si possono anche usare -a per indicare un filtro e -s per indicare un sottoramo di albero, ma queste sono deprecate. Per la descrizione completa del comando si faccia riferimento alla pagina di manuale.

Come accennato la combinazione di slapcat e slapadd è la modalità consigliata per effettuare il salvataggio ed il ripristino dei dati mantenuti da slapd. I programmi infatti, oltre a salvare e ripristinare i dati interni usati da slapd assicurano anche che questi vengano ordinati correttamente. Si ricordi infatti che LDAP non supporta nessun ordinamento dei risultati ottenuti da una interrogazione, per cui quanto ottenibile con ldapsearch, anche se completo, potrebbe non essere riutilizzabile per ricreare il database, dato che una voce subordinata ad un'altra potrebbe comparire nell'elenco per prima.

---

[19]in realtà la cosa è relativamente semplice solo usando slapd.conf, è assai più complicata con cn=config dato che se si cambia la configurazione a server attivo, il tipo di database non corrisponde più ai dati, ed il server smette di funzionare, occorre fare il cambiamento fermando il server, modificare un dump della configurazione e ripristinare anche quello.

Per questo in generale si usa `slapcat` creare i backup del database da usare per ripristinare lo stesso in caso di errore o corruzione; ad esempio si può mettere uno script nei lavori giornalieri di *cron* che esegue `slapcat` per creare un file LDIF con il contenuto del proprio albero. Per il ripristino basterà fermare il server, cancellare tutti i file usati per il supporto dei dati (nel caso di Debian il contenuto di `/var/lib/ldap`), e poi ricreare il tutto con `slapadd` avendo cura di verificare che i file appartengano all'utente per conto del quale viene eseguito `slapd`. Nel caso si usino più database l'operazione andrà compiuta separatamente per ciascuno di essi. In sostanza, usando i default di Debian, si potrà effettuare il ripristino con:

```
# service slapd stop
# rm -f /var/lib/ldap/*
# slapadd < dump_backup.ldif
_################### 100.00% eta   none elapsed              none fast!
# chown openldap.openldap /var/lib/ldap/*
# service slapd start
```

Si tenga presente comunque che, anche se `slapcat` può essere usato quando `slapd` è attivo, può essere necessario effettuare il salvataggio quando quest'ultimo è in sola lettura o fermo se si vuole essere garantiti contro il rischio di una inconsistenza dei dati dal punto di vista delle applicazioni; se infatti queste eseguono diverse scritture mentre si esegue `slapcat` solo alcune di esse potrebbero risultare nel file prodotto da quest'ultimo. I dati sarebbero comunque coerenti per quanto riguarda `slapd`, ma potrebbero non esserlo per l'applicazione.

Infine l'uso di `slapcat` e `slapadd` per eseguire i backup vale in particolare per quanto riguarda il salvataggio dei dati del nuovo sistema di configurazione illustrato in sez. 2.1.3, dove l'uso di `ldapsearch` porterebbe, come accennato, alla presenza di dati spuri. Dato che normalmente `slapcat` esegue il dump del primo database che contiene dati effettivi, se si vuole salvare il database delle configurazioni occorre indicarlo esplicitamente, e questo in genere si fa con l'opzione `-n` sfruttando il fatto che questo avrà comunque indice 0. Pertanto per generare un backup delle configurazioni sarà sufficiente eseguire il comando:

```
# slapcat -n 0 > config.ldif
```

Il ripristino in questo caso è più complesso, specie quando è già presente una directory di configurazione. In tal caso infatti questa deve essere rimossa o spostata, e poi ne deve essere creata una vuota, perché altrimenti `slapadd` non è in grado di funzionare, per questo la procedura di ripristino da seguire è esattamente la seguente:

```
# service slapd stop
# mv /etc/ldap/slapd.d /etc/ldap/slapd.d-$(date)
# mkdir /etc/ldap/slapd.d
# slapadd -F /etc/ldap/slapd.d -n 0 < config.ldif
_################### 100.00% eta   none elapsed              none fast!
# chown -R openldap.openldap /etc/ldap/slapd.d
# service slapd start
```

Un ultimo comando di manutenzione che permette di operare direttamente sui dati database è `slapindex`, che viene usato per rigenerare gli indici del database rispetto ai contenuti correnti. In genere lo si usa tutte le volte che si vuole aggiungere (o rimuovere) manualmente un qualche indice. Se infatti ci si limita ad aggiungere o modificare una direttiva `index` in `slapd.conf` gli indici non vengono comunque ricostruiti fintanto che non lo si richiede esplicitamente con questo comando.[20] Anche `slapindex` supporta le opzioni di tab. 2.10, ed inoltre prevede che si possa indicare l'attributo che si intende reindicizzare (il default è reindicizzare tutto) passandolo come argomento. Si verifichino sempre i permessi di eventuali nuovi file creati dal comando, e che questi siano accessibili (in lettura e scrittura) dall'utente per conto del quale si esegue `slapd`.

Si tenga presente che anche se è possibile popolare il proprio albero inserendo delle ulteriori singole voci con `slapadd`, questo tipo di operazioni è sconsigliabile, anche perché deve necessariamente avvenire a quando `slapd` è fermo. Pertanto per effettuare inserimento, modifica e cancellazione dei dati, si rimanda alla gestione ordinaria degli stessi vista in sez. 1.2.3.

2.2 Configurazioni avanzate

Tratteremo in questa sezione la configurazione di alcune funzionalità avanzate del server `slapd`, come le diverse modalità per l'autenticazione degli utenti, il controllo degli accessi ai dati mantenuti nel server, l'uso di TLS/SSL per la comunicazione fra client e server e le estensioni delle funzionalità del server tramite l'uso dei cosiddetti "*overlay*".

2.2.1 I meccanismi di autenticazione

Il protocollo LDAP, anche a causa delle sue origini, prevede che sia possibile, una volta eseguita la connessione ad un server, effettuare delle richieste in forma anonima, una funzionalità che può essere usata per permettere a chiunque l'accesso alle informazioni pubbliche mantenute su un server. Ovviamente se si intende fornire un tale accesso, questo dovrà avere privilegi estremamente ridotti ed essere limitato ad un insieme limitato di informazioni; non sarebbe molto saggio permettere a chiunque di scrivere sul proprio database, né di ottenere informazioni sensibili come le password degli utenti.

Oggi però questa modalità di utilizzo è praticamente scomparsa, e l'accesso nella quasi totalità dei casi deve essere controllato. Per questo motivo oltre alla precedente forma anonima LDAP prevede anche la possibilità di avere connessioni autenticate, che vengono realizzate attraverso una specifica operazione del protocollo denominata "*binding*". L'operazione prevede che una volta ottenuta la connessione al server un client possa autenticarsi presso di esso come un determinato *utente* fornendo una password, così che ad esso possano essere assegnati specifici privilegi di accesso che gli consentano o meno di eseguire le successive operazioni richieste sul server tramite quella connessione.

Il meccanismo in realtà è piuttosto articolato dato che *OpenLDAP* prevede due metodi di autenticazione. Il primo, richiesto anche dallo standard LDAPv3 ed usato di default da tutti i client a riga di comando distribuiti da *OpenLDAP* è quello che prevede l'uso di SASL. Esso però, oltre all'installazione delle relative librerie, richiede in genere anche una gestione separata delle informazioni di autenticazione degli utenti; questo può portare, coinvolgendo anche altri servizi, ad una configurazione più complessa e ci torneremo più avanti.

Per questo motivo *OpenLDAP* supporta anche un secondo metodo di autenticazione, detto *autenticazione semplice* (*simple authentication*), in cui un utente non è altro che un qualunque

---

[20]non è invece necessario usarlo se si configurano gli indici direttamente su `cn=config` con la nuova modalità di configurazione del server illustrata in sez. 2.1.3.

oggetto presente nel database che abbia un attributo userPassword. In questo caso l'utente sarà identificato dal suo *Distinguished Name*, ed autenticato direttamente dal server tramite la password mantenuta nel suddetto attributo. Per semplicità nell'illustrare l'uso dei comandi abbiamo finora preso in considerazione solo questo metodo, il cui svantaggio è che la password viene trasmessa in chiaro sulla connessione, e richiede pertanto una adeguata protezione del flusso dei dati: in sostanza se si utilizza una connessione remota sarà necessario accertarsi che questa sia cifrata con SSL/TLS (vedi sez. 2.2.3).

Si tenga presente inoltre che, come illustrato in tab. 2.9, il server supporta la presenza di un utente amministrativo privilegiato, analogo all'utente *root* dei sistemi Unix, per il quale non vengono mai eseguiti i controlli di accesso che illustreremo in seguito. L'utente è quello definito dalla direttiva rootdn, che ne indica il *Distinguished Name*, e può anche non corrispondere ad una voce presente nel database. Se questa direttiva non viene specificata non ci sarà nessun utente amministrativo speciale e tutti gli utenti saranno sottoposti al controllo di accesso.

Sebbene in teoria l'utente amministrativo possa avere un *Distinguished Name* arbitrario, in genere conviene usarne uno corrispondente ad un suffisso utilizzato dal database, in tal caso infatti è possibile usare per l'autenticazione i dati (l'attributo userPassword) ad esso corrispondente. Comunque è sempre possibile specificare direttamente nel file di configurazione una password di accesso per l'autenticazione semplice tramite la direttiva rootpw, che può essere indicata con lo stesso formato che si usa per userPassword; in tal caso si può usare come rootdn anche un utente non esistente nel database.

Nel caso di slapd sono supportati diversi formati per i valori delle password, che prevedono l'utilizzo di differenti hash crittografici nella loro generazione. Questo in realtà costituisce una contraddizione con lo standard stabilito nell'RFC 2256 che richiede che l'attributo userPassword contenga solo testo in chiaro,[21] ma consente di evitare che una compromissione dei dati del database permetta di ottenere il testo delle password.

Inoltre l'attributo userPassword può essere presente più volte, o meglio avere più valori, e questo anche con algoritmi di hash diversi; se questo avviene l'autenticazione verrà effettuata iterando su tutti i valori presenti fermandosi quando ne viene trovato uno che corrisponde, o fallendo altrimenti. L'elenco dei diversi algoritmi di hash supportati nativamente da slapd è riportato in tab. 2.13.

Identificativo	Significato
{SHA}	Usa l'algoritmo SHA-1.
{SSHA}	Usa l'algoritmo Salted-SHA-1.
{MD5}	Usa l'algoritmo MD5.
{SMD5}	Usa l'algoritmo Salted-MD5.
{CRYPT}	Usa la funzione crypt
{CLEARTEXT}	Lascia la password in chiaro

Tabella 2.13: Identificativi degli algoritmi di hash crittografico supportati da slapd.

Per ottenere il valore da assegnare ad userPassword nel formato corretto, in modo da poterlo scrivere in un file LDIF, è disponibile un apposito comando, **slappasswd**. Il comando prevede l'opzione -s per immettere direttamente la password come parametro e -T per leggerla da un

---

[21]una nuova specificazione, introdotta nell'RFC 3112 prevederebbe per questo l'uso di un nuovo attributo, authPassword, che però slapd non ha implementato e che in pratica risulta inusato.

file; altrimenti questa verrà chiesta sul terminale (due volte per conferma) senza che il suo valore sia visualizzato. Infine l'opzione -h permette di scegliere l'algoritmo cui l'hash viene generato usando uno dei parametri elencati in tab. 2.13 (il default è {SSHA}). Come risultato slappasswd stampa sullo *standard output* il valore da usare per userPassword all'interno di un file LDIF; ad esempio si avrà:

```
# slappasswd
New password:
Re-enter new password:
{SSHA}xTelsDLvGxL2oqVrAS23HslitgVecAPs
```

dove per tutti i formati a parte {CLEARTEXT} (nel qual caso occorre semplicemente assegnare ad userPassword il valore della password) viene aggiunto alla codifica dell'hash il prefisso che lo identifica.

Sfortunatamente nessuno degli algoritmi forniti nativamente riportati in tab. 2.13 è considerato oggi sufficientemente robusto per fornire una adeguata protezione alla sicurezza delle password. A questo si può porre rimedio utilizzando degli algoritmi di crittografia più recenti, ad esempio a partire da Debian Jessie viene distribuito insieme al server il modulo pw-sha2 che una volta caricato rende disponibili gli ulteriori algoritmi {SSHA256}, {SSHA384}, {SSHA512}, {SHA256}, {SHA384} e {SHA512} che sono considerati sufficientemente robusti.[22]

Se nella sua forma originaria, come quella usata da slappasswd, il formato {CRYPT} è assolutamente inadeguato dal punto di vista della sicurezza, quando si usa slapd su Linux il suo impiego si traduce nell'utilizzo per la verifica della password della omonima funzione messa a disposizione dalle librerie del C, che nel caso sono state estese per essere in grado di supportare algoritmi di crittografia più sicuri come SHA256 e SHA512.[23] In tal caso invece che nella forma ordinaria in cui si indica solo il valore cifrato della password, si può adoperare la seguente forma generica:

{CRYPT}$*id*$*salt*$*hash*

con tre campi separati dal carattere "$" dove con *id* si indica il valore numerico che identifica l'algoritmo di crittografia da utilizzare (5 per SHA256 o 6 per SHA512) mentre *salt* è il valore del *salt* usato per generare il valore cifrato della password scritto in *hash*.[24] Il default usato dal sistema viene indicato nel file /etc/login.defs, con l'indicazione dell'opzione ENCRYPT_METHOD, che per tutte le distribuzioni più recenti è SHA512.

Quando si vuole utilizzare un valore di userPassword che usi questo formato si potrà generare la stringa da aggiungere dopo {CRYPT} utilizzando il comando mkpasswd.[25] Il comando permette di indicare con l'opzione -m l'algoritmo crittografico che si vuole usare (per le altre opzioni si consulti la pagina di manuale) per cui per utilizzare SHA512 basterà eseguire:

```
piccardi@anarres:~$ mkpasswd -m sha-512
Password:
$6$aGEAlFefgySm9ph$6ZsdRHc2ozpIe06SgE81NOplyHwnFFm9eYyQZQ5nrqaHjN0cV9Gua0ad3l.ctmS9DyDyZ3FCnwu/CrAgAvHjk.
```

---

[22]in questo caso però perché slappasswd possa generare un valore con uno di questi nuovi *hash* occorre richiedere esplicitamente l'uso del modulo con l'opzione -o module-load=pw-sha2.

[23]la funzionalità è fornita dalle *GNU C Library*, per cui è disponibile su tutti i sistemi che usino questa versione delle librerie, che è quella usata dalla quasi totalità delle distribuzioni.

[24]per maggiori dettagli al riguardo si consulti la pagina di manuale della funzione crypt e sez. 4.3.2 di [AGL].

[25]nel caso di Debian questo programma viene installato, per ragioni storiche, con il pacchetto whois.

dove la password viene richiesta sul terminale ed il risultato stampato sullo *standard output*.

Per evitare di doversi generare a mano un LDIF solo per modificare il valore di un attributo, fra i vari programmi client distribuiti da *OpenLDAP* c'è anche il programma ldappasswd, che permette di impostare o modificare la password associata ad un utente. Il comando in realtà non è strettamente equivalente ad impostare la password come si farebbe andando a fare una modifica diretta dell'attributo userPassword, in quanto opera utilizzando le cosiddette *LDAP Password Modify Extended Operation*. Si tratta di una delle tante estensioni del protocollo LDAP, standardizzata nell'RFC 3062, che qualora supportata prevede che sia il server stesso a fornire un meccanismo che consenta di aggiornare effettuare il cambiamento della password, generando lui l'opportuno hash crittografico dentro userPassword.

L'utilità di questa estensione del protocollo è che oltre al non doversi generare a mano l'hash crittografico per applicare i cambiamenti con un ldapmodify, l'uso di una operazione estesa consente inoltre di intercettare il cambiamento della password tramite un *overlay* (vedi sez. 2.2.4) per eseguire eventuali ulteriori operazioni ad esso collegate; è quello che fa ad esempio l'*overlay* smbk5pwd per aggiornare contestualmente altri attributi, o l'*overlay* ppolicy per imporre dei requisiti di robustezza sulla password.

Ovviamente slapd supporta questa funzionalità, e si può indicare il tipo di hash che si vuole venga utilizzato con la direttiva , password-hash già vista in tab. 2.5, che richiede come argomento uno dei valori della prima colonna di tab. 2.13. Se non si indica nulla il default è usare {SSHA}, che è considerato il più sicuro fra gli algoritmi supportati universalmente. La direttiva consente anche di indicare, separati da spazi, più formati fra quelli di tab. 2.5, nel qual caso verranno generati altrettanti attributi userPassword, uno per ciascun formato indicato.

Dato che, come appena detto, anche {SSHA} ad oggi non viene considerato sufficientemente robusto, è comunque consigliabile usare un algoritmo più recente e qualora si sia caricato il modulo pw-sha2 si potrà indicare per password-hash anche uno degli algoritmi ulteriori da lui forniti della lista illustrata in precedenza.

Ma come abbiamo visto poco fa, se il sistema ha il supporto dalle librerie del C (cosa che avviene per tutte le distribuzioni Linux recenti), è possibile evitare l'uso modulo ed affidarsi alle funzionalità avanzate di {CRYPT} fornite dalle stesse. In tal caso però perché il server sia in grado di generare correttamente il valore da inserire in userPassword occorre indicare con la direttiva password-crypt-salt-format quale è l'algoritmo da utilizzare e quali sono le dimensioni del *salt*. La direttiva consente di indicare tutto ciò usando come valore una stringa che indica il prefisso che verrà usato per creare il valore completo nel formato illustrato nell'esempio precedente, fino all'ultimo "$" escluso. Il formato deve essere indicato usando il formato di formattazione delle stringhe della funzione di libreria sprintf che non staremo ad illustrare,[26] ci limitiamo ad indicare che per usare l'algoritmo SHA512 con 16 caratteri di *salt* si dovrà specificare:

```
————————————————————————— slapd.conf —————————————————————————
  ...
password-hash {CRYPT}
password-crypt-salt-format "$6$%.16s"
  ...
————————————————————————————————————————————————————————————————
```

---

[26]per i dettagli si rimanda alla sez. 5.3.8 di [GaPiL], si tenga presente che è possibile indicare solo una (ed una sola) conversione di stringa per il contenuto del *salt*.

Oltre alle opzioni comuni di tutti i client di *OpenLDAP* già illustrate in tab. 1.4, `ldappasswd` prevede l'opzione `-S` con cui si richiede l'immissione della nuova password su terminale, mentre la si può specificare direttamente come parametro per l'opzione `-s` o nel contenuto del file indicato con l'opzione `-T`. Si può anche richiedere l'immissione del precedente valore della password sul terminale con `-A` o direttamente sulla riga di comando come parametro per l'opzione `-a`.

Opzione	Significato
`-a` *pass*	Usa `pass` come password precedente.
`-A`	Richiede la password precedente sul terminale.
`-s` *pass*	Usa `pass` come nuova password.
`-S`	Richiede l'immissione della nuova password sul terminale.
`-T` *file*	Legge la nuova password dal file `file`.
`-t` *file*	Legge la vecchia password dal file `file`.

Tabella 2.14: Le principali opzioni di `ldappasswd`.

Il comando prende come unico argomento il *Distinguished Name* dell'utente di cui si vuole cambiare la password, se questo è diverso da quello con cui ci si collega. Ovviamente per poterlo utilizzare è necessario collegarsi con un utente che abbia la capacità di modificare l'attributo `userPassword`, quindi occorrerà autenticarsi anche se si fornisce la vecchia password con `-a` o `-A`. Le principali opzioni sono riassunte in tab. 2.14, per l'elenco completo si consulti al solito la pagina di manuale.

Come detto all'inizio di questa sezione, la modalità di autenticazione di default, prevista esplicitamente dalla standardizzazione di LDAP, è quella che sfrutta SASL, acronimo di *Simple Authentication and Security Layer*, un *framework* che definisce una modalità generica con cui un protocollo può delegare l'autenticazione, tramite l'uso di una libreria che fornisce una interfaccia di programmazione standardizzata, ad una serie di possibili "*meccanismi*" esterni, gestiti dalla libreria stessa. In questo modo, realizzando solo l'interfaccia verso SASL, il servizio guadagnerà il supporto di tutti i meccanismi di autenticazione che questa fornisce.

Meccanismo	Significato
`GSSAPI`	L'autenticazione viene effettuata via *GSSAPI* rivolgendosi ad un server *Kerberos*.
`DIGEST-MD5`	L'autenticazione si basa su meccanismo di *challenge and response* in cui client e server dimostrano di conoscere un segreto condiviso (una password); questa può essere mantenuto direttamente dalle librerie nel database interno `sasldb`, in un sistema esterno acceduto tramite il demone `saslauthd` o nello stesso albero LDAP (come password in formato `{CLEARTEXT}`).
`NTML`	L'autenticazione viene effettuata verso una macchina Windows con l'omonimo protocollo.
`EXTERNAL`	L'autenticazione è implicita dal contesto, e deriva direttamente dalle modalità di collegamento.

Tabella 2.15: Principali *mechanism* disponibili, come indicati con l'opzione `-Y` dei client di *OpenLDAP*.

Nel caso di *OpenLDAP* abbiamo già detto in sez. 2.1.1 che l'implementazione di SASL utilizzata è quella fornita della libreria *Cyrus SASL*, che fornisce un'ampia selezione di meccanismi, i principali dei quali sono illustrati in tab. 2.15. Quelli presenti possono anche essere ottenuti con una interrogazione al *Root DSE*, come visto in sez. 1.2.2.[27]

Oltre a supportare diversi meccanismi di autenticazione, l'uso di SASL supporta anche la cosiddetta *proxy authentication*, cioè la possibilità che ci si possa autenticare con un "utente" ma poi agire anche per conto di un altro. Questo comporta la presenza di due identificativi, un *authentication ID* che identifica chi si autentica (ed è quello associato alle credenziali di autenticazione), ed un *authorization ID* che identifica per conto di chi si vuole operare nel servizio che usa SASL.

Infine SASL supporta i cosiddetti *realm*, è possibile cioè raggruppare gli utenti identificandoli come appartenenti ad un certo "*dominio*" (indicandoli come `utente@dominio`). Questa funzionalità consente di distinguere le identità su un piano globale, ed è usata da vari meccanismi di autenticazione, come *Kerberos*, che richiedono si specifichi di quale dominio fanno parte gli utenti. Se non lo si indica viene assunto come default il nome a dominio completo del server.

Per potersi autenticare con SASL un client (uno qualunque dei vari comandi `ldap*` visti in sez. 1.2) deve indicare quale meccanismo utilizzare usando l'opzione -Y. Se non la si specifica verrà utilizzato il meccanismo considerato migliore dal server, che per `slapd` normalmente è `DIGEST-MD5`; in questo caso è richiesta una password, che verrà chiesta sul terminale, ma perché tutto funzioni è necessaria una opportuna configurazione delle librerie SASL sul server.

Opzione	Significato
`-R realm`	Indica il *realm* (dominio) di autenticazione.
`-U auth`	Indica l'*authentication ID* con il quale autenticarsi, la forma dipende dal meccanismo utilizzato.
`-X user`	Indica l'*authorization ID* per conto del quale si vuole operare, è nella forma `u:username` o `dn:distinguished name`.
`-Y mech`	Specifica quale meccanismo di SASL deve essere usato per l'autenticazione (vedi tab. 2.15).

Tabella 2.16: Le opzioni comuni dei programmi client di *OpenLDAP* per l'autenticazione con SASL.

Le modalità con cui un client può effettuare l'autenticazione dipendono pertanto strettamente dal meccanismo utilizzato, ed in tutti i casi il server deve essere opportunamente configurato. Inoltre, a meno che non si usi `GSSAPI`, nel qual caso occorrerà aver preventivamente ottenuto un *Ticket Granting Ticket* con `kinit`, occorrerà indicare alle librerie anche con quale utente ci si vuole autenticare (vale a dire l'*authentication ID*) usando l'opzione -U. Le altre principali opzioni utilizzate dai programmi client riguardanti l'autenticazione con SASL sono state riassunte in tab. 2.16, ma queste possono essere omesse utilizzando i file di configurazione delle librerie (quelli di sez. 1.2.1) con le direttive di tab. 2.17.

Dato che l'identificazione di un utente su LDAP è fatta eseguendo un *binding* con il suo *Distinguished Name*, un passo comunque necessario per poter utilizzare l'autenticazione con SASL è quello di rimappare l'utente usato con quest'ultima su un DN corrispondente nel proprio DIT. Per poterlo fare `slapd` traduce ogni *authentication ID* (vale a dire il nome utente che si è indicato con l'opzione -U dei vari programmi client) in un *Distinguished Name* speciale, che ha sempre la forma:

`uid=<authentication_ID>,cn=<realm>,cn=<mechanism>,cn=auth`

---

[27]in particolare basterà utilizzare un comando come: `ldapsearch -x -b "" -s base supportedSASLMechanisms`.

Direttiva	Significato
SASL_MECH	Indica il meccanismo (stesso effetto e valori dell'opzione -Y), è usabile solo a livello utente.
SASL_REALM	Indica il *realm* (stesso effetto e valori dell'opzione -R), è usabile solo a livello utente.
SASL_AUTHCID	Indica l'*authentication ID* (stesso effetto e valori dell'opzione -U), è usabile solo a livello utente.
SASL_AUTHZID	Indica l'*authorization ID* (stesso effetto e valori dell'opzione -X), è usabile solo a livello utente.

Tabella 2.17: Le principali direttive di `ldap.conf` concernenti SASL.

o più semplicemente, se non si è indicato o non esiste un *realm*, con:

`uid=<authentication_ID>,cn=<mechanism>,cn=auth`

Se non si esegue nessuna mappatura, l'accesso viene eseguito con questo *Distinguished Name*, che in genere, non corrispondendo a nessuno di quelli normalmente presenti in un DIT ordinario, non è in grado di fare alcuna operazione, a meno di non usare delle regole di accesso specifiche per lo stesso che lo consentano (vedremo un caso con il meccanismo EXTERNAL). Per risolvere il problema viene fornita la direttiva generale `authz-regexp` che consente di eseguire questa mappatura esprimendola nella forma:

`authz-regexp <ricerca> <risultato>`

La direttiva esegue una ricerca usando il suo primo argomento come espressione regolare con cui effettuare una corrispondenza sul DN generato dal server in corrispondenza all'*authentication ID*, e se questa ha successo questo viene rimappato nell'espressione fornita come risultato. La direttiva ricalca la sintassi dei comandi di sostituzione di `sed` e come in questi l'*n*-simo *subpattern*[28] trovato nell'espressione di ricerca, può essere reimpiegato nell'espressione che genera il risultato nella forma $n. Questo permette di mappare un username passato con l'opzione -U in un *Distinguished Name* nel proprio DIT con qualcosa del tipo:

`authz-regexp uid=([^,]*),cn=.*,cn=auth uid=\$1,ou=People,dc=truelite,dc=it`

in questo modo collegandosi ad esempio con l'utente `piccardi`, si otterrà un collegamento corrispondente al DN `uid=piccardi,ou=People,dc=truelite,dc=it`.

Nell'uso dei vari meccanismi di SASL il solo caso in cui non è necessario configurare separatamente l'autenticazione (e non serve neanche indicare un *authentication ID* con -U) è quello in cui si usa il meccanismo EXTERNAL. In questo caso infatti l'autenticazione viene fornita dal contesto in cui avviene la connessione al server, e non da un sistema di autenticazione.

Questo meccanismo trova la sua principale applicazione nelle interrogazioni fatte al server attraverso il socket locale, cioè con una URI nel formato `ldapi:///`. In tal caso infatti il server può determinare con certezza l'utente, necessariamente locale, che esegue il comando, sulla base

---

[28]un *subpattern* in una espressione regolare è la parte di corrispondenza che sta fra due parentesi tonde; non è ovviamente possibile effettuare qui una trattazione approfondita delle espressioni regolari, argomento già di suo molto complesso, ma una trattazione di base, sufficiente all'utilizzo che se ne fa in questo contesto, si trova in sez. 2.2.5 di [AGL], per un approfondimento si veda invece [RegExp].

dell'*user ID* del processo che si collega al socket locale,[29] e non è più necessario autenticarlo. In questo caso l'*authentication ID* verrà automaticamente creato dal server nella forma generica:

```
gidNumber=N+uidNumber=M,cn=peercred,cn=external,cn=auth
```

dove *N* e *M* sono rispettivamente *UID* e *GID* del processo che esegue la richiesta, per cui se ad esempio si effettua una ricerca con l'utente di amministrazione nella forma:

```
# ldapsearch -Y EXTERNAL -H ldapi:///
```

si otterrà come corrispondente dell'*authentication ID* il *Distinguished Name*:

```
gidNumber=0+uidNumber=0,cn=peercred,cn=external,cn=auth
```

e si noti come nell'estratto del contenuto del database di configurazione mostrato a pag. 49 sia stata usata una regola di accesso (argomento che tratteremo in dettaglio in sez. 2.2.2) che fa riferimento esattamente a questo DN, e che è quella che consente, quando si eseguono i comandi da *root* collegandosi via socket, di operare con privilegi amministrativi sulla configurazione anche in assenza di qualunque dato nel DIT associabile ad un utente amministrativo.

Lo stesso meccanismo di autenticazione esterna può essere utilizzato usando una connessione con TLS/SSL, richiedendo che il server effettui l'identificazione dell'utente che esegue la connessione con l'uso di un certificato client (torneremo su questo in sez. 2.2.3). In questo caso l'autenticazione deriverà semplicemente dall'aver presentato un certificato valido nella creazione della connessione, e verranno usati i dati presenti nel certificato stesso per identificare l'utente. In tal caso si otterrà un *Distinguished Name* invertendo i dati X.509 inseriti nel certificato, per cui se nel certificato si sono indicate informazioni nella forma: `C=IT,O=Truelite SRL,CN=piccardi` queste verranno convertite nel DN `cn=piccardi,o=Truelite SRL,c=IT`.

Per tutte le altre forme di autenticazione, oltre a fornire la mappatura, si dovrà anche configurare il server per l'uso del corrispondente meccanismo di SASL. Come accennato il default è l'uso di `DIGEST-MD5`, che prevede che le credenziali di autenticazione siano salvate, in chiaro, in un opportuno supporto per poter generare una sfida (in sostanza la cifratura di un numero casuale) che il client deve risolvere decifrandolo, e dimostrando così il possesso del segreto condiviso costituito dalla credenziali stesse (la password).

Nel caso delle librerie *Cyrus SASL* le credenziali di autenticazione possono essere mantenute nei supporti più diversi, sia direttamente tramite un sistema di plugin denominati *auxprop*, che delegando le richieste ad un demone ausiliario, `saslauthd`, che a sua volta si può interfacciare ai verso i meccanismi più vari (sia di autenticazione locale, che verso lo stesso LDAP). Tutto ciò viene normalmente indicato con le opportune direttive di configurazione per la libreria, ma siccome questa può essere usata da programmi diversi, il problema è che ogni servizio deve avere un suo specifico file di configurazione. Nel caso di `slapd` questo file è `sasl/slapd.conf`, in cui il *pathname* è relativo alla directory in cui sono installati gli altri file di configurazione del server.

A complicare ulteriormente una situazione già sufficientemente intricata si aggiunge il fatto che le versioni più recenti di `slapd` il contenuto di questo file viene ignorato (o meglio viene soprasseduto), per tutto quello che indica il tipo di supporto da usare, da quanto viene impostato

---

[29]è una delle funzionalità fornite dal kernel per i socket locali, che consente ad un programma di ottenere *UID* e *GID* del processo che apre l'altro lato del socket.

con la direttiva `sasl-auxprops`.[30] Il punto è che anche se questa direttiva non viene definita (come avviene normalmente), il suo default, che indica di usare le password mantenute internamente nel server, viene utilizzato lo stesso, indipendentemente da quello che si può indicare in `sasl/slapd.conf`.

In realtà fare conto su questo default semplifica le cose, posto che si sia usata l'accortezza di salvare le password degli utenti su LDAP in chiaro, e cioè che si sia inserita la direttiva `password-hash {CLEARTEXT}` nella configurazione iniziale del server. Qualora questo sia stato fatto in un secondo tempo, occorrerà portare in chiaro anche eventuali password create dopo l'installazione, che se no resterebbero al default di `{SSHA}`. In tal caso tutto quello che resta da fare è mappare gli *authentication ID*, che in questo caso sono, a seconda che si sia usato o meno un `realm`, in una delle due forme:

```
uid=<utente>,cn=<realm>,cn=digest-md5,cn=auth
uid=<utente>,cn=digest-md5,cn=auth
```

dove l'utente si indica con `-U` o corrisponde, se non si indica nulla, all'utente che si usa per eseguire i comandi. Fatta la mappatura l'autenticazione verrà eseguita usando come password il valore di `userPassword` per il DN corrispondente.

Se invece si vuole utilizzare il database degli utenti gestito direttamente con i programmi della libreria *Cyrus SASL*, mantenuto nel file `sasldb` (la cui posizione può variare a seconda dell'installazione, anche se il default è in genere `/etc/sasldb`) occorrerà indicarlo esplicitamente al server con la direttiva:

```
sasl-auxprops sasldb
```

In tal caso il server userà il contenuto di detto file e gli utenti dovranno esser creati e gestiti all'esterno di LDAP, con i comandi di *Cyrus SASL*. In particolare con `saslpasswd2` li si possono creare (con `-c`), cancellare (con `-d`) e modificare (indicandone solo il nome e reimmettendo la password), mentre con `sasldblistusers2` se ne può ottenere la lista. Ovviamente anche questi dovranno essere opportunamente mappati,[31] ma in questo caso le informazioni di autenticazione risulteranno esterne al server.

A meno di esigenze specifiche che vincolino all'uso di questo tipo di autenticazione, dato che comunque le password restano in chiaro, non c'è nessun motivo per usare SASL con questo meccanismo, quando si può ricorrere, con maggiore semplicità e sicurezza, all'autenticazione semplice.

Si sono riassunti in tab. 2.18 le principali direttive usate per configurare il server nel supporto dell'autenticazione con SASL. Si tratta in tutti i casi di direttive globali, che vanno pertanto inserite nella relativa sezione della configurazione (cioè nella parte iniziale di `slapd.conf` o come attributi diretti della voce `cn=config`).

---

[30] il parametro `auxprop_plugin` nel file di configurazione, che dovrebbe essere usato per indicare l'uso di `sasldb`, viene ignorato, però la gran parte degli altri, ed in particolare `pwcheck_method`, vengono onorati; la cosa comunque è più complicata del necessario.

[31] e si tenga presente che in genere agli utenti in questo caso viene aggiunto un dominio, si verifichi sempre come sono registrati gli utenti con `sasldblistusers2`.

Direttiva	Significato
sasl-auxprops	Prende un argomento che indica quale plugin di autenticazione di SASL utilizzare; il default slapd usa le password mantenute nel server, usando sasldb verranno usate quelle di /etc/sasldb.
authz-regexp	Prende due argomenti che indicano come mappare gli *authentication ID* usati nell'autenticazione con SASL (l'argomento dell'opzione -U) negli utenti interni (i DN).
sasl-realm	Prende un argomento che indica il *realm* SASL, il default è un *realm* vuoto.

Tabella 2.18: Principali direttive di slapd concernenti SASL.

2.2.2   Il controllo degli accessi

Una volta che gli utenti sono presenti sul database la direttiva che consente di impostarne i privilegi di accesso sul server è **access**. Si tenga presente però che questa direttiva non ha alcun significato per l'eventuale utente di amministrazione indicato con **rootdn**, che avrà *sempre* accesso completo (ed il cui uso in una regola di accesso provoca l'emissione di un avviso).

La direttiva **access** è una di quelle generali che può essere utilizzata a livello di server, ma la si usa in genere, facendo riferimento ai relativi utenti, a livello del singolo database. La sua forma generale, così come riportata nella pagina di manuale ad essa esplicitamente dedicata (accessibile con **man slapd.access**), è la seguente:

```
access to <what> [ by <who> <access> [<control>] ]+
```

dove gli elementi fra <> indicano i diversi argomenti della direttiva che dovranno essere opportunamente specificati, le sezioni fra parentesi quadra sono opzionali, ed il simbolo + indica che esse possono essere ripetute più volte.

L'argomento *<what>* permette di specificare a quali oggetti si applica la direttiva di accesso, e può assumere diverse forme in base ai diversi criteri che si possono usare per effettuare la soluzione degli oggetti. Una prima forma elementare è utilizzare semplicemente "*" che indica la selezione di tutte le voci presenti nel database. A parte questa selezione generica i meccanismi di selezione possibili sono tre, e vengono sempre espressi in forma di assegnazione usando le parole chiave riportate in tab. 2.19.

Stile	Significato
attrs	Indica una selezione degli attributi a cui si applica la regola di accesso.
filter	Indica una selezione delle voci a cui si applica la regola di accesso utilizzando un filtro di ricerca.
dn	Indica una selezione delle voci a cui si applica la regola di accesso utilizzando il loro *Distinguished Name*.

Tabella 2.19: Direttive di selezione degli oggetti sottoposti ad una regola di accesso.

Il primo meccanismo di selezione è quello in cui si usa la direttiva **attrs**, che consente di specificare le regole di accesso per i singoli attributi di un oggetto; ad esempio con una regola del tipo:

```
access to attrs=userPassword
```

si specificano i criteri di accesso per l'attributo che contiene la password, in qualunque oggetto esso si trovi.

Con la stessa sintassi si possono specificare anche delle liste di attributi, da indicare con l'elenco dei rispettivi nomi separati da virgole. Allo stesso modo si può inserire nella lista il nome di una *objectclass*, usando il prefisso "`@`", nel qual caso la selezione si applicherà a tutti gli attributi in essa definiti; se invece si usa il prefisso "`!`" si selezioneranno tutti gli attributi che non sono nella *objectclass*.

Nella lista degli attributi specificata da `attrs` si possono poi utilizzare anche due valori speciali: `entry`, che se inserito indica la voce stessa, così da selezionare tutte le voci che contengono uno qualunque degli altri attributi della lista, e `children` che indica tutte le voci sottostanti quella contenente l'attributo. Con queste due parole chiave il significato della selezione cambia, e non riguarda più gli attributi ma l'intera voce, ed è così possibile impostare gli accessi selezionando le voci in base alla presenza di un attributo senza dover ricorrere all'uso di un'espressione regolare che sarebbe molto più costosa in termini di prestazioni.

Una forma alternativa dell'uso di `attrs` è quando questa viene usata insieme alla ulteriore direttiva `val` per selezionare gli attributi che hanno un certo valore. In questo caso si può indicare per `attrs` un solo attributo e non una lista, seguito dalla specificazione dei valori con `val`. Questa può essere effettuata in diverse forme, di cui più immediata è quella `val=valore` (corrispondente in realtà a `val.exact=valore`) in cui si richiede appunto una corrispondenza esatta. È però disponibile anche la forma `val.regex`, dove come valore si può usare una espressione regolare, che permette così di selezionare solo gli attributi il cui valore corrisponda ad essa.

Il secondo meccanismo di selezione è quello in cui si usa `filter` per indicare a quali voci del database si applica la regola di accesso tramite un *filtro di ricerca*. Questo è il meccanismo più semplice da utilizzare, dato che basta esprimere il filtro con la sintassi standard già vista per `ldapsearch` ed illustrata in sez. 1.2.2. Un esempio di regola di questo tipo potrebbe essere il seguente:

```
access to filter=(|(sn=S*)(sn=D*))
```

dove si selezionano tutti gli oggetti che hanno un attributo `sn` che inizia con la lettera S o con la lettera D.

Il terzo ed ultimo meccanismo è quello che prevede l'uso di `dn` per la specificazione degli oggetti sulla base di espressioni indicanti il loro *Distinguished Name*, questo è il meccanismo di selezione più complesso in quanto si possono usare diversi "*stili*" di selezione; la sua espressione generica è:

```
dn[.<dnstyle>]=<valore>
```

dove con `<dnstyle>` si indica uno degli stili di selezione elencati in tab. 2.20, mentre `<valore>` indica l'espressione di selezione. Questa per i primi 4 valori di tab. 2.20 assume il valore di un *Distinguished Name*, nel caso di `regex` invece sarà una espressione regolare che sarà verificata contro tutti i DN degli oggetti dell'albero, selezionando quelli che corrispondono. Se non si specifica nessuno stile si applica `base`.

Quando si utilizza una espressione regolare si tenga presente che, dato un oggetto per cui essa corrisponde, corrisponderanno anche tutti gli oggetti che si trovano nella parte di albero sottostante il primo oggetto (in quanto il loro DN conterrà la parte già corrispondente), si ha cioè una selezione il cui *scope* è analogo a quello di `subtree`.

Stile	Significato
base	Indica una corrispondenza esatta con l'oggetto corrispondente al *Distinguished Name* specificato. È il valore di default, se non si specifica nulla viene assunta questa modalità.
exact	Sinonimo di base.
one	Indica tutti gli oggetti contenuti nel livello dell'albero sottostante.
onelevel	Sinonimo di one.
subtree	Indica tutti gli oggetti contenuti nella sezione di albero che inizia dal *Distinguished Name* specificato.
sub	Sinonimo di subtree.
children	Indica tutti gli oggetti contenuti nella sezione di albero a partire dal livello successivo a quello del *Distinguished Name* specificato.
regex	Indica tutti gli oggetti i cui *Distinguished Name* che corrispondono alla espressione regolare passata come argomento.

Tabella 2.20: Stile di selezione degli oggetti per le direttive di accesso in base al *Distinguished Name*.

Dato che l'uso di questa modalità comporta una scansione di tutti i DN degli oggetti è il caso di usarla con parsimonia, se si vuole ad esempio prendere una sezione di albero al di sotto di un oggetto preciso è il caso si usare dn.subtree che è molto meno pesante in termini di operazioni richieste al server.

Si tenga presente infine che le varie forme di espressione delle regole di selezione tab. 2.19 possono essere *sommate* fra loro scrivendole in sequenza una dopo l'altra, in questo modo si potrà ottenere un risultato che sia una opportuna combinazione delle tre diverse modalità di selezione.

Una volta definito a *cosa* si applica la nostra regola, l'argomento *<who>* permette di definire a *chi* assegnare il relativo l'accesso. Dato che il "*chi*" che identifica un utente può corrispondere ad oggetto mantenuto nell'albero stesso, di nuovo si potranno usare alcune modalità di selezione analoghe alle precedenti, come "*" che indica l'accesso generico per tutti e le varie forme basate su dn (che supportano gli stessi stili già illustrati in tab. 2.20), per effettuare una indicazione in base a dei DN.

Una delle caratteristiche più interessanti di questa selezione basata sul *Distinguished Name* è che se in una precedente selezione del *<what>* fatta con espressioni regolari si sono usati dei *subpattern*, i valori di corrispondenza da essi ottenuti possono essere riutilizzati all'interno dell'espressione usata con *<who>* nella forma *$n*, dove *n* indica la *n*-sima corrispondenza nella selezione precedente. Diventa allora possibile definire criteri di accesso complessi come il seguente:

```
access   to dn.regex="ou=Contacts,cn=([^,]+),ou=UserData,dc=truelite,dc=it"
         by dn.regex="uid=$1,ou=People,dc=truelite,dc=it" read
         by * none
```

in cui si dà accesso a ciascun utente ad una distinta sezione dell'albero in cui si suppone siano stati inseriti i suoi contatti personali, evitando però che i singoli utenti possano accedere ai contatti personali degli altri.

Nell'esempio la cosa viene fatta supponendo che si disponga di una struttura dell'albero in cui i dati personali dei contatti di ciascun utente vengano mantenuti sotto il *Distinguished Name* "ou=Contacts,cn=nomeutente,ou=UserData,dc=truelite,dc=it"; l'espressione regolare utilizzata seleziona il valore dell'attributo `cn` (che sarà il nome di un utente) composto da un numero arbitrario (ma maggiore di zero) di caratteri qualunque esclusa la virgola (che serve a separare i vari componenti del DN); il valore trovato è l'username che viene riutilizzato per identificare, nel ramo di albero in cui sono mantenuti gli utenti, quello a cui dare l'accesso alla rispettiva sezione di dati.

L'argomento `<who>` supporta inoltre tre valori speciali, `self`, `anonymous` e `users`. In genere `self` è abbinato ad una selezione basata sugli attributi; con esso si indicano quali sono i permessi che un utente, cioè l'oggetto con il quale si è effettuato il collegamento al server, ha sui propri attributi, cioè sugli attributi della voce corrispondente al proprio DN. Il caso classico infatti è:

```
access    to attrs=userPassword
          by self write
```

che consente ad un utente di modificare la propria password, senza però essere in grado di fare nulla con quella degli altri.

Con `anonymous` si indica l'utente generico non ancora autenticato; di norma si utilizza questo valore insieme al livello di autorizzazione `auth` per indicare un accesso in cui l'oggetto richiesto (usualmente `userPassword`) può essere acceduto solo a scopo di autenticazione. Se non si avesse questo tipo di accesso consentito per un utente anonimo diventerebbe impossibile effettuare un collegamento autenticato al server, non potendo disporre delle informazioni necessarie all'autenticazione.

Infine con `users` si indica il generico utente autenticato sul server, in questo caso si potrebbe dare l'accesso in scrittura ad una sezione particolare dell'albero (ad esempio quella dove sono mantenuti i contatti) ai soli utenti autenticati con una direttiva del tipo:

```
access to dn.subtree="ou=Contacts,dc=truelite,dc=it"
       by users write
```

La forma `dnattr` consente invece di utilizzare un attributo contenuto in una voce (quello specificato con `dnattr=attributo`) per dare l'accesso alla voce stessa. Questo è consentito se nell'attributo specificato è presente il valore del DN con cui viene effettuata la richiesta. Con questa forma si può specificare il *chi* può accedere direttamente all'interno della voce acceduta.

Un'altra forma molto utile è `group` che consente di dare accesso a tutti gli "*utenti*" di un "*gruppo*". In questo caso il gruppo viene costituito da una voce apposita voce che contenga le relative informazioni.[32] La forma generale di questa indicazione è:

```
group[/objectclass[/attributo]][.stile]=gruppo
```

dove *objectclass* indica la *objectclass* utilizzata per definire il gruppo e *attributo* l'attributo al suo interno che contiene i DN dei membri del gruppo. Un esempio di uso di questa forma è il seguente:

```
access    to dn="ou=amministrazione,ou=Contacts,dc=truelite,dc=it"
          by group="cn=amministrazione,ou=Groups,dc=truelite,dc=it" read
```

---

[32] il default è l'uso della *objectclass* `groupOfNames`, che nei suoi attributi `member` elenca i DN dei componenti del gruppo; si tenga presente che si possono usare altre *objectclass* con altri attributi, ma che i membri del gruppo devono essere specificati come DN; questo rende inutilizzabile a questo scopo l'uso di `posixGroup` (vedi sez. 3.1.1).

Ulteriori forme speciali sono quelle che permettono di selezionare l'accesso in base ad informazioni esterne all'albero LDAP ottenute in genere direttamente dai parametri della connessione, come domain, sockname, sockurl, peername e sockname. Tutte queste forme prevedono che si possano utilizzare stili diversi per indicare il valore del parametro passato come argomento, che come per dn devono essere specificati scrivendole come *forma.stile*; nel caso di sockname, sockurl gli stili possibili sono exact e regex, con domain a questi si aggiunge anche sub (o subtree) per indicare la scelta di tutto quello che sta sotto un dominio. Nel caso di peername si può avere invece solo lo stile ip in cui si specifica invece di un nome un indirizzo IP.

Come esempio di queste direttive, se si vuole fornire l'accesso anonimo in lettura ma solo per applicazioni residenti sul server, si potrà utilizzare una direttiva nella forma:

```
access   to *
         by dn="cn=admin,dc=truelite,dc=it" write
         by peername.ip=127.0.0.1 read
         by self read
         by * none
```

con la quale per i collegamenti al server effettuati su localhost si garantisce comunque un accesso in lettura.

Infine se si hanno accessi fatti con SASL o con connessioni cifrate con TLS/SSL (vedi sez. 2.2.3), si può richiedere che queste abbiano un valore sufficiente alto per il *Security Strength Factor*, un valore numerico impostato dal server che indica una stima della sicurezza della connessione. I valori dipendono dalle modalità della connessione, e si può garantire l'accesso a chi si collega in maniera sufficientemente sicura indicando il "*chi*" con la parola chiave ssf assegnata al valore minimo richiesto per il *Security Strength Factor*.

Oltre al generico ssf si può indicare un fattore specifico per le connessioni con SSL/TLS usando tls_ssf e per SASL usando sasl_ssf. I valori impostati dal server dipendono dal tipo di connessione: nel caso di SSL/TLS essi corrispondono alla lunghezza in bit della chiave usata per cifrare la connessione, che dipende dal tipo di certificati usati e dagli algoritmi di crittografia richiesti (torneremo su questo in sez. 2.2.3). Nel caso di SASL dipendono dagli algoritmi crittografici usati per la cifratura delle password. In generale per l'autenticazione semplice si suggerisce di utilizzare ssf=128 per assicurarsi di avere una autenticazione cifrata.

Dopo aver specificato *cosa* (*<what>*) e a *chi* (*<who>*) si fa riferimento in una regola, il successivo argomento (*<access>*) serve ad indicare quale privilegi di accesso devono essere assegnati. Questo può essere espresso in due modi: il primo è attraverso l'indicazione di un *livello di autorizzazione*, che deve essere specificato con uno dei nomi elencati nella prima colonna di tab. 2.21, dove i livelli sono riportati in ordine decrescente di priorità. L'assegnazione di un certo livello di priorità implica sempre anche tutti quelli di ordine inferiore, inoltre l'uso di write in questo caso comprende anche la possibilità di aggiungere e cancellare voci.

Qualora invece l'indicazione dei permessi di accesso necessiti di una maggiore flessibilità si dovrà usare la seconda modalità che consente specificare una combinazione arbitraria dei singoli permessi. In questo caso un permesso dovrà essere specificato da una indicazione composta di un operatore seguito da una lista di permessi espressi tramite le lettere della seconda colonna di tab. 2.21. Gli operatori utilizzabili per questa seconda modalità sono "+", che aggiunge i permessi indicati dalle lettere seguenti, "-" che li toglie e "=" che li assegna esattamente. Si possono associare ad un operatore quanti permessi si vuole, con l'eccezione di 0 che, indicando

Livello		Significato
manage	m	Consente l'accesso amministrativo.
write	w	Consente la scrittura dei dati.
	a	Consente l'aggiunta di dati.
	z	Consente la cancellazione di dati.
read	r	Consente la lettura dei dati.
search	s	Consente l'accesso nelle ricerche.
compare	c	Consente l'accesso nelle ricerche ordinate.
auth	x	L'accesso è consentito internamente al server a solo scopo di autenticazione.
disclose	d	Consente l'accesso alle informazioni di errore.
none	0	Nessun accesso.

Tabella 2.21: Livelli di accesso usati dalla direttiva access.

la rimozione di qualunque privilegio, deve sempre essere usato da solo. Si tenga presente che in questo caso il permesso "w" è semplicemente la somma dei due permessi "a" e "z" che non esistono come livelli separati, in sostanza +w è equivalente a +az.

Infine è possibile, come indicato nella forma generica delle regole di accesso illustrata all'inizio, aggiungere in coda alla specificazione dei permessi una istruzione di controllo finale (*<control>*) che consente di modificare la modalità con cui le regole vengono esaminate.

Il meccanismo ordinario con cui vengono applicate le regole di accesso prevede infatti che queste vengano esaminate in sequenza; in caso di corrispondenza del *<what>* verranno immediatamente controllati i vari *<who>* ad essa relativi, e applicati i permessi indicati dal primo che corrisponde. Se nessun *<who>* corrisponde tutti i permessi verranno rimossi; è cioè sempre sottintesa una regola finale del tipo: "by * none". In ogni caso la scansione delle regole termina immediatamente una volta presa la decisione riguardo ai permessi.

Questo avviene perché il default per il valore di *<control>* è stop, che causa appunto la terminazione della scansione delle regole. Gli altri due valori possibili sono continue, che fa proseguire la scansione nei *<who>* successivi (se ve ne sono) e o break che invece fa passare alla regola successiva. In generale, a parte esigenze specifiche, questi non vengono usati; ma un possibile esempio di utilizzo di questa funzionalità è quello in cui si abilita un accesso al database da parte dell'utente di amministrazione del server in maniera indipendente dalla modalità ordinaria di autenticazione semplice, autenticando quest'ultimo tramite l'accesso via socket e l'autenticazione SASL EXTERNAL che abbiamo visto in sez. 2.2.1. In tal caso, usando una direttiva come:

```
─────────────────────── slapd.conf ───────────────────────
access   to *
         by dn.exact=gidNumber=0+uidNumber=0,cn=peercred,cn=external,cn=auth manage
         by * break
```

la prima riga farà sì che gli accessi eseguiti in console sul server con programmi eseguiti dall'utente *root*, (ad esempio un comando come ldapsearch -Y EXTERNAL -H ldapi:///) siano sempre consentiti con diritti completi di gestione del server senza necessità di fornire alcuna password, mentre la seconda riga, grazie all'uso di break, farà sì che per tutti gli altri si proseguano ad utilizzare le restanti direttive di accesso.

Un possibile esempio completo dell'utilizzo della direttiva **access** è riportato nel seguente estratto del file di configurazione, che si è ricostruito sulla base della configurazione di default installata (in **slapd.d**) col pacchetto **slapd** di una Debian Stretch:

```
                                  slapd.conf
access   to *
         by dn.exact=gidNumber=0+uidNumber=0,cn=peercred,cn=external,cn=auth manage
         by * break
access   to attrs=userPassword
         by dn="cn=admin,dc=truelite,dc=it" write
         by anonymous auth
         by self write
         by * none
access   to attrs=shadowLastChange
         by dn="cn=admin,dc=truelite,dc=it" write
         by self write
         by * read
access   to dn.base="" by * read
access   to *
         by dn="cn=admin,dc=truelite,dc=it" write
         by * read
```

Si faccia attenzione a non inserire commenti a metà di una direttiva **access** quando la si scrive come le precedenti, suddividendola su più righe; questo infatti sfrutta la caratteristica del file di configurazione che considera una prosecuzione della precedente ogni riga che inizia per spazio. Se si inserisce un commento in mezzo alle righe la direttiva risultante risulterà spezzata, e gli effetti, posto anche che il server riparta, potrebbero essere tutt'altro che piacevoli.

Si noti come nell'esempio sia stato usato per l'attributo **userPassword** un accesso di livello **auth** associato ad **anonymous**, questo perché prima di potersi collegare l'utente non è ancora autenticato, per cui l'accesso sarà in forma anonima, ma il server, per poter effettuare l'autenticazione, ha necessità di poter accedere alla password. Si noti anche come con **self** si sia consentito agli utenti stessi di modificare la propria password.

L'esempio evidenzia anche come sia necessario tener conto delle conseguenze delle modalità di scansione delle regole di accesso appena illustrata: le regole vengono esaminate nell'ordine in cui sono scritte e quando si ha una corrispondenza sull'oggetto a cui si applicano la scansione si ferma immediatamente ed i permessi indicati vengono applicati. Questo significa che occorre sempre mettere le regole più specifiche in testa, come viene fatto nell'esempio per la regola che riguarda solo l'attributo **userPassword**. Se prima di questa si fosse messa una regola generica come quella finale il risultato sarebbe stato che le successive regole non sarebbero mai state prese in considerazione e quindi chiunque avrebbe potuto leggere il dato della password e solo l'amministratore modificarlo.

Si noti anche come per le regole specifiche sia necessario ripetere l'indicazione degli stessi criteri di accesso (come quello per l'amministratore) elencati nella successiva regola generica, questo perché, se non ci fossero, essendo ignorate in caso di corrispondenza le regole seguenti, ci si sarebbe trovati con un utente amministrativo incapace di accedere autonomamente in scrittura al campo **userPassword** di tutti gli utenti.

Per verificare il funzionamento delle regole di accesso si può usare il comando **slapacl**; il comando richiede che si indichi con l'opzione **-b** per quale voce si vuole verificare l'accesso (passando come argomento dell'opzione il relativo *Distinguished Name*). Se non si indica altro la verifica viene fatta con un accesso anonimo e il comando stampa i permessi di accesso (secondo i valori di tab. 2.21) per ciascun attributo della voce indicata, ad esempio si avrà:

```
# slapacl -b 'dc=truelite,dc=it'
entry: read(=rscxd)
children: read(=rscxd)
objectClass=top: read(=rscxd)
objectClass=dcObject: read(=rscxd)
objectClass=organization: read(=rscxd)
o=truelite.it: read(=rscxd)
dc=truelite: read(=rscxd)
structuralObjectClass=organization: read(=rscxd)
entryUUID=e22a3ff6-7708-1038-8086-49ae6d27ebdf: read(=rscxd)
creatorsName=cn=admin,dc=truelite,dc=it: read(=rscxd)
createTimestamp=20181107184420Z: read(=rscxd)
entryCSN=20181107184420.865988Z#000000#000#000000: read(=rscxd)
modifiersName=cn=admin,dc=truelite,dc=it: read(=rscxd)
modifyTimestamp=20181107184420Z: read(=rscxd)
```

Per verificare i permessi di accesso di un utente si può utilizzare l'opzione -D per indicarlo col suo DN, ricalcando le modalità dell'autenticazione semplice, o con -U utilizzando il relativo username, ricalcando le modalità dell'autenticazione con SASL (ovviamente le due opzioni sono mutuamente esclusive). Il controllo viene fatto di default utilizzando la configurazione corrente del server ma si può indicare un file o una directory di configurazione alternativa rispettivamente con -f e -F.

Il comando prende anche uno o più argomenti opzionali che consentono di indicare una lista dei singoli permessi dei singoli attributi (selezionando eventualmente quelli con uno specifico valore) che si vogliono verificare, ognuno di essi deve essere espresso nella seguente forma generica:

attributo/permesso:*valore*

dove con *permesso* si indica quale dei permessi di tab. 2.21 si vuole verificare, e *valore* consente di indicare, in caso di valori multipli dell'attributo, per quale si intente eseguire la verifica, ad esempio si potrà verificare i permessi per l'attributo userPassword da parte di diversi utenti con:

```
# slapacl -b 'uid=piccardi,ou=People,dc=truelite,dc=it' userPassword
userPassword: auth(=xd)
# slapacl -b 'uid=piccardi,ou=People,dc=truelite,dc=it' \
    -D 'uid=piccardi,ou=People,dc=truelite,dc=it' userPassword
authcDN: "uid=piccardi,ou=people,dc=truelite,dc=it"
userPassword: write(=wrscxd)
# slapacl -b 'uid=piccardi,ou=People,dc=truelite,dc=it' \
    -D 'uid=mark,ou=People,dc=truelite,dc=it' userPassword
authcDN: "uid=mark,ou=people,dc=truelite,dc=it"
userPassword: none(=0)
```

Abbiamo visto in sez. 2.1.2 come sia possibile impostare a livello globale dei limiti per il tempo massimo di esecuzione di una query (con timelimit) e sul numero di risultati restituiti (con sizelimit). Questi sono però limiti generali, che si applicano per qualunque database e ed utente si utilizzi, il server però supporta anche la possibilità di impostare questi limiti in maniera più granulare per il singolo database ed sulla base di chi esegue le richieste.

Benché non si tratti strettamente di controllo degli accessi, tratteremo qui la direttiva `limits`, che fornisce questa funzionalità, per la sua analogia con `access`. La direttiva, che si applica a livello di database, ha la forma generica:

```
limits <who> <limit> [<limit> ...]
```

dove *<who>* consente di indicare a chi applicare i limiti indicati successivamente, con una sintassi che è sostanzialmente la stessa usata da `access`; con `anonymous` si indicano gli accessi non autenticati, con `users` un qualunque accesso autenticato, si possono poi specificare o un gruppo o un *Distinguished Name* esattamente nella stessa forma usata da `access`, che abbiamo visto in precedenza.

La direttiva supporta l'indicazione poi di uno o più limiti (uno deve comunque essere indicato, ma se ne possono indicare più di uno separandoli con degli spazi) nella forma:

```
time[.soft|hard]=<value>
size[.soft|hard|unchecked]=<value>
```

dove `time` e `size` fanno riferimento rispettivamente al tempo massimo di esecuzione (in secondi) ed al numero di risultati, e vogliono sempre un valore intero o la parola chiave `unlimited` per indicare l'assenza di un limite. Se non si indica niente altro il valore assegnato viene utilizzato come limite generico (sia *soft* che *hard*).

Con `.soft` si può indicare un limite *soffice* utilizzato di default dal server ma che può essere superato se una *query* fa una richiesta esplicita più alta, mentre con `.hard` si indica un limite assoluto non superabile.

Per i limiti riguardanti la dimensione esiste anche `.unchecked` che limita il numero di candidati da esaminare in una ricerca per selezionare quelli corrispondenti, quando questa è fatta su degli attributi non indicizzati; essendo questa una operazione onerosa impostando un limite si fa sì che una richiesta che lo superi venga abortita, il default in questo caso è `unlimited`, ma si può usare la parola chiave `disabled` per bloccare completamente questo tipo di ricerche.

Benché possa essere utilizzata in maniera generica, questa direttiva viene prevalentemente utilizzata per essere sicuri che l'utente utilizzato per eseguire la replicazione con `syncrepl` (vedi sez. 2.3.3), venga esentato da un qualunque limite eventualmente impostato a livello generale, che comprometterebbe la possibilità di eseguire la stessa in maniera affidabile.

2.2.3   La configurazione per l'uso di SSL/TLS

La configurazione di *OpenLDAP* per l'uso di TLS/SSL è tutto sommato abbastanza semplice e si riduce in sostanza alle impostazioni necessarie ad indicare quali sono i certificati da usare per l'uso del protocollo ed eventualmente impostare quale tipo di comportamento assumere in caso di assenza o di non correttezza delle stesse.

La parte più complicata è che se non si usano certificati pubblici già pronti è necessario approntare una propria *Certification Authority* che firmi i certificati delle varie macchine, specie se oltre al server presso i client si vogliono anche autenticare i client presso il server, quest'ultimo caso comunque è piuttosto raro, per i problemi che vedremo più avanti. Non tratteremo qui le modalità con cui creare e gestire una tale CA, argomento per il quale si rimanda alla sezione 2.1.4 di [SGL].

Una volta che si disponga dei certificati necessari si tratta semplicemente di configurare il server per il relativo utilizzo; per questo `slapd.conf` prevede un gruppo di direttive specifiche per la configurazione di SSL/TLS, che consentono di indicare al server i file dei certificati. Si sono illustrate le direttive più rilevanti in tab. 2.22, al solito l'elenco completo è riportato nella pagina di manuale di `slapd.conf`, nella sezione *TLS options*.

Direttiva	Significato
TLSCertificateFile	Indica il file in cui è contenuto il certificato usato dal server.
TLSCACertificateFile	Indica il file in cui è contenuto il certificato della *Certification Authority* riconosciuta dal server.
TLSCipherSuite	Indica quali tipologie di crittografia saranno accettate dal server per la connessione, da elencare in ordine di preferenza separate da virgole.
TLSCertificateKeyFile	Indica il file che contiene la chiave del certificato del server.
TLSVerifyClient	Richiede che anche il client si identifichi con SSL/TLS presso il server, prende uno dei valori di tab. 2.23, il default è `never`.

Tabella 2.22: Le principali direttive di `slapd.conf` per l'uso di TLS/SSL.

Un estratto della sezione di `slapd.conf` in cui si sono inserite le direttive necessarie per abilitare l'uso di TLS/SSL con le impostazioni per indicare i certificati, è allora il seguente:

```
──────────────────────────── slapd.conf ────────────────────────────
# For SSL/TLS authentication
TLSCertificateFile      /etc/ssl/certs/ldapcert.pem
TLSCertificateKeyFile   /etc/ssl/private/ldapkey.pem
TLSCACertificateFile    /etc/ssl/certs/cacert.pem
```

A queste si può aggiungere, per migliorare la sicurezza della connessione, `TLSCipherSuite`, che consente di indicare quali, fra le diverse combinazioni di protocolli crittografici supportati da SSL/TLS (le cosiddette *protocol suite*), sono accettati dal server ed il relativo ordine di precedenza in modo da escludere l'uso di algoritmi datati che renderebbero insicura la connessione.

L'elenco dei possibili valori identificativi delle *protocol suite* da specificare come argomenti della direttiva si può ottenere con il comando `openssl ciphers -v ALL` se si usano le librerie di *OpenSSL* (gli stessi valgono anche per *Mozilla NSS*) o con `gnutls-cli -l` se si usano le librerie di *GnuTLS*. Ma per semplificare la configurazione si possono usare delle abbreviazioni come `HIGH`, `MEDIUM`, `LOW` il cui significato è ovvio, o, per restringersi all'uso una versione specifica del protocollo i valori `TLSv1`, `SSLv3`, `SSLv2`. In genere si indica una lista degli identificativi delle *protocol suite* (o delle abbreviazioni) separata da virgole. La stessa direttiva con gli stessi valori può essere usata lato client (vedi tab. 2.24) per effettuare lo stesso tipo di restrizione.

Si tenga conto inoltre, quando si copiano i file dei certificati e delle chiavi da un'altra macchina o da un'altra directory, che questi devono poter essere acceduti dal programma, e che il file della chiave deve essere adeguatamente protetto da lettura da parte di terzi. Questo significa che lo stesso deve avere permessi adeguati a consentire l'accesso da parte dell'utente per conto del quale viene eseguito `slapd`.[33]

---

[33] se come nel caso si è usato `/etc/ssl/private/ldapkey.pem` su una Debian, dove `/etc/ssl/private` può essere attraversata solo dal gruppo `ssl-cert`, occorrerà anche aggiungere l'utente `openldap` a tale gruppo.

Si tenga presente infine che per poter utilizzare esplicitamente una connessione con SSL occorre mettere in ascolto il server anche sulla porta dedicata a **ldaps**, la **636**, per cui questo deve essere avviato opportunamente (si ricordi quanto detto in sez. 2.1.1). Nel caso di Debian per questo si può usare la variabile **SLAPD_SERVICES** definita in **/etc/default/slapd** che permette di indicare esplicitamente le modalità di avvio del server, una configurazione tipica potrebbe essere la seguente:

```
SLAPD_SERVICES="ldap://127.0.0.1/ ldaps:/// ldapi:///"
```

con cui si indica di mettere il server in ascolto in chiaro per le connessioni locali e di usare TLS/SSL per tutte quelle remote. Nel caso di Fedora/RedHat/CentOS, si può richiedere l'avvio su SSL effettuando l'impostazione della variabile **SLAPD_LDAPS=yes** in **/etc/sysconfig/ldap**.

Oltre al server, per poter utilizzare TLS/SSL, occorre anche fornire le adeguate impostazioni al client, si dovranno cioè utilizzare le opportune direttive di configurazione previste per **ldap.conf**. In questo caso, nello specificare quale è il server a cui si fa riferimento, sarà necessario usare la direttiva **URI**, che permette la sintassi estesa delle URL di tab. 1.1.

Nel nostro caso dovremo specificare l'indirizzo del server come **ldaps://ldap.truelite.it** eliminando eventuali direttive **HOST** e **PORT**. Si ricordi inoltre che si può ottenere una connessione cifrata anche con l'uso di *StartTLS* sulla porta ordinaria (e quindi con una URI come **ldap://ldap.truelite.it**, ma questo deve essere richiesto esplicitamente dal client (con l'opzione **-Z** nel caso degli **ldap-tools**).

Inoltre per il funzionamento del protocollo si deve anche indicare il file contenente il certificato della *Certification Authority* che testimonia la validità dei certificati forniti del server usando l'apposita direttiva **TLS_CACERT**. Il default infatti richiede il riconoscimento del server, e che questo presenti un certificato valido, per cui se si sono usati dei certificati autoprodotti come quelli illustrati nell'esempio precedente, occorrerà aggiungere all'esempio di file di configurazione visto in sez. 1.2.1 una sezione apposita con un contenuto del tipo:

```
———————————————————————————————— ldap.conf ————————————————————————————————

TLS_CACERT      /etc/ssl/certs/cacert.pem
```

Se invece l'unico scopo dell'uso di SSL/TLS è la cifratura della connessione, tutto ciò non è necessario, e si può rilassare la richiesta usando esplicitamente la direttiva **TLS_REQCERT** per rilassare le modalità di verifica del certificato.

Direttiva	Significato
never	Non viene richiesto ne controllato un certificato.
allow	Viene richiesto un certificato, ma se non viene fornito o se non è valido prosegue ugualmente.
try	Viene richiesto un certificato, se non viene fornito prosegue ugualmente ma se non è valido si ferma.
hard	Viene richiesto un certificato, e si ferma se non viene fornito o se non è valido.
true	Equivalente a hard.
demand	Equivalente a hard.

Tabella 2.23: Valori possibili per le direttive di verifica dei certificati nella comunicazione con SSL/TLS.

La direttiva richiede come argomento uno dei valori di tab. 2.23, ed il default è `hard` che richiede una verifica completa. Nel caso in questione non interessa la verifica del certificato (qualunque esso sia) per cui si può rimuovere la direttiva `TLS_CACERT` e indicare con `TLS_REQCERT` di non eseguire nessuna verifica, per cui il precedente contenuto diventa:[34]

```
───────────────────────────────── ldap.conf ─────────────────────────────────
#TLS_CACERT    /etc/ssl/certs/cacert.pem
TLS_REQCERT    never
```

Un elenco delle principali direttive usate per la configurazione dell'accesso via SSL ad un server LDAP da parte di un client è riportato in tab. 2.24 (le direttive sono riportate in maiuscolo, ma si possono specificare anche in caratteri minuscoli); per l'elenco completo al solito si faccia riferimento alla pagina di manuale di `ldap.conf`.

Direttiva	Significato
TLS_CERT	Indica il file in cui è contenuto il certificato del client, è usabile solo a livello utente.
TLS_CACERT	Indica il file in cui è contenuto il certificato della CA riconosciuta dal client, è usabile solo a livello utente.
TLS_CIPHER_SUITE	Indica quali tipologie di crittografia saranno accettate dal client per la connessione, da elencare in ordine di preferenza separate da virgole.
TLS_KEY	Indica il file che contiene la chiave del certificato del client, è usabile solo a livello utente.
TLS_REQCERT	Indica il livello di controllo che si richiede sui certificati del server, da indicare con uno dei valori di tab. 2.23, il default è `hard`, è usabile solo a livello utente.

Tabella 2.24: Direttive per la configurazione di `ldap.conf` per l'uso di TLS/SSL.

Se si è attivata la richiesta di verifica del client da parte di `slapd` (lo si fa con la direttiva `TLSVerifyClient` illustrata in tab. 2.22 che usa gli stessi valori di `TLS_REQCERT` in tab. 2.23) occorre configurare il client perché invii il suo certificato. Per ciascun client si dovranno pertanto ripetere le precedenti operazioni per creare un certificato firmato da una CA riconosciuta del server; in genere si usa sempre la stessa, ma non è necessario. Anche qui deve avere cura di usare come *Common Name* il nome a dominio (in forma di FQDN) del client.

In questo caso si ha il problema che a livello di `ldap.conf` è possibile specificare solo un certificato, da mantenere in una opportuna directory (in genere si usa comunque `/etc/ssl/certs/`). Questo però richiede che la chiave privata di detto certificato, per poter essere utilizzata, sia leggibile da ogni utente, e non è una buona pratica di sicurezza che un singolo utente possa avere pieno accesso ad un certificato che identifica una intera macchina (ed influire quindi anche sulle capacità degli altri utenti).

Per questo motivo una configurazione in cui si richiede il riconoscimento dei client non può essere fatta sul file di configurazione generale `ldap.conf`, ma deve essere specificata per il singolo utente usando il file di configurazione personale `.ldaprc` in cui l'utente dovrà specificare le sue direttive usando dei certificati personali; un possibile esempio di questo caso è qualcosa del tipo:

---

[34]questo può essere comunque necessario con alcune versioni di Debian, dove `slapd` usa la libreria *GnuTLS*, quando si generano i certificati con `openssl`; in tal caso infatti, per un problema di compatibilità, questi ultimi in alcuni casi non vengono comunque riconosciuti come validi.

```
──────────────────────── .ldaprc ────────────────────────
TLS_CACERT     cacert.pem
TLS_CERT       my_cert.pem
TLS_KEY        my_key.pem
TLS_REQCERT    hard
```

in cui si indica l'uso di un certificato personale (la prima direttiva è opzionale se il file della CA è già stato impostato in `ldap.conf`).

Questo significa che se si deve autenticare il client rispetto al server occorrerà dotare ciascun utente di un suo certificato, rendendo ovviamente la gestione degli utenti molto più macchinosa, ma questo è anche quello che potrebbe consentire una autenticazione diretta usando i dati del certificato (senza avere le password sul server) utilizzando il meccanismo `EXTERNAL` di SASL visto in sez. 2.2.1. In generale se non esistono requisiti di sicurezza molto stretti la complessità di gestione di una configurazione in cui si richiede la verifica dei certificati dei client consiglia una adeguata valutazione del rapporto fra costi e benefici rispetto alla identificazione degli utenti con una autenticazione ordinaria.

Una volta che si sia configurato il server e le librerie per l'uso di SSL se ne potrà verificare il funzionamento direttamente con `ldapsearch`, si può richiedere l'uso di SSL direttamente sulla riga di comando con l'opzione `-H` usando la apposita URL estesa (vedi tab. 1.1), un esempio potrebbe essere:

```
$ ldapsearch -x -H ldaps://ldap.truelite.it
```

Si tenga presente che in caso di mancato riconoscimento del certificato la connessione fallirà con un messaggio abbastanza stringato che non rende facile risolvere il problema. Per capire quale possa essere la causa si può ripetere il precedente comando utilizzando l'opzione `-d 1` per aumentare le informazioni relative alla connessione, questo in genere consente anche di ottenere le motivazioni di eventuali malfunzionamenti, le cui cause più comuni sono la non corrispondenza fra il nome a dominio con cui si contatta il server e quello presente nel certificato, o l'avvenuta scadenza dello stesso.

2.2.4 L'estensione delle funzionalità del server e gli *overlay*

Abbiamo già visto in sez. 2.1.2 a proposito dei *backend* come l'architettura modulare di *OpenLDAP* consenta di estendere le funzionalità del server con relativa semplicità. Ma oltre alle funzionalità ottenibili attraverso *backend* dedicati, i moduli consentono estensioni generiche, come quella vista in sez. 2.2.1 per gli *hash* crittografici aggiuntivi forniti da `pw-sha2`. A queste, a partire dalla versione 2.2 di *OpenLDAP*, si è aggiunto l'ulteriore meccanismo degli *overlay*.

In sostanza il meccanismo prevede la possibilità di interporsi fra il *frontend* del server LDAP, che riceve le richieste, le decodifica e le passa al *backend*, e quest'ultimo, che fornisce le relative risposte. Con questa interposizione sia le richieste che le risposte possono essere intercettate in modo da potervi eseguire sopra le operazioni volute. In questo modo si può personalizzare il funzionamento di un *backend* senza doverne creare una versione modificata, e usare le estensioni solo dove necessario.

Inizialmente questa funzionalità era utilizzabile solo in corrispondenza ad uno specifico *backend*, a partire dalla versione 2.3 è divenuto possibile utilizzare gli *overlay* in maniera generica, ad esempio per ottenere funzionalità indipendenti dai diversi *backend* o anche utilizzare le informazioni della richiesta per selezionare l'uso di uno specifico *backend* piuttosto di un altro.

Gli *overlay*, come i *backend*, sono realizzati tramite codice fornito da moduli per cui prima di poterne utilizzare uno il modulo che lo implementa deve essere caricato con l'uso della appropriata direttiva `moduleload`. Una volta che il modulo sia stato caricato le funzionalità devono essere esplicitamente attivate per ciascun *backend* o *database* attraverso la direttiva `overlay`. Questa è una direttiva che opera a livello di database, e dovrà essere specificata per ciascun database per cui si vuole utilizzare il relativo *overlay*. Pertanto se si vuole utilizzare l'*overlay* `unique` si dovranno specificare le direttive:

```
moduleload    unique
overlay       unique
```

nella sezione di un database.[35] Si tenga conto che il fatto che il modulo e l'*overlay* dell'esempio abbiano lo stesso nome è un caso specifico e non una regola generale.

Nome	Descrizione
accesslog	Consente di registrare tutti gli accessi ad un dato database su un altro database, in modo che sia possibile ottenerli da quest'ultimo attraverso richieste LDAP; in questo modo si possono revisionare col protocollo stesso le operazioni fatte su un albero (il meccanismo viene usato per la cosiddetta *delta replication*, vedi sez. 2.3.4).
auditlog	Consente di registrare su un file, in formato LDIF, le modifiche effettuate su un database annotando anche ora ed identità di chi li ha eseguiti.
chain	Consente di far seguire un *referral* direttamente al server a cui è stata effettuata la richiesta, per supportare i client difettosi che non sono in grado di farlo correttamente (fa parte del modulo `back_ldap`).
constraint	Consente di impostare dei vincoli sui valori che possono essere assegnati ad un attributo (ad esempio per forzare l'inserimento di valori corretti per codici postali, numeri telefonici, nomi a dominio, ecc.).
ppolicy	Implementa politiche di controllo di qualità sulle password degli utenti LDAP.
smbk5pwd	Consente di eseguire una sincronizzazione automatica degli attributi contenenti gli hash delle password per Samba e per Kerberos 5 quando viene eseguita una *LDAP Password Modify Extended Operation* (vedi sez. 3.3.3).
syncprov	Implementa il *provider* per una replicazione con `syncrepl` (vedi sez. 2.3.3).
unique	Consente di garantire l'unicità del valore di un attributo in un ramo di albero (ad esempio per richiedere che un attributo che identifica un utente sia unico).
valsort	Consente di richiedere uno specifico ordinamento dei valori di un attributo a valori multipli in risposta alle ricerche.

Tabella 2.25: Principali *overlay* disponibili per `slapd` (usabili come argomenti per la direttiva `overlay`).

La direttiva richiede come argomenti il nome dell'*overlay* che si vuole usare. In tab. 2.25 si è riportata una lista dei principali *overlay* disponibili, con una breve descrizione degli stessi, l'elenco completo può essere ottenuto consultando la relativa pagina di manuale, accessibile con `man slapd.overlays`; la documentazione dei singoli *overlay* è invece mantenuta in altrettante pagine di manuale, accessibili a loro volta con `man slapo-nomeoverlay`.

Una delle caratteristiche più interessanti degli *overlay* e che se ne possono utilizzare anche più di uno ripetendo la direttiva per ciascuno di essi; in questo caso gli *overlay* vengono *impilati*

---

[35]o, con la configurazione dinamica di sez. 2.1.3, creare un oggetto `olcOverlay` nel ramo di albero di `cn=config` relativo a quel database.

uno sull'altro nell'ordine in cui li si dichiarano, quindi verrà eseguito per primo quello dichiarato per ultimo. Il concetto è quello che ogni richiesta viene passata allo strato degli *overlay* prima di arrivare al database, il primo la riceve, la tratta e passa il risultato al successivo e via seguendo; le risposte fanno il percorso inverso. Questo consente di combinare fra loro le diverse funzionalità fornite dai singoli *overlay*.

Prima di esaminare alcuni degli *overlay* più rilevanti, conviene comunque illustrare una estensione molto utile nella gestione di un server LDAP, quella fornita dal *backend* `monitor`, che consente di ottenere informazioni per tenere sotto controllo il funzionamento del server. Trattandosi di un *backend* lo si può attivare, una volta caricato il modulo, con una direttiva `database`. Una possibile configurazione per il suo utilizzo è allora la seguente:

```
────────────────────────────── slapd.conf ──────────────────────────────
# enable monitoring
moduleload    back_monitor
database      monitor
access        to dn.subtree="cn=Monitor"
              by dn.exact="uid=Admin,dc=my,dc=org" write
              by users read
              by * none
```

dove si è anche aggiunta un esempio di ACL per restringere l'accesso alle informazioni agli utenti autenticati.

Una volta abilitato questo *backend* si potrà interrogare il server ed ottenere le informazioni che esso fornisce; queste sono raccolte in forma di voci un nuovo ramo di albero del server che comparirà al di sotto del suffisso `cn=Monitor`. Occorre però tenere presente che la gran parte dei dati sono mantenuti in attributi operativi forniti dal modulo, la cui visualizzazione viene abilitata nelle ricerche solo se richiesta esplicitamente o aggiungendo l'argomento "+". Pertanto si potrà ottenere l'elenco completo delle informazioni (posto che si abbia l'accesso in lettura), con un comando come:

```
ldapsearch -x -b "cn=Monitor" '*' +
```

La gerarchia al di sotto di `cn=Monitor` contiene le varie informazioni, i cui valori sono restituiti in attributi delle voci presenti che usano delle *objectclass* definite dal modulo stesso, a parte l'attributo ordinario `description`, che descrive le singole voci, i due attributi più comuni sono `monitoredInfo` che restituisce una stringa e `monitorCounter` che restituisce un valore numerico, ma ne esistono di altri specifici del tipo di informazione restituita. A titolo di esempio si potrà ottenere l'elenco dei backend attivi con:

```
# ldapsearch -x -LLL -b "cn=Backends,cn=Monitor" -s base monitoredInfo '*'
objectClass: monitorContainer
cn: Backends
description: This subsystem contains information about available backends.
monitoredInfo: config
monitoredInfo: ldif
monitoredInfo: mdb
monitoredInfo: monitor
```

od il numero di connessioni al server presenti con:

```
# ldapsearch -x -LLL -b "cn=Current,cn=Connections,cn=Monitor" -s base monitorCounter '*'
dn: cn=Current,cn=Connections,cn=Monitor
objectClass: monitorCounterObject
cn: Current
monitorCounter: 3
```

Un'altra estensione delle funzionalità del server utile a fini di controllo è quella fornita dall'*overlay* `auditlog`, che consente di registrare su un file, da indicare con la direttiva `auditlog`, tutte le operazioni di modifica effettuate sul server. Per abilitare questo *overlay* sarà allora sufficiente aggiungere al proprio file di configurazione una sezione del tipo:

```
──────────────────────────── slapd.conf ────────────────────────────
# enable auditlog
moduleload    auditlog
overlay       auditlog
auditlog      /var/log/ldapaudit.log
```

Si tenga presente che perché il server possa registrare le informazioni deve poter scrivere sul file indicato da `auditlog` o crearlo se non esiste, questo ad esempio non è vero nel caso dell'esempio (dato che un utente normale non ha il permesso di scrittura su `/var/log`), per cui in tal caso sarà necessario creare preventivamente il file e poi assegnarne poi la proprietà all'utente con cui si esegue `slapd`.

Con questo *overlay* diventa possibile eseguire la revisione degli accessi e delle modifiche fatte in tutti quei casi in cui sia necessario tracciare queste informazioni per le più varie ragioni, ad esempio per adempimenti normativi come quelli relativi alla registrazione degli accessi degli amministratori richiesti dalla legge sulla privacy italiana. Il formato tipico di una voce registrata sul file sarà qualcosa del tipo:

```
──────────────────────────── /var/log/ldapaudit.log ────────────────────────────
# delete 1541701776 dc=truelite,dc=it cn=admin,dc=truelite,dc=it IP=127.0.0.1:59122 conn=1000
dn: cn=prova,dc=truelite,dc=it
changetype: delete
# end delete 1541701776
```

dove, a parte il *change record* della modifica, troviamo nel commento iniziale l'orario della stessa (indicato in secondi dal primo gennaio 1970), il suffisso del database su cui si è operato, il DN che ha fatto l'operazione e l'IP di provenienza della connessione usata.

2.3 La replicazione

Affronteremo in questa sezione l'argomento della replicazione, che è una delle caratteristiche più interessanti di LDAP. La replicazione è il meccanismo che consente di distribuire su più server, mantenendole coerenti fra loro, le informazioni di un albero di dati LDAP. Esamineremo le varie modalità con cui la replicazione viene effettuata e le relative configurazioni.

2.3.1 Il meccanismo della replicazione

Una delle caratteristiche più interessanti di LDAP è la facilità con cui, grazie al supporto dei *referral* (vedi sez. 1.1.4) fornito dal protocollo stesso, è possibile creare e mantenere aggiornate automaticamente varie copie del database, così da poter distribuire le richieste o creare dei backup automaticamente. Questo viene realizzato attraverso una funzionalità che viene chiamata in modo generico *"replicazione"*, che consente di creare dei server secondari (i cosiddetti *slave*) che mantengono automaticamente le stesse informazioni presenti su un server primario (il cosiddetto *master*).

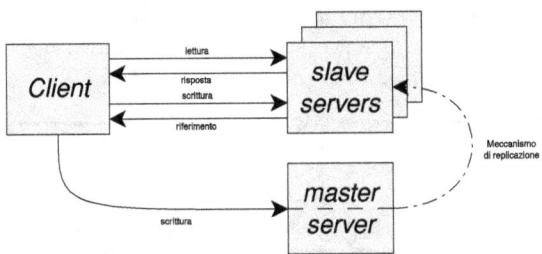

Figura 2.2: Il funzionamento della replicazione.

Il funzionamento generale della replicazione, sommariamente illustrato in fig. 2.2, prevede che quando un client effettua una richiesta per leggere dei dati di un albero tramite un secondario quest'ultimo risponda direttamente, quando invece si vogliono effettuare delle modifiche il secondario risponderà al programma che ha richiesto la modifica inviando un riferimento al server primario,[36] in modo che la richiesta possa essere fatta direttamente a lui. Se si è attivato un opportuno meccanismo di replicazione, una volta che il server primario ha effettuato la modifica, sarà compito di tale meccanismo far sì che i dati modificati vengano aggiornati sui vari secondari, attraverso i canali di comunicazione usati per la replicazione.

Una volta completato il ciclo di aggiornamento tutti i secondari avranno i dati coerenti fra loro e con il primario; si tenga presente però, come accennato in sez. 1.1.1, che il protocollo LDAP non esclude delle inconsistenze temporanee nei dati, e questo vale anche per differenze fra il primario ed i vari secondari, e anche di questi ultimi fra loro, dovute appunto al fatto che il meccanismo appena illustrato non dà nessuna garanzia sulla immediatezza della sincronizzazione dei dati.

Come per le modalità con cui vengono mantenuti i dati dell'albero, anche per il meccanismo della replicazione il protocollo LDAP non prevede una specifica modalità realizzativa, infatti tutto quello che serve è che i vari server gestiscano in maniera coerente i riferimenti e mantengano coordinate le informazioni. Esistono pertanto diverse implementazioni della replicazione, che tratteremo nelle prossime sezioni.

Infine, a partire dalla versione 2.4 di *OpenLDAP* viene supportata anche una diversa modalità di replicazione in cui non si ha più la restrizione di un singolo *master* che raccoglie e distribuisce tutte le modifiche agli *slave* come illustrato in fig. 2.2. La nuova modalità di replicazione, denominata *multi-master*, consente infatti ad ogni server di agire sia come *master*, eseguendo direttamente le richieste di modifica per poi trasmetterle agli altri server con gli opportuni meccanismi di sincronizzazione, sia come *slave* per ottenere le modifiche effettuate allo stesso modo dagli altri server.

---

[36]il meccanismo è sempre quello dei *referral* che abbiamo illustrato in fig. 1.4, in questo caso però i riferimenti vengono inviati solo, a cura del secondario, per le richieste di scrittura.

2.3.2 La replicazione con `slurpd`

Fino alla versione 2.3 di *OpenLDAP*, quando è stato introdotto il nuovo meccanismo denominato *syncrepl*, la replicazione veniva realizzata esclusivamente attraverso l'utilizzo sul server principale di un demone dedicato, `slurpd`, che si incaricava di inviare ai secondari le modifiche effettuate sulla copia principale dell'albero, secondo lo schema illustrato in fig. 2.3. A partire dalla versione 2.4 l'uso di `slurpd` non è più supportato ed occorre utilizzare obbligatoriamente *syncrepl*, che tratteremo in sez. 2.3.3; se non usate una versione obsoleta del server si consiglia di saltare questa sezione passando direttamente a quella.

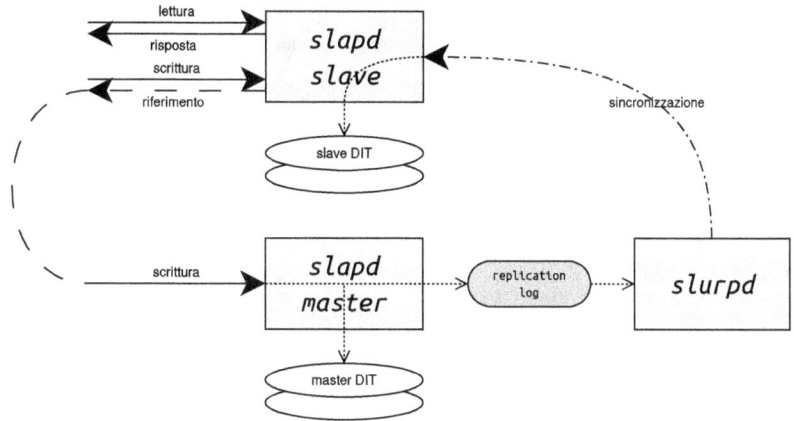

Figura 2.3: Il funzionamento della replicazione con `slurpd`.

Il funzionamento della replicazione con `slurpd` prevede che il demone rilevi le modifiche ai dati che vengono effettuate sul server principale leggendole su un apposito file, detto *giornale di replicazione*. Questo file viene opportunamente creato e mantenuto dal server `slapd` del *master*, che vi salva tutte le modifiche effettuate al database con la relativa marca temporale. Quando `slurpd` rileva nel *giornale di replicazione* delle modifiche non ancora applicate (usando la marca temporale) il programma crea un file di lock e le trascrive in una copia privata, e poi le invia ai secondari effettuando semplicemente delle richieste di scrittura LDAP, che in questo caso, essendo i secondari configurati per riconoscerle ed accettarle, verranno eseguite. Nel caso di Debian veniva usato il file `slurpd.replog`, mantenuto, come gli altri file usati da `slurpd`, sotto `/var/spool/slurpd/replica`.

L'opzione `-r` di `slurpd` permette di indicare manualmente un *giornale di replicazione* alternativo a quello di default (letto dalla configurazione), ed in genere la si usa insieme all'opzione `-o` che attiva la cosiddetta modalità *one-shot*, in cui il programma legge il file, applica le modifiche ed esce subito dopo. Questa è la modalità che si usa per eseguire manualmente (a demone fermo) eventuali modifiche rimaste bloccate per un qualche errore. Infine l'opzione `-d` attiva la modalità di debug; in questo caso il programma, a meno di non aver usato anche `-o` nel qual caso termina dopo aver eseguito le modifiche, resta agganciato al terminale e verranno stampate a video tutte le informazioni di controllo specificate dalla maschera binaria passata come parametro dell'opzione; per i valori di questo parametro si consulti la pagina di manuale, accessibile con `man slurpd`.

Come demone **slurpd** non ha un suo file di configurazione; per gestire la replicazione normalmente viene usato lo stesso **slapd.conf**, in cui devono essere presenti le apposite direttive di replicazione riassunte in tab. 2.26. Si tenga presente che queste direttive riguardano comunque anche il funzionamento del demone principale **slapd**. Con l'opzione -f comunque si può indicare al programma l'uso un file di configurazione alternativo.

Direttiva	Significato
replica	Definisce i parametri che indicano un server secondario da usare come replica.
replicationinterval	Indica l'intervallo in secondi usato da slurpd nel controllare la presenza di cambiamenti sul giornale di replicazione.
replogfile	Indica il file sul quale viene mantenuto il giornale di replicazione.
updatedn	Indica sul secondario quale DN è utilizzato per ricevere i dati di replicazione.
updateref	Indica sul secondario quale a quale server primario fare riferimento in caso di richieste di modifica.

Tabella 2.26: Le principali direttive usate per la replicazione con slurpd.

Il primo passo da fare per impostare una replicazione è di configurare il primario perché generi le informazioni ad essa necessarie, per questo c'è la direttiva **replogfile**, che permette di indicare un file sul quale sarà scritto il cosiddetto *giornale di replicazione* (o *replication logfile*). La direttiva richiede come parametro il nome del file che verrà scritto da **slapd**, e poi letto da **slurpd**.

La seconda direttiva necessaria sul primario è **replica**, che permette di specificare tutti i dati che indicano a **slurpd** verso chi inviare le informazioni di replicazione. La direttiva prevede l'indicazione di una serie di argomenti nella forma **nome=valore**, separati da spazi. Di questi l'unico obbligatorio è **uri** che serve ad indicare la URI del server secondario su cui verranno replicati i dati. Se si hanno più secondari basterà usare una diversa direttiva **replica** per ciascuno di essi.

Normalmente oltre alla URI del server deve essere anche specificato, con l'argomento **binddn**, l'utente con cui collegarsi sul secondario per scrivere i dati, con **bindmethod** il metodo di autenticazione, e con **credentials** il valore della password da usare. In generale questo utente dovrebbe essere diverso da quello di amministrazione del database, dato che un secondario può ospitare anche altri alberi; ma qualora il secondario sia semplicemente usato come replica del primario si può anche usare lo stesso utente. Un elenco degli altri principali argomenti della direttiva **replica** è illustrato in tab. 2.27.

Un possibile esempio delle direttive di configurazione da inserire su un server primario per la creazione di una replica di un albero è allora quello contenuto nel seguente estratto di **slapd.conf**:

```
─────────────────────────── slapd.conf ───────────────────────────
replogfile   /var/lib/ldap/replog

replica      uri=ldaps://slave.truelite.it:636
             binddn="cn=replicator,dc=truelite,dc=it"
             bindmethod=simple credentials=password_segretissima
```

Argomento	Significato
uri	Indica la URI del server secondario, con la stessa sintassi illustrata in tab. 1.1.
suffix	Indica quali sezioni dell'albero devono essere replicate, se non specificato è l'intero albero, altrimenti si possono indicare più sezioni attraverso il rispettivo DN.
binddn	Indica (come DN) l'utente con il quale effettuare il collegamento al server secondario; ci si accerti che questo abbia privilegi sufficienti per poter scrivere le relative informazioni.
bindmethod	Indica la modalità con cui effettuare il collegamento al server, può assumere i valori simple o sasl.
credentials	Indica la password dell'utente con cui effettuare il collegamento.
attr	Indica gli attributi da replicare.

Tabella 2.27: Principali argomenti della direttiva replica.

Nel caso di Debian una volta aggiunte dette istruzioni lo script di avvio del servizio resta /etc/init.d/slapd, che quando rileva la presenza di una direttiva replica nel file di configurazione si prende cura di lanciare nell'ordine corretto sia slapd che slurpd, che significa lanciare prima slapd e poi slurpd all'avvio e bloccare prima slurpd e poi slapd allo stop.

La configurazione dei secondari deve ovviamente indicare al demone slapd che gira su di essi il loro stato di *slave*, in modo che le richieste di modifica dei dati che dovessero pervenire per la parte di albero replicata vengano reinviate al primario, così che la propagazione delle stesse possa avvenire sempre in maniera unidirezionale dal primario al secondario. Questo viene eseguito con la direttiva **updateref** che prende come argomento la URL del primario che il secondario deve restituire alle richieste di scrittura.

Inoltre occorre segnalare a slapd il suo stato di secondario e quale utente è usato per ricevere i relativi dati; questo si fa tramite la direttiva **updatedn** che deve corrispondere esattamente all'utente specificato nella direttiva **replica** usata nel primario. Un esempio delle direttive da inserire nel file slapd.conf del secondario, corrispondenti alle precedenti viste per il primario, è allora il seguente:

```
———————————————————————— slapd.conf ————————————————————————
updatedn   cn=replicator,dc=truelite,dc=it
updateref  uri=ldaps://master.truelite.it:636
```

e si ricordi che l'utente qui specificato deve avere privilegi sufficienti a poter scrivere i dati.

Si tenga presente infine che se, come negli esempi, slurpd necessita di collegarsi via SSL ai vari secondari per la trasmissione delle modifiche, occorrerà anche aver definito in ldap.conf le opportune direttive illustrate in sez. 2.2.3. Si tenga inoltre presente che qualora si siano fatti degli errori o sia caduta la rete, per cui slurpd non riesce a contattare il server secondario, le modifiche fatte al primario restano comunque memorizzate nel giornale di replicazione, e verranno applicate automaticamente una volta ristabilita la connessione.

La caratteristica della replicazione effettuata con slurpd è che quest'ultimo trasmette solo le modifiche effettuate sul server primario, perché il meccanismo funzioni occorre allora che prima dell'avvio della replicazione il secondario sia sincronizzato col primario. Se si è configurato il sistema per eseguire la replicazione fin dall'inizio e si è creato il database da zero non ci sono problemi, altrimenti si avranno degli errori tutte le volte che `slurpd` si trova ad eseguire operazioni facenti riferimento a sezioni di albero, dati o attributi inesistenti sul secondario. In tal caso quello che accade è che `slurpd` genera dei file `.rej` contenenti le modifiche che sono state *rigettate*,[37] così che sia possibile effettuare un inserimento manuale una volta corrette le inconsistenze.

Quello della sincronizzazione iniziale è il maggior limite del meccanismo illustrato, infatti il caso più comune è quello in cui si vogliono replicare i dati di un server già presente. Questo vuol dire che prima di poter utilizzare il meccanismo occorrerà caricare sul secondario gli stessi dati del primario. L'operazione di per sé è relativamente semplice, in quanto basta fermare il primario, eseguire un dump dei dati con `slapcat` e caricare quest'ultimo sul secondario con `slapadd`. Dove possono sorgere problemi è quando si è eseguita una replica parziale, e ci si trova con delle inconsistenze di dati, pertanto anche la precedente operazione deve essere fatta con il primario fermo, in modo da essere sicuri che il secondario abbia gli stessi dati del primario.

Uno degli errori più comuni è quello in cui si vuole aggiungere un nuovo ramo dell'albero, e si crea detto ramo *prima* di aver impostato la sua replicazione. In tal caso quello che accade è che le successive immissioni dei dati falliranno, in quanto sul secondario non esiste la radice del nuovo ramo. Inoltre per il funzionamento è cruciale il corretto ordinamento delle operazioni ed il fatto che non si perda per troppo tempo la connessione fra i server, altrimenti le differenze possono crescere oltre il limite in cui `slurpd` è in grado di gestirle.

Inoltre tutte le volte che per un qualche motivo la sincronizzazione fallisce, le differenze devono essere riapplicate manualmente con la procedura descritta; in casi come questo diventa molto utile conoscere il formato dei dati del giornale di replicazione, e del file `replog.status` che viene utilizzato da `slurpd` per indicare lo stato delle operazioni di replicazione. Questo è sostanzialmente, a parte alcune estensioni, lo stesso formato adottato per i file usati con il comando `ldapadd` per eseguire modifiche ad un albero LDAP, ed è descritto in una specifica pagina di manuale, accessibile con `man slapd.replog`.

2.3.3   La replicazione con *syncrepl*

Date le molteplici problematiche nell'uso di `slurpd` a partire dalla versione 2.3 di *OpenLDAP* è stato introdotto un nuovo meccanismo per gestire la replicazione denominato *syncrepl*. Il meccanismo è basato sull'utilizzo di uno specifico protocollo di sincronizzazione,[38] denominato *LDAP Content Synchronization Protocol* e standardizzato nell'RFC 4533, che consente di estendere opportunamente le richieste di ricerche per farsi fornire i cambiamenti apportati o presenti su un ramo di albero, così da poter mantenere la propria copia in uno stato coerente, in maniera indipendente dalle differenze correnti al momento della sincronizzazione.

Questo protocollo consente in sostanza di effettuare delle ricerche specifiche che trasmettano soltanto le differenze presenti fra due versioni dello stesso albero, fornendo così una grande flessibilità nelle modalità con cui si può effettuare la replicazione,[39] compresa la possibilità di alternative al modello classico di un server *master* che pilota il contenuto di vari server

---

[37]sempre sotto `/var/spool/slurpd/replica`, almeno per Debian.

[38]il meccanismo è comunque realizzato in forma generica e può essere esteso ad altri protocolli qualora questi venissero ideati.

[39]si tratta comunque di ricerche LDAP, che supportano quindi l'indicazione di base, filtri, profondità, attributi da restituire, ecc. come illustrato in sez. 1.1.4.

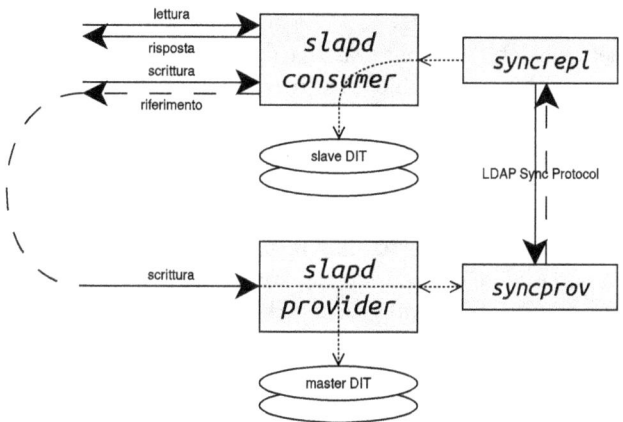

Figura 2.4: Il funzionamento della replicazione con *syncrepl*.

slave, con la possibilità di avere sistemi con più server *master* o server in cui i ruoli di *master* o *slave* vengono mescolati. Per questo motivo nella documentazione di *OpenLDAP* è stata introdotta una terminologia alternativa, in cui si indicano come *provider* i server che forniscono le informazioni di replicazione, mentre si chiamano *consumer* quelli che le ricevono, ed un server può agire sia da *consumer* verso un server, che da *provider* per un altro.

Il protocollo prevede che sia sempre il *consumer* a collegarsi al *provider* eseguendo poi la sincronizzazione secondo lo schema illustrato in fig. 2.4. Questo ha un preciso significato dal punto di vista dei protocolli di rete, e cioè che è il *consumer* che deve poter effettuare una connessione verso il *producer*, con la conseguenza che un eventuale firewall interposto fra i due server deve consentire questa comunicazione, cosa che può avere un impatto sulle politiche di gestione degli accessi ad una rete.[40]

Una volta effettuato il collegamento il *consumer* deve fornire nelle richieste un opportuno *cookie* di sincronizzazione che indica lo stato del suo database, basato sul cosiddetto *Change Sequence Number* o CSN (in sostanza una marca temporale che indica quando è stata fatta l'ultima sincronizzazione), in modo che il *provider* possa fornire tutte le modifiche effettuate in seguito. Il *provider* non tiene alcuna traccia dello stato di un *consumer*, è questi che deve poter ricostruire la replica ottenendo i dati con le opportune interrogazioni.

Se non viene inviato nessun *cookie* di sincronizzazione il *provider* invierà al *consumer* tutto il contenuto del database, cosa che può portare ad un carico molto pesante sul server in caso di database molto grandi. In tal caso è opportuno effettuare un dump completo e ripristinarlo come per `slurpd`, ma il vantaggio è che in questo caso lo si può fare senza spegnere il primario perché eventuali modifiche successive al dump verranno sincronizzate automaticamente.

É compito del *provider* mantenere le informazioni di sincronizzazione ed aggiornare il suo CSN ad ogni modifica eseguita sul database, in modo da poter determinare le informazioni da trasmettere ad un *consumer*; queste possono essere trasferite secondo due diverse modalità, usate

---

[40]in particolare, se il *producer* è su una rete privata interna, e deve essere contattato da un *consumer* posto su una rete esterna o su Internet, diventa necessario aprire un accesso esterno alla rete interna, che non è una buona pratica dal punto di vista della sicurezza.

alternativamente o insieme a seconda dei casi. La prima modalità è la cosiddetta *present phase* in cui prima si trasmettono integralmente tutti i dati attinenti il ramo di albero che si vuole replicare che sono stati modificati dall'ultima sincronizzazione e poi solo il DN e l'`entryUUID` di tutte le voci presenti, da cui il *consumer* può desumere quali sono quelle eventualmente cancellate. La seconda modalità è la cosiddetta *delete phase* in cui prima si trasmettono tutti i dati modificati come nella *present phase* ma poi si trasmettono solo il DN e l'`entryUUID` delle voci cancellate.

Ovviamente la *delete phase* comporta una minore trasmissione di dati, ma per eseguirla occorre che il *provider* possa identificare quali operazioni han portato una modifica di una voce che la sposti al di fuori del ramo di albero che il *consumer* vuole replicare, cosa che per il *consumer* si deve tradurre in una cancellazione. Per questo quale delle due fasi viene utilizzata dipende dal tipo di replicazione scelta e dalla presenza o meno dei dati necessari nel registro delle operazioni. Alla fine di ciascuna fase di sincronizzazione viene inviato al *consumer* anche il CSN corrente, così che in seguito questo possa riutilizzarlo.

Sono inoltre supportate due diverse modalità con cui il *consumer* può eseguire la sincronizzazione; la prima, denominata *refreshOnly*, prevede connessioni periodiche verso il *provider* per ottenere le differenze intercorse. La seconda, denominata *refreshAndPersist*, prevede che il *consumer* esegua una sincronizzazione iniziale restando connesso e che poi sia il *provider* ad inviare sulla connessione rimasta attiva le ulteriori modifiche quando queste vengono effettuate. Si usa in genere quest'ultima in quanto mantiene costantemente aggiornata la replica.

In entrambi i casi non è più necessaria la presenza di un demone esterno e tutte le operazioni vengono eseguite direttamente da `slapd`, che deve essere opportunamente configurato. Quanto necessario per utilizzare la replicazione sul *provider* viene realizzato con un apposito *overlay*, `syncprov`, il cui compito è fornire il supporto per l'uso dell'*LDAP Content Synchronization Protocol*. Questo *overlay* può essere usato in combinazione con un qualunque database che supporti l'uso degli attributi operativi `entryUUID` e `entryCSN`,[41] che sono quelli consentono rispettivamente di identificare in maniera univoca ogni voce e di tener conto di quando è stata modificata.

Inoltre siccome tutte le ricerche utilizzate nel protocollo di sincronizzazione fanno ampio uso dei dati memorizzati nei due attributi citati, per avere buone prestazioni è sempre opportuno eseguire una indicizzazione di questi attributi, aggiungendo alle direttive di configurazione del database su cui si vuole utilizzare *syncrepl* una riga del tipo:

```
index entryCSN,entryUUID eq
```

L'*overlay* `syncprov` mantiene inoltre un'ulteriore attributo speciale, il `contextCSN`,[42] aggiunto alla radice del database, che indica lo stato attuale dell'albero (in sostanza il valore corrente del CSN) e consente di tracciare le differenze introdotte e replicare solo le modifiche effettuate successivamente al valore indicato dal *consumer*. Questo comporta che occorre stare molto attenti a non creare manualmente sulla replica un database iniziale, dal quale poi far partire la replicazione, con un valore già assegnato per questo attributo. Infatti se detto valore risultasse successivo a quello dell'`entryCSN` di una voce presente sul *provider*, questa non verrebbe presa in considerazione in quanto classificata come già presente, e non sarebbe replicata.

---

[41]sia `hdb` che `mdb` li supportano, il loro uso viene abilitato con l'uso della direttiva `lastmod on` ma in genere non è necessaria una configurazione esplicita dato che questo è il valore di default.

[42]si tenga presente che è un attributo operativo, per cui non viene riportato nelle interrogazioni ordinarie.

Direttiva	Significato
syncprov-checkpoint	Configura i salvataggi periodici delle informazioni di modifica del database; richiede due argomenti numerici indicanti rispettivamente ogni quante operazioni ed ogni quanti minuti operare il salvataggio (se non specificata non viene effettuato nessun salvataggio periodico).
syncprov-sessionlog	Indica la lunghezza del registro delle operazioni di scrittura da mantenere in memoria; richiede come argomento il numero di operazioni.
syncprov-nopresent	Valore logico che indica di saltare la *present phase*, il default è FALSE, ma in caso di *delta replication* (vedi sez. 2.3.4) deve essere impostato a TRUE.
syncprov-reloadhint	Specifica che deve essere onorato il flag di *reloadHint* nel protocollo di sincronizzazione, il default è FALSE, ma in caso di *delta replication* (vedi sez. 2.3.4) deve essere impostato a TRUE.

Tabella 2.28: Le direttive utilizzabili con l'*overlay* syncprov.

Per evitare operazioni aggiuntive su disco (in particolare il blocco sul database di *backend* necessario per un aggiornamento affidabile) questo attributo viene letto all'avvio di slapd e mantenuto in memoria. Di default il valore viene aggiornato solo alla chiusura del server, ma l'uso della direttiva syncprov-checkpoint consente di richiedere salvataggi periodici dello stato; la sua sintassi, come quella delle altre principali direttive fornite dall'*overlay* syncprov sono riassunte in tab. 2.28.[43]

Riassumendo, per configurare una istanza di slapd per fare da *provider* ed agire come *master* per la replicazione occorrerà anzitutto richiedere il caricamento del modulo per l'*overlay* syncprov nella sezione generale del file di configurazione, e poi abilitarne l'uso e configurarlo per i vari database di cui si vuole effettuare la replicazione.

In sostanza la configurazione dal lato del *provider* dovrà contenere delle direttive analoghe alle seguenti dove si sono aggiunte anche le direttive per usare un utente dedicato alla replicazione, fornendogli i privilegi necessari allo scopo, cioè una capacità di accesso completo e senza limiti in lettura:

```
━━━━━━━━━━━━━━━━━━━━━ slapd.conf ━━━━━━━━━━━━━━━━━━━━
...
## directives added to master for replication in the general section
moduleload    syncprov
...
## provider DB (a standard configuration)
database      mdb
suffix        "dc=truelite,dc=it"
lastmod       on
...
## directives added to master for replication in the database section
index         entryCSN,entryUUID  eq
overlay       syncprov
syncprov-checkpoint           100  10
syncprov-sessionlog           100
# give access rights to replicator user
```

---

[43]in questo caso gli attributi per la configurazione con cn=config seguono le regole di denominazione indicate in sez. 2.1.3 solo per la parte dopo il "-", e prendono come suffisso olcSp (quindi olcSpCheckPoint, ecc.).

```
access      to *
            by dn.exact="cn=replicator,dc=truelite,dc=it" read
            by * break
limits      dn.exact="cn=replicator,dc=truelite,dc=it" time.soft=unlimited
            time.hard=unlimited size.soft=unlimited size.hard=unlimited
# WARNING: it's mandatory to put all other stardard access configurations
# below the previous one for the replicator user
...
```

Per la configurazione di un server secondario come *consumer* invece non serve nessun *overlay* ma la funzionalità viene gestita direttamente da `slapd` tramite la direttiva `syncrepl`, da dichiarare per ogni database che si vuole gestire come replica. La direttiva è simile alla analoga `replica` usata con `slurpd`, e prevede l'uso di una serie di argomenti da indicare nella stessa forma `nome=valore`, alcuni dei quali sono identici ed hanno lo stesso significato di quelli usati per `replica`.

In tab. 2.29 si sono riportati gli argomenti principali, ma la direttiva è complessa, in quanto consente di eseguire la replicazione in modalità diverse con configurazioni molto sofisticate (su cui torneremo in sez. 2.3.4) per cui vedremo in questa sezione soltanto quelli relativi ad una configurazione di base in cui la si utilizza per mantenere sincronizzato un albero su un server secondario, in maniera analoga a come si fa con `slurpd`.

Qualunque sia la modalità di replicazione che si vuole attivare, è comunque necessario fornire a `syncrepl` alcuni argomenti obbligatori (quelli della prima parte di tab. 2.29); il primo di questi è `rid`, un identificatore di tre cifre decimali che deve essere associato a ciascuna dichiarazione della direttiva. Si può scegliere un valore qualsiasi, purché univoco, in modo da distinguere, qualora come possibile se ne usi più di una, le diverse istanze della replicazione.

L'argomento `provider` deve invece indicare, nella forma di una URI di LDAP (la stessa usata per la direttiva `URI` di `ldap.conf`) quale è il server che deve essere usato come *provider*. Se necessario, ed in genere lo è sempre, si dovranno poi specificare con `binddn`, `bindmethod` e `credentials` le modalità con cui ci si dovrà collegare a quest'ultimo. Si ricordi infatti che la replicazione con *syncrepl* avviene nella forma di una interrogazione LDAP, e dato che sarà necessario accedere a tutti i dati del server che fa da *provider* occorrerà utilizzare per l'accesso un utente dello stesso che abbia sufficienti privilegi di accesso (la lettura) per tutto quanto si vuole replicare.

Il terzo argomento necessario è `searchbase` che indica la base delle richieste dei dati che verranno effettuate sul *provider*, a questo si possono aggiungere come ulteriori parametri per la ricerca gli argomenti `scope`, `filter`, `attrs`, che indicano rispettivamente la profondità della ricerca, un eventuale filtro (con la sintassi vista in sez. 1.2.2) e la lista, separata da virgole, degli attributi di cui è richiesta la replicazione. Questi parametri possono non essere specificati, nel qual caso varranno i valori di default, che comportano una ricerca generica su tutto l'albero al di sotto di `searchbase` per la replicazione di qualunque attributo.

Inoltre è sempre opportuno specificare le modalità con cui effettuare la replicazione tramite l'argomento `type`; questo può assumere uno dei due valori `refreshOnly` e `refreshAndPersist`, nel primo caso è compito del *consumer* ricontattare il *provider* ad intervalli regolari per farsi

---

[44]essendo possibili replicazioni *multi-master* si possono avere nella stessa configurazione più istanze della direttiva `syncrepl` per tutti quei casi in cui il *consumer* ottiene i dati da più *provider*: ciascuna di queste deve avere un diverso `rid`.

Argomento	Significato
rid	Indica il numero identificativo (composto da tre cifre decimali) associato all'istanza di replicazione; deve essere specificato ad un valore diverso per ogni utilizzo della direttiva syncrepl.[44]
provider	Indica la URI del *provider*, con la stessa sintassi illustrata in tab. 1.1; deve essere sempre specificato.
searchbase	Indica la base della sezione di albero che si vuole replicare (è la base delle ricerche usate per il protocollo di sincronizzazione); deve essere sempre specificato.
type	Indica la modalità di sincronizzazione da usare: può assumere solo i due valori: refreshOnly o refreshAndPersist.
retry	Controlla i tentativi di riconnessione da eseguire quando la replicazione fallisce; prevede almeno una coppia di argomenti numerici indicanti rispettivamente l'intervallo fra un tentativo e l'altro (in secondi) ed il numero di ripetizioni (il carattere + indica un numero infinito), possono essere indicate più coppie di valori (in genere con intervalli crescenti) per specificare come continuare le riconnessioni una volta esauriti i tentativi indicati in una coppia precedente (il default è ripetere indefinitamente le riconnessioni ogni ora).
keepalive	Indica di mantenere attiva la connessione al *provider* con dei pacchetti di controllo; prende tre valori separati da ":" indicanti nell'ordine: ogni quanti secondi in assenza di traffico deve essere inviato i pacchetti di controllo, quante volte deve reinviati i pacchetti in caso di assenza di risposte prima di chiudere la connessione, e l'intervallo in secondi fra ciascuno di essi.
attrs	Indica gli attributi da replicare, se non indicato verranno presi tutti gli attributi definiti (il valore di default è "*,+" che indica sia gli attributi ordinari che quelli interni).
filter	Un eventuale filtro di ricerca per selezionare quali dati si vogliono replicare, il default è (objectclass=*) per indicare una ricerca generica.
scope	Indica la profondità della ricerca, il default è sub.
schemachecking	Indica se è attivo il controllo di consistenza dei dati, di default è off dato che in caso di replicazione parziale si possono avere inconsistenze temporanee negli attributi.
binddn	Indica (come DN) l'utente con il quale effettuare il collegamento al *producer*; ci si accerti che questo abbia privilegi sufficienti per poter ottenere i dati.
bindmethod	Indica la modalità con cui effettuare il collegamento al *producer*, può assumere i valori simple o sasl.
credentials	Indica la password dell'utente con cui effettuare il collegamento.
syncdata	Indica la modalità di sincronizzazione dei dati, viene usata solo in caso di *delta replication* (vedi sez. 2.3.4) con il valore accesslog.
logbase	Indica, quando si usa la *delta replication*, la base di ricerca da cui ottenere la lista delle modifiche.
logfilter	Indica, quando si usa la *delta replication*, il filtro di ricerca per il database da cui ottenere la lista delle modifiche.

Tabella 2.29: Principali argomenti della direttiva syncrepl.

consegnare gli aggiornamenti (il default è un giorno ma può essere modificato con l'argomento interval), nel secondo caso una volta stabilita la connessione iniziale da parte del *consumer* è compito del *provider* fornire i successivi aggiornamenti.

Si tenga presente infine che senza opportuna configurazione la trasmissione dei dati avviene in chiaro, cosa che costituisce un serio problema di sicurezza; pertanto occorre sempre configurare l'uso di una connessione cifrata con SSL. Questo nelle versioni più recenti del server (nelle precedenti venivano usati i valori in ldap.conf) richiede che vengano specificati esplicitamente i parametri di configurazione per la connessione cifrata con altrettanti argomenti di *syncrepl*, elencati in tab. 2.30, che ricalcano gli omonimi di `ldap.conf` visti in sez. 2.2.3.

Argomento	Significato
tls_cert	Analogo di TLS_CERT, indica il file che contiene il certificato.
tls_key	Analogo di TLS_KEY, indica il file che contiene la chiave.
tls_cacert	Analogo di TLS_CACERT, indica il file che contiene il certificato della CA.
tls_reqcert	Analogo di TLS_REQCERT, indica il livello di controllo che si richiede per i certificati, usa i valori di tab. 2.23.

Tabella 2.30: Argomenti per SSL della direttiva `syncrepl`.

Pertanto un esempio di una possibile configurazione di `slapd` per effettuare la replicazione sul server secondario (cioè sul *consumer*) facendo riferimento al *provider* configurato in precedenza, potrebbe essere la seguente:[45]

```
───────────────────────────── slapd.conf ─────────────────────────────
...
## consumer DB (the standard configuration as in the provider)
database    mdb
suffix      "dc=truelite,dc=it"
lastmod     on
...
## directives added for replication in the slave
rootdn      cn=admin_cons,dc=truelite,dc=it
index       entryCSN,entryUUID eq

syncrepl    rid=123
            provider=ldaps://master.truelite.it
            type=refreshAndPersist
            searchbase="dc=truelite,dc=it"
            retry="60 10 300 3 3600 +"
            schemachecking=off
            bindmethod=simple
            binddn="cn=replicator,dc=truelite,dc=it"
            credentials=password_del_replicator
            tls_cacert=/etc/ssl/certs/ca-cert.pem
            tls_reqcert=never
```

Come accennato la direttiva `syncrepl` consente anche delle repliche parziali, sia limitando oggetti che si vogliono replicare usando `filter` e `scope`, che selezionando gli attributi con `attrs`. Quello che invece non è immediato ottenere è la replicazione di rami distinti di un albero, in quanto la direttiva `searchbase` può essere usata una sola volta. Si potrebbe pensare di ottenere il risultato usando istanze multiple della direttiva per ciascun ramo di albero che si

---

[45]si tenga presente che in realtà non è necessario usare esattamente la stessa configurazione o lo stesso tipo di database del *provider* come nell'esempio; il secondario può essere gestito in maniera diversa, in termini di tipo di database, indicizzazione e controllo degli accessi, è necessario però che su di esso siano presenti tutti gli *schema* presenti sul primario.

vuole replicare, ma neanche questo funziona in quanto un *consumer* può effettuare una sola sessione di replicazione nei confronti dello stesso *provider*.[46]

In questo caso possono venire in aiuto i filtri estesi (visti in sez. 1.2.2) applicati al *Distinguished Name*, usando l'attributo speciale `entryDN` con la regola di corrispondenza `dnSubtreeMatch`, pertanto se si vogliono replicare solo due sezioni e non l'intero albero, si potrà modificare la precedente configurazione di `syncrepl` in qualcosa del tipo:

```
———————————————————————————————— slapd.conf ————————————————————————————————
syncrepl    rid=123
            provider=ldaps://master.truelite.it
            type=refreshAndPersist
            searchbase="dc=truelite,dc=it"
            retry="60 10 300 3 3600 +"
            filter="(|(entryDN:dnSubtreeMatch:=ou=People,dc=truelite,dc=it)
              (entryDN:dnSubtreeMatch:=ou=group,dc=truelite,dc=it))"
            scope=sub
            schemachecking=off
            bindmethod=simple
            binddn="cn=replicator,dc=truelite,dc=it"
            credentials=password_del_replicator
            tls_cacert=/etc/ssl/certs/ca-cert.pem
            tls_reqcert=never
```

Infine si tenga presente che un database replicato è, come naturale, accessibile in sola lettura, per questo motivo ogni tentativo di scrittura normalmente viene rifiutato, si può però indicare al server di fornire un *referral* al master utilizzando la direttiva `updateref` già vista in sez. 2.3.2. In questo caso non si deve impostare `updatedn`, mentre `updateref` deve essere inserita *dopo* la direttiva `syncrepl` per indicare come raggiungere il master, cioè con qualcosa del tipo:

```
———————————————————————————————— slapd.conf ————————————————————————————————
syncrepl    rid=123
            provider=ldaps://master.truelite.it
            ...

updateref   ldaps://master.truelite.it
```

2.3.4 Utilizzo avanzato di *syncrepl*

Nella precedente sezione abbiamo esaminato l'uso più elementare del meccanismo di *syncrepl* per realizzare una replicazione dei dati di un albero LDAP, in cui il *consumer* si collega al *provider*. Benché questa replicazione possa essere effettuata sia nelle due modalità *refreshOnly* e *refreshAndPersist*, in entrambi i casi deve comunque essere il server che fa da *consumer* a contattare inizialmente il server che fa da *provider*. Come accennato questo comporta un problema quando fra i due server è presente un firewall che non consente questo tipo di connessioni, come può avvenire quando il *consumer* è su una rete esterna ed il *provider* su una rete interna.

---

[46]questo perché come accennato alla fine di ogni replicazione viene aggiornato il valore del `contextCSN` che è unico per ogni *provider*, per cui una seconda richiesta allo stesso *provider* troverebbe un valore già aggiornato e non verrebbe eseguita.

Con la replicazione classica effettuata con `slurpd` questo problema non sussisteva in quanto era comunque il server *master* a contattare lo *slave* inviando i relativi cambiamenti, ma con l'uso di *syncrepl* appena illustrato questo non avviene e ci si trova nella necessità, in caso di presenza di un firewall di protezione, di dover aprire un accesso dall'esterno all'interno, cosa che non è detto sia sempre compatibile con le politiche di sicurezza.

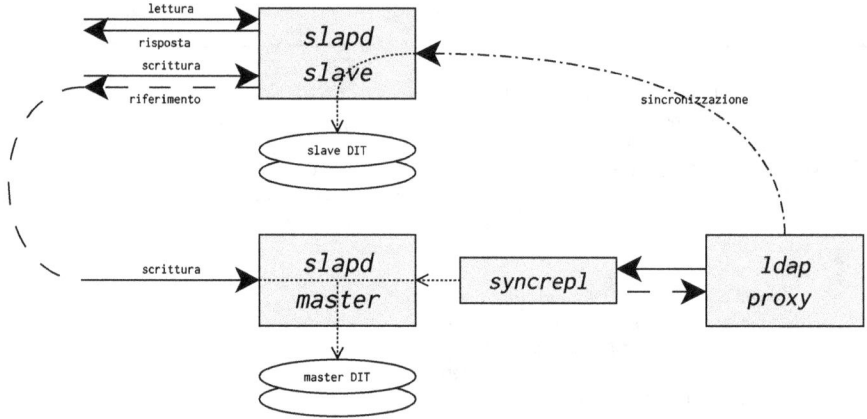

Figura 2.5: Il funzionamento della *proxy replication*.

Dato che a partire dalla versione 2.4 di *OpenLDAP* il supporto per `slurpd` è stato eliminato, per ovviare a questo problema è possibile utilizzare una diversa configurazione per la replicazione, con la cosiddetta *proxy replication*, in cui la trasmissione dei dati avviene sempre a partire da connessioni originanti dal server che fa da *master*.

Il risultato può essere ottenuto utilizzando sul server che fa da *master* una seconda istanza dell'albero dei dati che si appoggi però al *backend* `ldap` che agirà da *proxy* per la replicazione. Sarà questa seconda istanza ad agire come *consumer* rispetto all'istanza principale ottenendo gli aggiornamenti tramite *syncrepl*; questi poi verranno inviati al server *slave* secondo lo schema illustrato in fig. 2.5 utilizzando le funzionalità fornite dal *backend* `ldap`.

Direttiva	Significato
`uri`	Indica per quale server LDAP agire da proxy, e possono esserne specificati anche più di uno (con la stessa sintassi usata per `ldap.conf`) nel qual caso verrà usato il primo che risponde.
`acl-bind`	Indica come collegarsi sul server remoto per ottenere dallo stesso le informazioni relative ai criteri di accesso per poterli applicare alle connessioni dei client e per eseguire le operazioni fatte per conto del `rootdn` che si è configurato su un database che usa questo *backend*, la direttiva prende argomenti analoghi a quelli usati da `syncrepl` per gestire il collegamento verso un *provider* (`binddn`, `bindmethod`, `credentials` e quelli di tab. 2.30), il default è eseguire una connessione anonima.

Tabella 2.31: Direttive fondamentali del *backend* `ldap`.

Il *backend* `ldap` infatti nasce per effettuare un servizio di *proxy* che consente di reinoltrare tutte le richieste ad un altro server, e di seguire automaticamente i *referral* restituendo ai client solo il risultato finale, supportando così anche i client che non sono capaci di farlo.

Nel caso della *proxy replication* in realtà servono solo un sottoinsieme delle funzionalità, in quanto lo scopo è solo quello di eseguire su di esso la direttiva `syncrepl`, e far sì che le modifiche che questa riporta per mantenere la replicazione siano poi passate al server remoto. In tab. 2.31 si sono riassunte le direttive fondamentali per questo *backend*, quelle che possono essere usate anche per l'ordinario uso come *proxy*, per tutti i dettagli ulteriori si rimanda alla documentazione del *backend*, ottenibile con `man slapd-ldap`.

In questo caso primo passo è quello di abilitare sul server *master* sia il modulo di gestione di *syncrepl* che quello del *backend* LDAP che utilizzeremo per fare da *proxy*, aggiungendo la direttiva `moduleload back_ldap` alla sezione generale del server *master*. Il secondo passo è definire un secondo database che usi il *backend* `ldap` per fare da *proxy*. Questo database dovrà avere lo stesso suffisso usato per il database effettivo, per questo sarà necessario nasconderlo con la direttiva `hidden on` in modo che non venga preso in considerazione per le richieste e non ci sia un conflitto, e se ne bloccheranno tutti gli accessi con la direttiva `restrict all`.

Inoltre occorrerà configurare esplicitamente `lastmod on` in quando per il *backend* `ldap` il default è `off` per evitare che nell'uso ordinario vengano effettuate per sbaglio modifiche agli attributi operativi del server di cui si sta facendo da *proxy*; nel caso della replicazione però queste modifiche sono volute, da cui la necessità di attivare la direttiva.

Si dovrà poi configurare l'accesso allo *slave*: questo deve essere indicato con la direttiva `uri`, mentre con `acl-bind` si indicheranno le modalità di accesso, in maniera analoga a come le si indicano con `syncrepl`. In questo caso si deve utilizzare un utente sullo *slave* che abbia la capacità di modificare i dati, indicato sullo stesso con la direttiva `updatedn` (per semplificare negli esempi si è usato l'utente di amministrazione, ma se ne può creare uno ad hoc, che però deve avere accesso completo in scrittura).

Occorrerà infine configurare il database `ldap` come *consumer* per la replicazione con la direttiva `syncrepl`, in maniera analoga a come si è fatto in sez. 2.3.3 con un server *slave* distinto, facendolo puntare all'istanza principale; inoltre siccome quando si usa *syncrepl* su un database è obbligatorio che per lo stesso sia presente un `rootdn`, se ne dovrà definire comunque uno, anche se non verrà utilizzato. In definitiva le direttive da inserire nella configurazione del `master` per ottenere tutto ciò sono le seguenti:

```
━━━━━━━━━━━━━━━━━━━━━━━ slapd.conf ━━━━━━━━━━━━━━━━━━━━━━━
...
## directives added to master in the general section for proxy replication
moduleload    syncprov
moduleload    back_ldap
...
## provider DB (a standard configuration)
database      mdb
suffix        "dc=truelite,dc=it"
lastmod       on
...
## directives added to master for proxy replication
database      ldap
lastmod       on
suffix        "dc=truelite,dc=it"
rootdn        "cn=unused_what_you_want"
# need to be hidden, to avoid conflict with the master db
```

```
hidden       on
# no need for any access to this db
restrict     all

# how to access to slave (where we proxy things)
# here must use slave user/base/credentials
uri          ldaps://slave.truelite.it
acl-bind     bindmethod=simple
             binddn="cn=admin,dc=truelite,dc=it"
             credentials=slave_admin_secret
             tls_reqcert=never

# how we get thing from the syncrepl overlay
# here must use master user/base/credentials
overlay      syncprov
syncrepl     rid=001
             provider=ldap://127.0.0.1
             type=refreshAndPersist
             searchbase="dc=truelite,dc=it"
             retry="5 5 300 5"
             bindmethod=simple
             binddn="cn=replicator,dc=truelite,dc=it"
             credentials=master_replicator_secret
```

Fatto questo sarà sufficiente rendere edotto il server *slave* di comportarsi come replica; in questo caso infatti non è lui a dover fare da *consumer* ma l'istanza di *proxy* che gira sul server *master* e che gli invia le modifiche. Pertanto, dato che le operazioni svolte su di esso sono sostanzialmente le stesse, si dovrà indicare con updatedn l'utente da usare per eseguire le operazioni di sincronizzazione del database come si faceva con slurpd. Riassumendo sul server *slave* sarà sufficiente aggiungere ad una configurazione che riprenda quella del database del *master*, le direttive:

```
━━━━━━━━━━━━━━━━━━━━━━━━━ slapd.conf ━━━━━━━━━━━━━━━━━━━━━━━━━
...
## consumer DB (the same standard configuration as in the provider)
database     mdb
suffix       "dc=truelite,dc=it"
lastmod      on
...
## added because we are a replica
updatedn     cn=admin,dc=truelite,dc=it
updateref    uri=ldaps://master.truelite.it
```

Si tenga presente però che l'uso della *proxy replication*, se da una parte risolve il problema di inviare i dati a partire dal *master*, dall'altra perde il vantaggio della garanzia del mantenimento automatico della coerenza dei dati sullo *slave* che si aveva quando *syncrepl* viene eseguita dallo stesso.

In questo caso infatti è l'istanza del *proxy* che gira sul *master* ad accorgersi dei cambiamenti e a spingerli sullo *slave*, essa però non ha modo di sapere se quest'ultimo per un qualche motivo (perdita di dati, cancellazione accidentale sullo *slave*, modifiche effettuate sullo *slave*, inserimento successivo di nuove nuovi sezioni di albero da replicare nella configurazione del *master*, ecc.) non è più sincronizzato, in quanto il controllo viene effettuato solo sulla base del valore del `contextCSN` presente sullo *slave*, e se questo è già coincidente con quello del *master* le differenze non vengono più reinviate.

Questo comporta alcune conseguenze, ad esempio si effettua una replica parziale, ed in un secondo tempo si decide di aggiungere altri dati (ad esempio un altro ramo di albero), essendo il `contextCSN` sullo slave aggiornato dalla replica iniziale, i dati aggiuntivi che si vorrebbero replicare non saranno inviati. Allo stesso modo se per un qualche motivo lo *slave* perde dei dati questi non saranno ritrasmessi e se il relativo database diventa inconsistente l'intera replicazione potrebbe fermarsi.

Per ovviare a questo tipo di problemi la soluzione più semplice, anche se costosa in termini di disservizio, è quella di riportare il database dello *slave* al contenuto iniziale con soltanto la radice e l'utente usato per gestire la replicazione (quello indicato da `updatedn`) cancellando al contempo l'attributo `contextCSN`; in questo modo la replicazione verrà rieseguita da capo.

Uno dei problemi che si presentano con la replicazione ordinaria di *syncrepl* è che tutte le volte che si modifica un attributo di un oggetto su un *producer*, questo viene ritrasmesso integralmente verso il *consumer*, e se si cambiano anche in maniera minima gli attributi di molti oggetti si può avere una ritrasmissione quasi completa di tutto il database. Dato che in alcuni casi questo può comportare un uso eccessivo di risorse, è possibile utilizzare la cosiddetta *delta replication* per trasmettere soltanto i cambiamenti eseguiti.

Direttiva	Significato
logdb	Indica il suffisso del database da usare per registrare i dati degli accessi, che deve essere definito in un altra sezione della configurazione, la voce relativa a questo suffisso verrà creata automaticamente dall'*overlay* e le voci verranno inserite direttamente al di sotto della stessa.
logops	Indica quali operazioni devono essere registrate nel database degli accessi, prende una lista di identificativi separati da spazi (`add`, `bind`, `compare`, `delete`, `extended`, `modify`, `modrdn`, `search`, e `unbind`) ma si usano di solito le abbreviazioni che indicano i gruppi di operazioni più significativi: `write`, `read`, `session` e `all`, il cui significato è autoesplicativo.
logpurge	Prende due argomenti che indicano quanto storico conservare nel database degli accessi (nel primo argomento) ed ogni quanto eseguire il controllo della scadenza (nel secondo argomento); entrambi gli argomenti prendono una indicazione di un tempo nel formato `[ddd+]hh:mm[:ss]` (con giorni e secondi opzionali, ed ore (eventualmente nulle) e minuti obbligatori).
logsuccess	Prende un valore logico (`TRUE` o `FALSE`) che indica se registrare solo le operazioni che hanno avuto successo o tutte quante.

Tabella 2.32: Direttive fondamentali dell'*overlay* `accesslog`.

La *delta replication* si appoggia all'uso dell'*overlay* `accesslog`, che consente di registrare tutti gli accessi effettuati ad un database LDAP su un altro database LDAP, in modo da poterli riottenere (a differenza di quanto avviene con `auditlog`) con delle *query* LDAP. L'*overlay* utilizza un apposito *schema* interno per le informazioni, che viene caricato automaticamente quando lo si attiva. L'*overlay* supporta anche un controllo dettagliato di quali operazioni registrare e di quale storico delle stesse mantenere; si sono riportate le principali direttive in tab. 2.32, l'elenco completo, con la documentazione dello schema dei dati usato dall'*overlay*, è illustrato nella pagina di manuale, accessibile con `man slapo-accesslog`.

Per poter usare queste informazioni nella replicazione occorre anzitutto abilitare l'*overlay*, caricando il relativo modulo, e configurare un database dove registrare i dati (cui dare accesso all'utente usato per la replicazione), si dovrà poi configurare il database da replicare per far sì che i relativi accessi vengano registrati su questo database aggiuntivo.

Questo significa che anzitutto si dovrà richiede il caricamento dei moduli necessari con `moduleload` per `syncrepl` e `accesslog` nella sezione generale della configurazione del server *master*. Ad esso poi si dovrà aggiungere una sezione separata per la configurazione del database su cui verranno registrati i dati di *accesslog* con qualcosa del tipo:

```
─────────────────────── slapd.conf ───────────────────────
## directives added to master for delta replication
# define a new database to store accesslog
database     mdb
suffix       cn=accesslogdn
rootdn       cn=accesslogdn
overlay      syncprov
syncprov-nopresent    TRUE
syncprov-reloadhint   TRUE
```

Questa sezione può essere inserita in qualunque punto (sia prima che dopo quella del database principale), e pure per questo nuovo database deve essere abilitato l'*overlay* `syncprov` essendo anche questo un *provider* per i dati di replicazione; per la *delta replication* però occorre disabilitare la *present phase* ed inoltre è necessario anche forzare `syncprov-reloadhint` a TRUE.

Infine si dovrà usare l'*overlay* `accesslog` sull'istanza principale, indicando con `logbase` il suffisso del nuovo database usato nella configurazione precedente, chiedendo la registrazione delle operazioni di scrittura con `logops write` e scartando quelle fallite (che non essendo state effettuate non servono per la replicazione) con `logsuccess TRUE`. Infine si dovrà definire una adeguata politica di cancellazione dei dati più vecchi con `logpurge`.

In definitiva le direttive da inserire nella configurazione del *provider* per la *delta replication* sono le seguenti dove si sono aggiunte, sul database dedicato alla registrazione dei log, gli opportuni indici utili per la replicazione:

```
─────────────────────── slapd.conf ───────────────────────
...
## directives added to master in the general section for delta replication
moduleload    syncprov
moduleload    accesslog
...
## provider DB (a standard configuration)
database     mdb
suffix       "dc=truelite,dc=it"
...
## directives added to master in main DB for proxy replication
overlay      accesslog
logdb        "cn=accesslogdn"
logops       writes
logsuccess   TRUE
logpurge     2+00:00 1+00:00
...
```

```
## new DB added to master for accesslog data
database        mdb
suffix          cn=accesslogdn
rootdn          cn=accesslogdn
overlay         syncprov
index           default eq
index           entryCSN,objectClass,reqEnd,reqResult,reqStart,reqDN
syncprov-nopresent  TRUE
syncprov-reloadhint TRUE
```

Una volta che si sia abilitata la registrazione delle operazioni sul *provider* la configurazione di un *consumer* è sostanzialmente analoga a quella già vista in sez. 2.3.3, ma occorrerà indicare nella direttiva **syncrepl** che si vuole ricorrere all'uso delle informazioni registrate con **accesslog**, utilizzando gli opportuni argomenti riportati nella terza sezione di tab. 2.29.

L'uso della *delta replication* è controllato dall'argomento **syncdata**, che nella replicazione ordinaria non viene indicato (ed assume **default** come valore predefinito), per attivarla occorrerà usare invece il valore **accesslog**,[47] che indica che si vuole fare ricorso alla registrazione delle singole modifiche disponibili sul *provider*. Occorrerà poi indicare con l'argomento **logbase** il *Distinguished Name* usato dal database su cui le informazioni sono registrate e **logfilter** il filtro di ricerca per ottenere le stesse. In definitiva le direttive da inserire nella configurazione del *consumer* per la *delta replication* sono le seguenti:

```
━━━━━━━━━━━━━━━━━━━━━━━━━━━━ slapd.conf ━━━━━━━━━━━━━━━━━━━━━━━━━━━━
...
## consumer DB (the standard configuration as in the provider)
database        mdb
suffix          "dc=truelite,dc=it"
lastmod         on
...
## directives added for replication in the slave
rootdn          cn=admin_cons,dc=truelite,dc=it
index           entryCSN,entryUUID eq

syncrepl        rid=123
                provider=ldaps://master.truelite.it
                type=refreshAndPersist
                searchbase="dc=truelite,dc=it"
                retry="60 10 300 3 3600 +"
                schemachecking=off
                bindmethod=simple
                binddn="cn=replicator,dc=truelite,dc=it"
                credentials=password_del_replicator
                tls_cacert=/etc/ssl/certs/ca-cert.pem
                tls_reqcert=never
                syncdata=accesslog
                logbase="cn=accesslogdn"
                logfilter="(&(objectClass=auditWriteObject)(reqResult=0))"

updateref       ldaps://master.truelite.it
```

---

[47]è in teoria possibile indicare anche il valore **changelog**, per l'uso dell'omonimo formato ormai obsoleto, ma essendo questo obsoleto non ne parleremo ulteriormente.

Tutte le configurazioni viste fin qui utilizzano *syncrepl* nella modalità ordinaria in cui esiste un solo server *master* i cui dati vengono replicati su uno o più *slave*, come accennato però *syncrepl* supporta anche delle configurazioni *multi-master*, in cui più server si sincronizzano a vicenda, ed un client può scrivere su uno qualunque di essi ottenendo comunque una replicazione delle informazioni su tutti gli altri.

Per quanto questa funzionalità possa sembrare molto attraente, specie in un'ottica di ridondanza e distribuzione di carico, una configurazione veramente *multi-master* viene usualmente sconsigliata, in quanto il funzionamento descritto si applica solo ad una situazione ideale. In particolare in caso di problemi di rete che bloccano la comunicazione fra i nodi, con client che nel frattempo possono modificare in maniera indipendente gli stessi dati su nodi diversi, si otterrà inevitabilmente una situazione di inconsistenza non riconciliabile se non manualmente, con il risultato di rendere inefficace la replicazione e perdere la consistenza dell'albero dei dati.

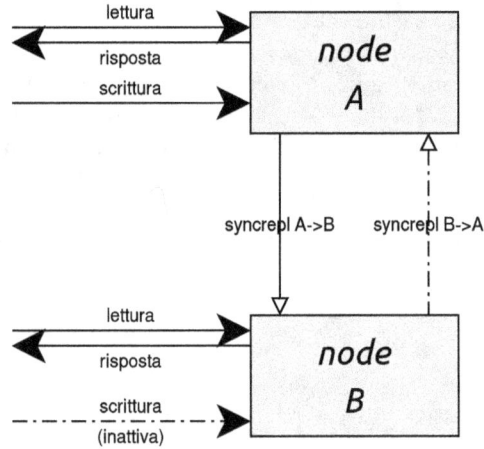

Figura 2.6: Schema della replicazione in *Mirror Mode*.

Per questo motivo tratteremo soltanto un caso specifico, quello denominato nella documentazione del progetto come "*Mirror Mode*", illustrato schematicamente fig. 2.6 in cui pur usando una configurazione *multi-master* per slapd in cui due server sono configurati per replicarsi a vicenda, le scritture vengono sempre fatte eseguire, con l'ausilio di un opportuno meccanismo di frontend come un bilanciatore di carico, su un solo server alla volta, in modo da avere garantita la coerenza dei dati.

Questa configurazione, pur non essendo un vero e proprio *multi-master* consente però di creare un servizio in alta affidabilità in cui in caso di crash del server su cui si eseguono di default le scritture, queste possono essere dirottate automaticamente (ad opera del bilanciatore di carico) sull'altro che è comunque in grado di riceverle in qualunque istante. La garanzia di coerenza viene mantenuta scrivendo su un solo server, mentre le letture possono essere distribuite a piacere. Una volta poi che il server originario diventi nuovamente disponibile, la replicazione provvederà automaticamente a risincronizzarlo e questo diventerà disponibile come backup per quello rimasto attivo.

Per poter attivare la replicazione *multi-master* è fondamentale l'uso della direttiva `serverID` che consente di impostare un valore identificativo per ciascun server. Questo numero (un valore da 0 a 4096) identifica il singolo *master* all'interno del gruppo, e viene usato come campo all'interno dei *Change Sequence Number* che identifica quale dei nodi ha eseguito la scrittura cui il CSN fa riferimento, pertanto deve essere diverso per ciascuno dei nodi.

Se si indica soltanto il valore, la direttiva `serverID` può essere usata una sola volta, ma è possibile aggiungere come argomento opzionale una URL che identifica il nodo (deve corrispondere al suo nome a dominio completo); in questo caso la si può utilizzare per indicare tutti i noti facenti parte del gruppo (cosa che consente di mantenere identica la relativa configurazione su tutti quanti) e verrà usato per ciascun server il valore che corrisponde alla sua URL.

Una volta impostato un identificativo, basterà configurare ciascuno dei server per fare sia *producer* che da *consumer* per l'altro, usando su entrambi una configurazione analoga a quella vista in sez. 2.3.3. Infine, una volta configurato ciascuno di essi come *consumer* dell'altro, occorrerà utilizzare la direttiva `mirrormode` (attivandola con `mirrormode on`) per far sì che le operazioni di aggiornamento dei dati siano accettati da qualunque utente, e non solo da quello indicato da `updatedn`, che non deve essere più indicato.

Un possibile esempio per questa configurazione è il seguente, che fa riferimento al primo nodo, per il secondo nodo la configurazione sarà esattamente la stessa, e si dovrà solo modificare la direttiva `serverID` per indicare un valore diverso, e l'argomento `provider` nella direttiva *syncrepl* per far puntare lo stesso all'altro server.

```
━━━━━━━━━━━━━━━━━━━━━━━━━━━━━ slapd.conf ━━━━━━━━━━━━━━
## directives added for replication in the general section
serverID     1
moduleload   syncprov
...
## node DB (a standard configuration)
database     mdb
suffix       "dc=truelite,dc=it"
lastmod      on
...
## directives added for replication in the database section
index        entryCSN,entryUUID  eq
overlay      syncprov
syncprov-checkpoint          100  10
syncprov-sessionlog          100
# give access rights to mirror user
access       to *
             by dn.exact="cn=mirroring,dc=truelite,dc=it" read
             by * break
limits       dn.exact="cn=mirroring,dc=truelite,dc=it" time.soft=unlimited
             time.hard=unlimited size.soft=unlimited size.hard=unlimited
# WARNING: it's mandatory to put all other stardard access configurations
# below the previous one for the replicator user
...
syncrepl     rid=123
             provider=ldaps://nodeb.truelite.it
             type=refreshAndPersist
             searchbase="dc=truelite,dc=it"
             retry="60 10 300 3 3600 +"
             schemachecking=off
             bindmethod=simple
```

```
            binddn="cn=mirroring,dc=truelite,dc=it"
            credentials=password_del_mirror
            tls_cacert=/etc/ssl/certs/ca-cert.pem
            tls_reqcert=never

# must be after syncrepl
mirrormode on
```

Capitolo 3

L'integrazione con LDAP

3.1 La gestione centralizzata di utenti e gruppi

Affronteremo in questa sezione le tematiche relative all'utilizzo di LDAP per la gestione centralizzata di utenti e gruppi per sistemi Unix. In realtà tratteremo più genericamente le modalità con cui è possibile gestire le informazioni di autenticazione (attraverso l'uso di PAM) e tutte le altre informazioni che di norma sono gestite dal *Name Service Switch* (password, hosts, gruppi, ecc.) appoggiandosi ad un server LDAP.

3.1.1 Utenti e gruppi su LDAP

Per effettuare la gestione centralizzata di utenti e gruppi di un sistema Unix appoggiandosi ad un server LDAP è necessario che questo disponga delle *objectclass* che definiscono gli attributi necessari a mantenere tutte le informazioni ad essi relative, quelle che nella gestione classica stanno nei file `/etc/passwd`, `/etc/shadow`, `/etc/group`, ecc.[1]

Queste informazioni sono state standardizzate da un RFC (per essere precisi l'RFC 2307) e per quanto riguarda `slapd` sono definite dalle direttive nel file `nis.schema`. In genere tutte le *objectclass* necessarie (comprese quelle per le altre informazioni del *Name Service Switch*) vengono incluse con la configurazione di default, per cui normalmente non è necessaria nessuna riconfigurazione del server.

Per la gestione degli utenti le *objectclass* in questione sono `posixAccount`, che contiene i dati classici che normalmente vengono mantenuti in `/etc/passwd` e `shadowAccount`, che contiene i dati relativi alle estensioni delle *Shadow password* usualmente mantenuti in `/etc/shadow`. Nelle due sezioni di tab. 3.1 si sono riportati, nell'ordine, i relativi attributi, con l'indicazione dell'informazione in essi contenuta.

Oltre alle informazioni relative agli utenti, occorre ovviamente poter gestire anche quelle relative ai gruppi, per questo viene utilizzata la *objectclass* `posixGroup`, che contiene i dati che

---

[1]per una trattazione dettagliata dell'argomento si consulti sez. 4.3.3 di [AGL].

classicamente vengono mantenuti in /etc/group;[2] in tab. 3.2 si sono riportati i vari attributi definiti in detta *objectclass*, assieme al relativo significato.

Attributo	Significato
uid	Nome utente, equivalente del nome di login, è l'attributo principale usato anche nei DN che identificano le voci degli utenti; equivalente al primo campo di /etc/passwd.
uidNumber	Valore numerico dell'*user ID* dell'utente; equivalente al terzo campo di /etc/passwd.
gidNumber	Valore numerico del *group ID* del gruppo primario dell'utente; equivalente al quarto campo di /etc/passwd.
gecos	Informazioni varie sull'utente; equivalente al quinto campo di /etc/passwd.
homeDirectory	Home directory dell'utente; equivalente al sesto campo di /etc/passwd.
loginShell	Shell di login dell'utente; equivalente al settimo campo di /etc/passwd.
userPassword	Password cifrata dell'utente.[3]
shadowLastChange	Numero del giorno, contato a partire dal 1 gennaio 1970, in cui la password è stata cambiata l'ultima volta; equivalente al terzo campo di /etc/shadow.
shadowMin	Numero di giorni dall'ultimo cambiamento prima dei quali la password non può essere cambiata di nuovo; equivalente al quarto campo di /etc/shadow.
shadowMax	Numero di giorni dall'ultimo cambiamento, dopo i quali la password scade e deve essere rinnovata; equivalente al quinto campo di /etc/shadow.
shadowWarning	Numero di giorni prima della scadenza della password durante i quali l'utente viene avvertito; equivalente al sesto campo di /etc/shadow.
shadowInactive	Numero di giorni dopo i quali, una volta scaduta la password senza rinnovo, l'account viene disabilitato; equivalente al settimo campo di /etc/shadow.
shadowExpire	Numero del giorno, contato dal 1 gennaio 1970, in cui l'account viene disabilitato; equivalente all'ottavo campo di /etc/shadow.
shadowFlag	Valore riservato, al momento non è utilizzato; equivalente al nono campo di /etc/shadow.

Tabella 3.1: Gli attributi contenenti i dati degli utenti, definiti nelle *objectclass* posixAccount e shadowAccount.

Come per qualunque altro dato è possibile utilizzare un client LDAP generico per inserire le informazioni relative ad utenti e gruppi direttamente nell'albero, andando a modificare gli attributi elencati in tab. 3.1 e tab. 3.2; fare questa operazione manualmente è però un lavoro noioso e facilmente soggetto ad errori (molti dati, come ad esempio gli identificativi, sono correlati fra loro), per cui spesso si utilizzano dei programmi espressamente dedicati a questo scopo, che semplificano il lavoro e consentono di ricavare automaticamente le informazioni necessarie correlando i vari dati.

---

[2]in questo caso vengono mantenute solo le informazioni di base di /etc/group, non le estensioni relative a /etc/gshadow.

[3]si è riportato anche questo attributo, che essendo definito in maniera più generale non è specifico né di posixAccount né di shadowAccount, in quanto contiene una delle informazioni essenziali per la gestione degli utenti.

Nella gestione degli utenti su LDAP dei pacchetti usati più spesso è quello dei `migrationtools`, un insieme di script Perl che consentono sia di generare lo schema di un'infrastruttura su cui inserire le informazioni tipiche del NSS, che di migrare su LDAP i dati presenti nei vari file `/etc/passwd`, `/etc/shadow`, `/etc/hosts`, ecc. Per ciascuno di questi file gli script producono un corrispondente file `.ldif` contenente le stesse informazioni, che poi potranno essere inserite direttamente sul server LDAP con `ldapadd`.

Attributo	Significato
cn	Nome del gruppo; equivalente al primo campo di `/etc/group`.
gidNumber	Valore numerico del *group ID* del gruppo; equivalente al terzo campo di `/etc/group`.
memberUid	Username di un utente del gruppo, viene ripetuto per ciascun utente membro; equivalente ad un nome della lista mantenuta nel quarto campo di `/etc/group`.
userPassword	Password cifrata del gruppo.[4]

Tabella 3.2: Gli attributi contenenti i dati dei gruppi, definiti nella *objectclass* `posixGroup`.

Prima di poter utilizzare gli script di migrazione occorre specificare nel loro file di configurazione (su Debian è accessibile sotto **/etc/migrationtools/migrate_common.ph**) le impostazioni che indicano la sezione di albero in cui andranno inseriti i dati. Per far questo dovranno essere adattate al proprio caso le righe seguenti:

```
━━━━━━━━━━━━━━━━━━━━━━━━━━━ migrate_common.ph ━━━━━━━━━━━━━━━━━━━━━━━━━━━
# Default DNS domain
$DEFAULT_MAIL_DOMAIN = "truelite.it";

# Default base
$DEFAULT_BASE = "dc=truelite,dc=it";
```

dopo di che il file **migrate_common.ph** deve essere copiato o referenziato con un link simbolico in una delle directory esaminate nella *path search* del Perl.

In alcune versioni meno recenti era necessario avere questo file nella directory dove sono installati gli script (il pacchetto Debian ad esempio crea automaticamente un link dentro `/usr/share/migrationtools/`) ed usare gli script di conversione stando in detta directory, con le versioni più recenti questo non è più necessario, ma **migrate_common.ph** deve essere raggiungibile nel *path search* del Perl.

Il primo passo è sempre quello di generare l'infrastruttura di base per l'albero LDAP dedicato alla gestione degli utenti, lo script **migrate_base.pl** permette di creare un file **base.ldif** che contiene quanto necessario; il comando è:

```
$ ./migrate_base.pl > base.ldif
```

Il comando genera una struttura dell'albero sui cui si mantengono i dati suddividendola in una serie di **organizationalUnit**, queste devono essere inserite nell'albero per fare da radice delle varie sezioni al cui interno verranno inseriti i dati relativi ai servizi NSS i cui dati possono essere spostati su LDAP. Un esempio di una queste voci, estratto dal file **base.ldif** generato dal comando precedente, è il seguente:

---

[4]anche in questo caso vale quanto detto per l'analogo attributo di `posixAccount`.

```
──────────────────────────── base.ldif ────────────────────────────
...
dn: ou=Hosts,dc=truelite,dc=it
ou: Hosts
objectClass: top
objectClass: organizationalUnit
...
```

che definisce una `organizationalUnit` per fare da radice alla sezione di albero su cui poi verrà inserito l'elenco degli *host* mantenuti su LDAP che può essere aggiunto a quello di `/etc/hosts`.

Si tenga presente che alcune delle voci generate da `migrate_base.pl` possono essere superflue, inoltre sono previste delle voci anche per i dati di NIS, che certamente non interessano in quanto esso verrà sostituito appunto da LDAP. Infine alcune voci possono essere duplicate, come la base dell'albero, con problemi di funzionamento del comando di inserimento a meno di non invocare `ldapadd` con l'opzione `-c`. Per questo conviene comunque modificare opportunamente file `base.ldif` prodotto dal comando, per adattarlo ai propri scopi. Dopo di che si potranno inserire le nuove voci nell'elenco con qualcosa del tipo:

```
$ ldapadd -x -D"cn=admin,dc=truelite,dc=it" -W -f base.ldif
```

e si noti come si sia specificato un collegamento con il DN che ha i privilegi di amministrazione (sarà anche richiesta la relativa password) per poter scrivere sull'albero.

Un servizio che è possibile migrare su LDAP per fare una prova è quello della risoluzione statica dei nomi delle macchine usualmente fatta tramite il file `/etc/hosts`. Questo è un modo per mantenere gli indirizzi delle macchine di una rete locale che vengono modificati spesso, senza dover stare a configurare un DNS per un dominio fittizio. Il relativo script di migrazione è `migrate_hosts.pl`, che si esegue con il comando:

```
$ ./migrate_hosts.pl /etc/hosts hosts.ldif
```

questo genererà il file `hosts.ldif` con le voci relative a ciascuna macchina già presente in `/etc/hosts`; una voce del tipo di:

```
192.168.1.152  roke.truelite.it        roke
```

sarà trasformata, utilizzando la *objectclass* `ipHost`,[5] che definisce gli attributi necessari, in:

```
──────────────────────────── hosts.ldif ────────────────────────────
...
dn: cn=roke.truelite.it,ou=Hosts,dc=truelite,dc=it
objectClass: top
objectClass: ipHost
objectClass: device
ipHostNumber: 192.168.1.152
cn: roke.truelite.it
cn: roke
...
```

---

[5]definita anch'essa all'interno del file `nis.schema`.

Dato che in /etc/hosts sono normalmente presenti anche gli indirizzi multicast di IPv6 ed il localhost, installati di default con la distribuzione, conviene di nuovo modificare a mano il file per togliere questi e tutti gli eventuali indirizzi che non si vogliono inserire nell'elenco; inoltre conviene anche controllare, e rimuovere, le eventuali voci duplicate. Effettuata la pulizia si potranno di nuovo immettere i dati con il comando:

```
$ ldapadd -x -D"cn=admin,dc=truelite,dc=it" -W -f hosts.ldif
```

ed a questo punto si potrà verificare che le informazioni immesse siano effettivamente disponibili usando il comando:

```
$ ldapsearch -x -LL "(cn=roke)"
```

In questo modo, una volta configurato il servizio del *Name Service Switch* come illustrato in sez. 3.1.2, si potrà verificare che la risoluzione del nome funzioni con:

```
$ ping roke
PING roke.truelite.it (192.168.1.152): 56 data bytes
64 bytes from 192.168.1.152: icmp_seq=0 ttl=255 time=9.5 ms
64 bytes from 192.168.1.152: icmp_seq=1 ttl=255 time=11.4 ms
64 bytes from 192.168.1.152: icmp_seq=2 ttl=255 time=8.0 ms
64 bytes from 192.168.1.152: icmp_seq=3 ttl=255 time=8.2 ms

--- roke.truelite.it ping statistics ---
4 packets transmitted, 4 packets received, 0% packet loss
round-trip min/avg/max = 8.0/9.2/11.4 ms
```

Questo primo passo può essere fatto come esercizio per verificare se si è capito bene il funzionamento del meccanismo, sul piano pratico è in genere molto più semplice definire una zona locale sul DNS. Le informazioni che invece è sicuramente interessante portare su LDAP sono quelle relativi agli utenti e ai gruppi, così da centralizzarne la gestione.

In questo caso il primo passo è inserire i dati dei gruppi. Al solito si usano gli script del pacchetto migrationtools. Con lo script migrate_group.pl si effettua la conversione in formato LDIF dei dati di /etc/group; il comando da utilizzare è:

```
$ ./migrate_group.pl /etc/group group.ldif
```

che crea le voci relative a tutti i gruppi presenti in /etc/group in group.ldif.

Il problema è che in /etc/group sono presenti anche tutti i gruppi di sistema (come cdrom, audio, ecc.) che non ha molto senso spostare su LDAP, poiché sono collegati a quanto è stato installato sulla singola macchina, e che per questo possono anche essere diversi da una installazione ad un'altra. Per questo motivo è opportuno modificare il file lasciando solo le voci relative ai gruppi effettivamente utilizzati nella gestione degli utenti. Così per i gruppi principali degli utenti avremo qualcosa delle voci del tipo:

```
──────────────────────────────────── group.ldif ────────────────────────────────────
...
dn: cn=piccardi,ou=Group,dc=truelite,dc=it
objectClass: posixGroup
objectClass: top
cn: piccardi
userPassword: {crypt}x
gidNumber: 1000
...
────────────────────────────────────────────────────────────────────────────────────
```

mentre se abbiamo dei gruppi utilizzati come gruppi di sistema avremo qualcosa del tipo di:

```
───────────────────────────── group.ldif ─────────────────────────────
...
dn: cn=hackers,ou=Group,dc=truelite,dc=it
objectClass: posixGroup
objectClass: top
cn: hackers
userPassword: {crypt}x
gidNumber: 103
memberUid: elena
memberUid: mark
memberUid: enrico
...
```

Una volta migrati i gruppi si potrà ripetere il procedimento con gli utenti, in questo caso lo script da utilizzare è `migrate_passwd.pl`, ed il comando usato è:

```
# ./migrate_passwd.pl /etc/passwd passwd.ldif
```

che migrerà sia le informazioni presenti in `/etc/passwd` che quelle presenti in `/etc/shadow`; si noti infatti come in questo caso si sia eseguito il comando come amministratore, proprio per consentire la lettura di `/etc/shadow`.

Anche in questo caso occorrerà provvedere ad eliminare dall'elenco tutti gli utenti di sistema (come *root*, *daemon*, ecc.) che di norma sono locali alle varie macchine e non devono (in particolar modo *root*) essere messi su LDAP. Un esempio di voce relativa ad un utente reale è la seguente:

```
───────────────────────────── passwd.ldif ─────────────────────────────
...
dn: uid=piccardi,ou=People,dc=truelite,dc=it
uid: piccardi
cn::U2ltb25lIFBpY2NhcmRp
objectClass: account
objectClass: posixAccount
objectClass: top
objectClass: shadowAccount
userPassword: {crypt}$1$7IDw9Tn0$/QvjoR4CNuQptwLmtGIQA0
shadowLastChange: 11354
shadowMax: 99999
shadowWarning: 7
loginShell: /bin/bash
uidNumber: 1002
gidNumber: 1002
homeDirectory: /home/piccardi
gecos: Simone Piccardi,,,
...
```

Una volta ripuliti entrambi i file generati con gli script di migrazione si potrà passare all'inserimento dei dati nell'elenco, questo si fa con i comandi:

```
$ ldapadd -x -D"cn=admin,dc=truelite,dc=it" -W -f group.ldif
$ ldapadd -x -D"cn=admin,dc=truelite,dc=it" -W -f passwd.ldif
```

Una volta inseriti i dati iniziali resta il problema di come creare o cancellare gli utenti quando questi sono su LDAP. Infatti benché alcune delle informazioni relative agli utenti siano gestite in maniera trasparente da PAM (ad esempio il cambio password, come vedremo in sez. 3.1.3) questo non avviene per la creazione e rimozione di utenti e gruppi, in quanto i comandi classici `useradd` e `userdel` (e gli analoghi per i gruppi illustrati in sez. 4.3.3 di [AGL]) operano esclusivamente sui file `/etc/passwd` ed `/etc/shadow`.

Un programma che consente di ottenere le stesse funzionalità di questi programmi, ma che è in grado di operare anche quando gli utenti sono su LDAP, è `cpu`.[6] Il comando replica le funzionalità dei comandi classici Unix per la creazione di utenti e gruppi, `useradd`, `userdel`, `usermod`, e gli analoghi per i gruppi (ma non le funzioni delle versioni *"semplificate"* come `adduser` e `deluser`) utilizzando anche la stessa sintassi; basterà cioè scrivere dopo `cpu` il comando che si sarebbe utilizzato normalmente, perché l'operazione venga eseguita su LDAP.

Per poter utilizzare `cpu` occorre però, come per i `migrationtools`, indicare su quale sezione dell'albero sono mantenuti i dati degli utenti. Inoltre il programma opera direttamente sull'albero usando il protocollo, per cui occorre anche definire un utente per conto del quale collegarsi al server, che ovviamente deve essere in grado di modificare i dati presenti su di esso. Tutto questo deve essere fatto all'interno del file di configurazione `/etc/cpu/cpu.conf`, che usa il formato dei file INI.[7]

Il file prevede due sole sezioni, quella che contiene le configurazioni generali, identificata dalla parola chiave `GLOBAL`, e quella che contiene le configurazioni specifiche di LDAP, identificata dalla parola chiave `LDAP`. Essendo `cpu` sviluppato modularmente è previsto che possa operare utilizzando diversi tipi di supporto per i dati degli utenti, ciascuno dei quali dovrebbe avere una sua ulteriore sezione di configurazione specifica, ma al momento gli unici supporti indicabili nel file sono LDAP e i file classici di Unix, e questi ultimi non sono supportati, per cui alla fine si usa solo la sezione globale e quella relativa a LDAP.

La sezione generale supporta due sole opzioni, `DEFAULT_METHOD`, che indica il metodo di amministrazione degli utenti, e può solo assumere i valori `ldap` o `passwd`, e `CRACKLIB_DICTIONARY` che permette di indicare un file con il dizionario delle parole usate per controllare la robustezza di una password, qualora sia abilitato il supporto per le *cracklib*.[8]

La sezione di configurazione principale è pertanto quella relativa ai parametri di LDAP, i principali dei quali, gli unici che normalmente può essere il caso di modificare, sono riportati nella seconda parte di tab. 3.3, l'elenco completo e la relativa documentazione è comunque disponibile nella pagina di manuale del file, accessibile con `man ldap.conf`.

In particolare si dovrà specificare con `LDAP_URI` il server a cui rivolgersi, con `BIND_DN` il *Distinguished Name* dell'utente con cui collegarsi al server e con `BIND_PASS` la sua password, il programma infatti non supporta altro che l'autenticazione semplice, e non si può usare SASL. Dato che la password è mantenuta in chiaro è importante verificare che il file non sia leggibile. Le sezioni di albero su cui si trovano i dati di utenti e gruppi dovranno essere indicate rispettivamente con `USER_BASE` e `GROUP_BASE` in forma di basi di ricerca.

---

[6]su Debian è installabile con il pacchetto omonimo.

[7]una breve trattazione di questo formato si trova in sez. 3.1.1 di [AGL], e vista anche la sua semplicità non ne parleremo ulteriormente.

[8]le *cracklib* sono costituite da una libreria ed un insieme di programmi che consentono di verificare la *forza* di una password, intesa come capacità di resistenza ad un tentativo di *attacco a dizionario* (una trattazione di queste problematiche è in sez. 1.2.1 di [SGL]).

Opzione	Significato
DEFAULT_METHOD	Metodo di autenticazione; può assumere soltanto i valori ldap e passwd.
CRACKLIB_DICTIONARY	Indica il file (con il pathname) del dizionario delle password per le *cracklib*.
LDAP_URI	La URI del server LDAP su cui sono mantenute le informazioni di utenti e gruppi.
BIND_DN	Il *Distinguished Name* dell'utente di LDAP per conto del quale collegarsi al server.
BIND_PASS	La password del precedente utente (in chiaro).
USER_BASE	La sezione di albero (la base della ricerca) sotto la quale sono mantenuti i dati degli utenti.
GROUP_BASE	La sezione di albero (la base della ricerca) sotto la quale sono mantenuti i dati dei gruppi.
DEFAULT_SHELL	La shell di default assegnata all'utente.

Tabella 3.3: Principali opzioni di configurazione usate da cpu.conf.

I principali parametri da modificare rispetto al file installato con il pacchetto sono illustrati dal seguente esempio; tutti gli altri possono essere lasciati ai valori di default:

```
──────────────────────────────── cpu.conf ────────────────────────────────
[GLOBAL]
DEFAULT_METHOD  = ldap
#CRACKLIB_DICTIONARY = /var/cache/cracklib/cracklib_dict

[LDAP]
LDAP_URI              = ldap://localhost
BIND_DN               = cn=admin,dc=truelite,dc=it
BIND_PASS             = password_lunga_e_complicata
USER_BASE             = ou=People,dc=truelite,dc=it
GROUP_BASE            = ou=Group,dc=truelite,dc=it
```

3.1.2   La configurazione del *Name Service Switch* su LDAP

Il *Name Service Switch* è una infrastruttura fornita dalle librerie di sistema che consente di ottenere in maniera generica le informazioni relative alla corrispondenza fra identificativi numerici (quelli in genere usati dal kernel o dai protocolli di rete) ed i nomi simbolici ad essi associati, come nomi a dominio, nome utente, gruppo, ecc. in modo che un programma possa ottenerle in maniera trasparente, senza doversi preoccupare dei dettagli per ottenerle dal supporto su cui sono state memorizzate.

Il *Name Service Switch* definisce una serie di classi di informazioni, e le modalità per indicare, disponendo delle opportune librerie di interfaccia, da quale supporto ricavarle. Non entreremo ulteriormente nei dettagli del *Name Service Switch*, dandone per scontata una conoscenza di base, per una trattazione approfondita si consulti la sez. 4.3.6 di [AGL].

La gestione di queste informazioni in maniera centralizzata è una delle applicazioni più comuni di un server LDAP, ma, come per tutti gli altri possibili supporti, per poterle utilizzare occorre installare le opportune librerie di interfaccia. Tradizionalmente queste erano installate con il pacchetto libnss-ldap, che fornisce la libreria dinamica libnss-ldap.so.2 utilizzata dal *Name Service Switch* per ottenere le informazioni da LDAP.

Quando si usa `libnss-ldap` i dati di configurazione per l'accesso al server LDAP sono mantenuti nel file `/etc/libnss-ldap.conf`,[9] che ha la stessa sintassi di `ldap.conf`, solo che in questo caso, oltre alle direttive già viste in tab. 1.2 (che mantengono lo stesso significato) sono disponibili alcune direttive aggiuntive, riconosciute solo per questo file. Le più significative sono illustrate in tab. 3.4, al solito l'elenco completo è disponibile nella pagina di manuale, accessibile con `man libnss-ldap.conf`.

Direttiva	Significato
`bind_policy`	Imposta la politica di collegamento al server ed il comportamento in caso di fallimento della connessione; prende i valori `hard_open`, `hard_init` e `soft`.
`idle_timelimit`	In caso di politica `connect` imposta un valore di timeout (in secondi) oltre il quale chiude la connessione se non ci sono richieste (il default è zero, che mantiene sempre la connessione attiva).
`rootbinddn`	Specifica l'utente del database con il quale devono essere eseguiti gli accessi a LDAP effettuati da un processo che viene eseguito con i privilegi di amministratore (necessita della relativa password nel file `/etc/ldap.secret`).
`nss_base_<map>`	Specifica la base di ricerca per le varie classi di informazioni del NSS (dove `<map>` può assumere i valori `passwd`, `shadow`, `group`, ecc.) e prende come argomento il DN della base della ricerca nella forma `basedn?scope?filter`.
`nss_connect_policy`	Imposta la politica per le connessioni delle ricerche, prende i valori `persist`, che mantiene aperta la connessione (il default) e `oneshot` che la chiude esaurita la ricerca.
`nss_map_attribute`	Consente di rimappare la richiesta di un certo attributo su un altro; prende come argomenti il nome dell'attributo da rimappare seguito da quello su cui rimapparlo.
`nss_map_objectclass`	Consente di rimappare la richiesta di una *objectclass*; prende come argomenti il nome dell'*objectclass* da rimappare, seguito da quella su cui rimapparla.

Tabella 3.4: Direttive di configurazione specifiche di `libnss-ldap.conf`.

Normalmente se si usano le *objectclass* e la struttura dei dati illustrate in sez. 3.1.1 le direttive di tab. 3.4 non sono necessarie, essendo i loro valori di default validi per la maggior parte degli usi. Restano pertanto da indicare, come fatto per `ldap.conf`, solo le direttive di base e quelle relative all'uso di connessioni cifrate con TLS/SSL, necessarie a meno che il server LDAP a cui ci si rivolge non sia locale. Un possibile esempio di `/etc/libnss-ldap.conf` è il seguente:

```
────────────────────────── libnss-ldap.conf ──────────────────────────
BASE            dc=truelite,dc=it
URI             ldaps://ldap.truelite.it/
TLS_CACERT      /etc/ssl/certs/cacert.pem
TLS_CHECKPEER   yes
#rootbinddn     cn=admin,dc=truelite,dc=it
```

---

[9]questo vale per le ultime versioni di Debian, in alcune versioni di RedHat/CentOS viene usato invece `/etc/ldap.conf`; per sapere quale è il file che viene usato nella vostra distribuzione potete guardare all'output di un comando come: `strings libnss_ldap.so.2 | grep /etc`.

In questo caso la direttiva `URI` serve a indicare il server LDAP su cui sono mantenuti i dati, mentre con la direttiva `BASE` si indica la base delle ricerche all'interno dell'albero per ottenere i dati. Seguono le direttive per attivare la connessione cifrata con SSL, che sono simili a quelle già viste in tab. 2.24 (in particolare quelle per indicare i file di chiavi e certificati sono identiche). Nell'esempio si è richiesta con `TLS_CHECKPEER` la verifica del certificato del server, indicando con `TLS_CACERT` il file con il certificato della CA che lo ha firmato.[10]

Infine con `rootbinddn` si può indicare il DN dell'utente LDAP con il quale ci si vuole autenticare presso il server quando l'utente (locale) per conto del quale si esegue un comando che utilizza le funzioni del *Name Service Switch* è l'amministratore; per mantenere `/etc/libnss-ldap.conf` accessibile in lettura a tutti (il file viene usato dalle funzioni di sistema all'interno dei comandi, che devono funzionare chiunque li invochi) la password associata a questo DN deve essere specificata su una riga singola nel file `/etc/ldap.secret`, che deve essere opportunamente protetto da lettura. Lo scopo della direttiva è quello di consentire all'amministratore di una macchina di avere sugli utenti mantenuti su LDAP gli stessi privilegi che avrebbe sugli utenti locali, in particolare quello di poter accedere ai campi relativi alle password; per questo in genere si usa per `rootbinddn` il *Distinguished Name* dell'utente di amministrazione di LDAP o comunque un utente che sufficienti privilegi di scrittura.

Nell'esempio la direttiva è commentata dato che in generale non è mai una buona politica garantire questo privilegio sulle macchine che usano il server per l'autenticazione centralizzata, dato che chiunque abbia accesso fisico alle stesse potrebbe facilmente leggere il file `/etc/ldap.secret`. Non è comunque opportuno in generale che l'amministratore di un client abbia le capacità di conoscere e modificare i dati relativi ad utenti presenti anche su altre macchine che non sono sotto il suo diretto controllo. L'unico caso in cui vale la pena usare questa configurazione è sul server LDAP stesso (se anche lì si sta usando LDAP per gli utenti), che si suppone adeguatamente protetto rispetto l'accesso fisico; in tal caso infatti ha senso che l'amministratore possa avere gli stessi privilegi sia sugli utenti locali che su quelli mantenuti su LDAP.

Normalmente la ricerca dei dati per il *Name Service Switch* viene effettuata su tutto l'albero, a partire dalla base impostata con la direttiva `BASE`, richiedendo tutti gli attributi delle voci che appartengono alle *objectclass* necessarie;[11] esistono però dei casi in cui è necessario essere più specifici; ad esempio si può volere limitare la ricerca, anche solo per renderla più veloce, ad una certa sezione dell'albero.

Per questo si possono usare le varie direttive `nss_base_<map>` (dove `<map>` può essere `hosts`, `passwd`, `shadow`, `group` o una qualunque delle classi usate dal *Name Service Switch*). Esse permettono di recuperare, per ciascuna delle diverse classi di informazioni, i relativi dati su specifiche sezioni dell'albero. Così per indicare dove reperire le informazioni sugli hostname delle macchine, dei dati delle password, degli utenti e dei gruppi si potrà utilizzare qualcosa del tipo:

```
───────────────────────── libnss-ldap.conf ─────────────────────────
nss_base_hosts      ou=Hosts,dc=truelite,dc=it?one
nss_base_passwd     ou=People,dc=truelite,dc=it?one
nss_base_shadow     ou=People,dc=truelite,dc=it?one
nss_base_group      ou=Group,dc=truelite,dc=it?one
```

[10]si tenga presente che in questo caso non esiste la direttiva `TLS_REQCERT` e si può solo richiedere che la verifica venga fatta o meno con `TLS_CHECKPEER`.

[11]il pacchetto `libnss-ldap` contiene il supporto per la ricerca delle informazioni sulle *objectclass* definite nell'RFC 2307.

dove l'argomento è sempre nella forma di un *Name Service Switch* seguito da un punto interrogativo e da un indicatore della profondità a cui effettuare la ricerca che assume uno dei valori fra quelli già illustrati in tab. 1.6, ed eventualmente anche da un altro punto interrogativo e da un filtro di ricerca, anche se questo non è molto comune.

L'architettura delle librerie tradizionali di `libnss-ldap`, che prevede l'interfacciamento diretto al server LDAP, comporta problemi significativi quando quest'ultimo non è disponibile, perché in tal caso qualunque ricerca sugli utenti (anche per quelli locali non mantenuti su LDAP) resta bloccata fintanto che non si riceve una risposta o si arriva al *timeout* della connessione.

Per questo motivo vengono ormai quasi sempre rimpiazzate da una versione alternativa (su Debian il relativo pacchetto si chiama `libnss-ldapd`) che invece di eseguire le interrogazioni direttamente, si interfaccia ad un apposito demone, `nslcd`,[12] che interponendosi è in grado di rilevare l'impossibilità di contattare il server LDAP, evitando di bloccare le ricerche sugli utenti locali. Questo demone supporta anche le funzionalità necessarie all'uso di PAM su LDAP, che tratteremo in sez. 3.1.3, consentendo così anche di snellire la configurazione.

Direttiva	Significato
base	Specifica la base di ricerca per le varie classi di informazioni del NSS, prende come primo argomento opzionale il nome della classe (`passwd`, `shadow`, `group`, ecc.) e come secondo argomento il DN della base di ricerca; specificando solo quest'ultimo, esso verrà usato per tutte le classi.
filter	Indica un filtro di ricerca da applicare alle richieste effettuate verso il server LDAP, prende come primo argomento il nome di una classe del NSS, e come secondo argomento il filtro di ricerca, il default è usare una ricerca generica per la *object-class* relativa alla classe indicata come indicata dall'RFC 2307 (quelle trattate in sez. 3.1.1).
gid	Gruppo per conto del quale viene eseguito il servizio.
log	Indica la modalità di registrazione dei log, prende come argomento o il nome di un file su scrivere, o la parola chiave `none` per non registrare nulla, o la parola chiave `syslog` per utilizzare il sistema del *syslog* (in questo caso può essere usata una priorità come secondo argomento).
map	Consente di mappare un attributo previsto dall'RFC 2307 su un altro attributo presente sul database; il primo argomento deve essere il nome di una classe del NSS, il secondo indicare l'attributo da mappare su quello indicato sul terzo argomento.
uid	Utente per conto del quale viene eseguito il servizio.

Tabella 3.5: Direttive di configurazione di `nslcd.conf`.

Dato che in questo caso è `nslcd` che deve contattare il server LDAP, tutta la configurazione deve essere effettuata al suo interno con il file `nslcd.conf`. Le direttive di base per contattare il server e quelle per l'uso di TLS/SSL sono identiche a quelle di `ldap.conf`, ed hanno lo stesso significato già illustrato in tab. 1.2 e tab. 2.24, in tab. 3.5 si sono riassunte alcune di quelle specifiche, limitandoci a quelle più rilevanti per la configurazione generale e per quanto riguarda il *Name Service Switch*, tratteremo quelle relative a PAM in sez. 3.1.3.

---

[12]su Debian installando questo pacchetto si installano anche i collegati `libnss-ldapd` e `libpam-ldapd` e viene anche effettuata attraverso il sistema del *debconf* la configurazione del *Name Service Switch* e di PAM che vedremo più avanti.

In definitiva un contenuto di `nslcd.conf` equivalente a quello precedentemente illustrato per `libnss-ldap.conf` potrebbe essere il seguente:

```
━━━━━━━━━━━━━━━━━━━━━━━━━━━ nslcd.conf ━━━━━━━━━━━━━━━━━━━━━━━━━━━
uid nslcd
gid nslcd
uri ldaps://ldap.truellite.it/
base dc=truelite,dc=it
tls_reqcert never
tls_cacertfile /etc/ssl/certs/ca-certificates.crt
```

Una volta configurate la librerie che consentono di recuperare le informazioni sul server, occorrerà indicare al *Name Service Switch* di utilizzare anche LDAP per eseguire le sue ricerche, questo va fatto modificando opportunamente il file **/etc/nsswitch.conf** per fargli prendere i dati da LDAP, inserendo al suo interno un contenuto del tipo:

```
━━━━━━━━━━━━━━━━━━━━━━━━━━━ nsswitch.conf ━━━━━━━━━━━━━━━━━━━━━━━━━━━
passwd:          compat ldap
group:           compat ldap
shadow:          compat ldap
hosts:           files dns ldap
```

Nel caso si utilizzi LDAP per risolvere i nomi delle macchine come nell'esempio precedente (comunque una soluzione sconsigliata, dato che è molto più semplice predisporre una zona locale su un server DNS ad uso interno) si deve fare attenzione che la macchina su cui sta il server LDAP sia risolvibile senza l'uso di LDAP, (è pertanto escluso di utilizzare come primo supporto `ldap`) altrimenti si creerebbe un circolo vizioso,[13] con la conseguenza di generare un errore per tutti i programmi che usano tale funzione.

Una volta che si siano effettuate tutte le configurazioni, ed inseriti gli utenti su LDAP, si potrà verificare che le informazioni di utenti e gruppi vengano viste correttamente, per questo si può usare il comando **getent** che interroga il *Name Service Switch* in maniera generica. Per verificare che gli utenti siano correttamente rilevati si potrà usare il comando:

```
# getent passwd
root:x:0:0:root:/root:/bin/bash
daemon:x:1:1:daemon:/usr/sbin:/bin/sh
bin:x:2:2:bin:/bin:/bin/sh
...
piccardi:x:1002:1002:Simone Piccardi,,,:/home/piccardi:/bin/bash
admin:x:1003:1003:Utente Amministrativo,,,:/home/admin:/bin/bash
cgabriel:x:1004:1004:Christopher R. Gabriel,,,:/home/cgabriel:/bin/bash
csurchi:x:1005:1005:Christian Surchi,,,:/home/csurchi:/bin/bash
...
```

e si dovrà ottenere una lista comprendente anche gli utenti mantenuti su LDAP, mentre per verificare che sia corretta l'impostazione dei gruppi si potrà usare il comando:

```
# getent group
root:x:0:
```

---

[13]in cui per fare una ricerca verrebbe chiamato `gethostbyname` per avere l'indirizzo del server LDAP, funzione che a sua volta reinterroga il *Name Service Switch*, innescando il ciclo.

```
daemon:x:1:
bin:x:2:
...
piccardi:x:1002:
admin:x:1003:
cgabriel:x:1004:
csurchi:x:1005:
...
```

e di nuovo si dovranno ottenere i gruppi mantenuti su LDAP; infine per verificare anche le altre impostazioni sulle *shadow password* si potrà eseguire il comando:

```
# getent shadow
root:$1$jjGU2TK$jHJVQBp/Xb6bmUBzmT7ubjY:11376:0:99999:7:::
daemon:*:11376:0:99999:7:::
bin:*:11376:0:99999:7:::
...
piccardi:x:12271::99999:7:::0
admin:x:12261::99999:7:::0
cgabriel:x:12289::99999:7:::0
csurchi:x:12289::99999:7:::0
...
```

ottenendo di nuovo gli utenti di LDAP.

Si noti come il risultato per gli utenti ed i gruppi appena ottenuto sia identico a quello che si avrebbe con la configurazione classica,[14] mentre quello delle *shadow password* non restituisce nessun valore per l'hash della password per tutti gli utenti che abbiamo messo su LDAP.

Questo è corretto perché da un client non si deve avere un accesso privilegiato, ed è quindi impossibile leggere il campo che contiene le password. Per poter permettere all'amministratore di leggere le password degli utenti si può usare soltanto `libnss-ldap` impiegando la direttiva `rootbinddn` (con `nslcd` questo tipo di accesso non viene supportato) ed in tal caso si potrebbe ottenere un risultato del tipo:

```
...
piccardi:$1$YhWNGGxB$nGFYcKX3g/Ep3NkNSJUGT1:12271::99999:7:::0
admin:$1$VwgNDkZj$mpT4ZN452yjMGqioqN/Ej0:12261::99999:7:::0
cgabriel:shUXAXmXNOs/Y:12289::99999:7:::0
csurchi:5.1Fn2ynoiIqs:12289::99999:7:::0
...
```

che effettivamente contiene tutti i dati che ci aspettiamo.

Si tenga presente però che questo può avvenire soltanto se la password viene mantenuta su LDAP in un formato riconoscibile dalle librerie di interrogazione degli utenti usate da `getent`; in sostanza vale solo se fra i tipi di *hash* di tab. 2.13 si è scelto {CRYPT} o {SMD5}, se invece si è usato il default {SSHA} questo non avverrà e si otterrà lo stesso risultato di prima anche se il dato della password è in realtà accessibile.

Infine se si vogliono ottimizzare le prestazioni sarà necessario indicizzare opportunamente gli attributi usati per la gestione degli utenti su LDAP. Un esempio di indicizzazione per la configurazione nell'uso come server di autenticazione è dato dal seguente estratto di `slapd.conf`:

---

[14]una possibile anomalia potrebbe verificarsi con la presenza doppia di un utente, qualora esso sia stato inserito sia come utente locale che su LDAP; in casi come questo i programmi che si appoggiano al NSS usano sempre il valore restituito per primo (nel nostro caso l'utente locale).

```
————————————————————————————————— slapd.conf —————————
index objectClass                          eq
index cn,sn,displayName,givenName,mail     eq,sub
index uid,memberUid,gidNumber,uidNumber    eq
index uniqueMember                         eq
```

3.1.3   La configurazione di PAM per l'autenticazione su LDAP

Una volta centralizzati gli identificativi su NSS, il passo successivo è quello di configurare le librerie di PAM[15] per usare LDAP per le credenziali di autenticazione di utenti e gruppi. L'uso di LDAP a questo scopo presenta numerosi vantaggi: anzitutto l'informazione mantenuta nel database può avere altri utilizzi, come per la gestione degli account di posta o di altre informazioni generali ed inoltre le informazioni di autenticazione possono essere usate anche all'interno di altri programmi.

Inoltre LDAP permette un controllo di accesso alle varie informazioni memorizzate nell'elenco molto dettagliato attraverso l'uso delle *access list* trattate in sez. 2.2.2, supporta la replicazione e la ridondanza, ed è pertanto in grado di rispondere ad esigenze di resistenza agli incidenti. Infine può essere utilizzato attraverso TLS/SSL, consentendo la trasmissione cifrata dei dati, la autenticazione di client e server, e la verifica dell'integrità dei dati trasmessi.

Il pacchetto tradizionale che consente l'uso di PAM con LDAP è `libpam-ldap`, che fornisce l'apposito modulo `libpam_ldap.so` e viene in genere utilizzato insieme a `libnss-ldap`, che abbiamo appena visto in sez. 3.1.2. Il comportamento del modulo è controllato dal file di configurazione `/etc/pam_ldap.conf`,[16] che ha un formato identico a quello di `libnss-ldap.conf`, ed usa anche le stesse direttive di base `ldap.conf` (quelle di tab. 1.2), le estensioni della prima parte di tab. 3.4 e le direttive per la cifratura con SSL già illustrate in sez. 3.1.2.

Sono inoltre previste ulteriori direttive specifiche, che permettono di impostare le caratteristiche di funzionamento proprie di questo modulo, fra queste la più importante è `pam_password` che serve a indicare la modalità con cui la password deve essere salvata su LDAP in caso di modifica: la direttiva come argomento una parola chiave che identifica la modalità; a parte `ad`, che consente di usare le credenziali di autenticazione su un server che supporta l'interfaccia di servizio di *Active Directory*, gli altri valori possibili attengono alle modalità con cui effettuare le modifiche all'attributo `userPassword` di un server LDAP ordinario. Le più comuni sono `clear`, in cui questo viene semplicemente riscritto con il valore in chiaro, `crypt` con cui viene riscritto usando la cifratura dell'omonimo formato tradizionale di cifratura Unix, ed `exop` in cui si effettua la modifica attraverso l'uso delle *LDAP Password Modify Extended Operation*, che è quello che è sempre il caso di utilizzare.

Altre due direttive rilevanti sono `pam_min_uid` e `pam_max_uid` che permettono di limitare quali *user ID* degli utenti possono essere gestiti su LDAP; ad esempio impostando `pam_min_uid 500` si fa sì che non si possano ottenere da LDAP gli utenti di sistema (è convenzione associargli

---

[15] per una trattazione più dettagliata dei *Pluggable Authentication Method* e della loro architettura si veda la sez. 4.3.7 di [AGL], qui daremo per acquisita una conoscenza di base dell'argomento.

[16] di nuovo questo è il default usato da Debian, sono possibili altre scelte; in caso di dubbi si può verificare quale file viene utilizzato con lo stesso metodo illustrato in sez. 3.1.2 per `libnss-ldap.conf` usando `strings` sulla libreria installata dal pacchetto.

un *user ID* basso) usati per i demoni, e lo stesso *root*, evitando che un'eventuale capacità di scrittura sull'albero consenta di controllare utenti privilegiati.

Un elenco delle principali direttive specifiche di `pam_ldap.conf` è riportato in tab. 3.6, l'elenco completo è nella pagina di manuale, accessibile con `man pam_ldap.conf`. Per la maggior parte di esse è corretto il valore di default e non è necessario utilizzarle esplicitamente.

Direttiva	Significato
`pam_login_attribute`	Indica l'attributo che deve essere utilizzato per la ricerca dello *username* dell'utente; il default è uid.
`pam_filter`	Indica un filtro da applicare a tutte le ricerche effettuate dalla libreria, che consente di restringere i risultati, non prevede default ma se non indicata non viene utilizzato.
`pam_password_prohibit_message`	Se impostata impedisce l'uso di PAM per effettuare il cambio password, restituendo il messaggio inserito come argomento per la direttiva in modo da poter indicare all'utente una modalità alternativa.
`pam_lookup_policy`	Indica se deve essere effettuata una scansione dell'albero LDAP per individuare una *policy* delle password mantenuta direttamente sul server (tramite l'*overlay* `ppolicy`) invece di usare gli attributi previsti in tab. 3.1; prende i valori `yes` e `no` ed il default è `no`.
`pam_min_uid`	Indica il numero minimo di *user ID* consentito, se non indicato non esiste minimo.
`pam_max_uid`	Indica il numero massimo di *user ID* consentito, se non indicato non esiste massimo.
`pam_password`	Specifica come eseguire la modifica di una password all'interno dell'albero di LDAP, può assumere i valori: `clear`, `clear_remove_old`, `crypt`, `md5`, `ad`, `exop`, `exop_send_old`.

Tabella 3.6: Direttive di configurazione usate da `pam_ldap.conf`.

Con Debian all'installazione del pacchetto il sistema del *debconf* richiede i dati per collegarsi al server creando automaticamente uno scheletro di configurazione per `pam_ldap.conf`. Se si vuole utilizzare TLS/SSL, occorrerà inoltre impostare le direttive illustrate in sez. 2.2.3. Un esempio di questo file, eliminati commenti e righe vuote, è il seguente:

```
——————————————————————— pam_ldap.conf ———————————————————————
base dc=truelite,dc=it
uri ldaps://ldap.truelite.it/
ldap_version 3
pam_min_uid 999
pam_password exop
tls_checkpeer yes
tls_cacert /etc/ssl/certs/cacert.pem
#rootbinddn cn=admin,dc=truelite,dc=it
```

Come nel caso del NSS si ripresenta il problema di come trattare le richieste fatte dall'amministratore delle varie macchine che si appoggiano al server LDAP per l'autenticazione. La direttiva `rootbinddn` consente di associare queste ad un utente di amministrazione, indicando la relativa password nel file `pam_ldap.secret`, ma si ha il solito problema che l'amministratore del client avrebbe la capacità di modificare le credenziali di autenticazione sul server. Come nel caso precedente questa impostazione ha senso solo sul server LDAP stesso.

Dato che per i motivi illustrati in sez. 3.1.2 l'uso di `libnss-ldap` è sempre meno comune, per quanto sia possibile usare `libpam-ldap` con `libnss-ldapd`, una volta che si sceglie di usare quest'ultimo è abbastanza naturale sostituire anche `libpam-ldap` con `libpam-ldapd`, che come `libnss-ldapd` si appoggia al demone `nslcd`. In questo caso anche le configurazioni relative a PAM devono essere effettuate all'interno di `nslcd.conf`, che assume il ruolo di file di configurazione per entrambe le librerie, col vantaggio di avere un solo file di configurazione invece che due.

Direttiva	Significato
`ignorecase`	Indica se le ricerche su utenti, gruppi, ecc. devono essere fatte in modalità *case-insensitive*, prende i valori `yes` o `no` ed il default è `no`.
`nss_min_uid`	Indica il numero minimo di *user ID* consentito, vale in generale sia per NSS che per PAM, se non indicato non esiste minimo.
`pam_password_prohibit_message`	Se impostata impedisce l'uso di PAM per effettuare il cambio password, restituendo il messaggio inserito come argomento per la direttiva in modo da poter indicare all'utente una modalità alternativa.
`rootpwmoddn`	Specifica l'utente del database con il quale devono essere eseguiti gli accessi a LDAP effettuati da un processo eseguito con i privilegi di amministratore che cerca di eseguire una modifica ad una password, (ad uso di `libpam-ldapd`, vedi sez. 3.1.3).
`rootpwmodpw`	Specifica la password relativa all'utente indicato con `rootpwmoddn`, se non impostata il modulo PAM la chiederà sulla linea di comando, se indicata è necessario restringere l'accesso in lettura a `nslcd.conf`.
`validnames`	Consente di indicare con una espressione regolare passata come argomento quali caratteri sono utilizzabili per indicare un utente o un gruppo, l'espressione regolare deve essere indicata fra / e si può apporre una i finale per richiedere una corrispondenza *case insensitive*.

Tabella 3.7: Direttive di configurazione di `nslcd.conf` relative a PAM.

Abbiamo riassunto in tab. 3.6 le direttive di `nslcd.conf` più importati relative alla configurazione di LDAP, fra queste abbiamo messo anche `nss_min_uid` che svolge il ruolo (in questo caso anche per il NSS) della direttiva `pam_min_uid` di `libpam-ldap.conf`, stabilendo il valore minimo per gli *user ID* mantenuti su LDAP che possono essere utilizzati da NSS e PAM; non esiste invece un equivalente di `pam_max_uid`.

Un'altra differenza rispetto a `libpam-ldap` e `nslcd` è l'assenza della funzionalità di fornita da `rootbinddn`, non è possibile cioè far eseguire in generale ricerche sul database impersonando uno specifico DN privilegiato se i comandi vengono eseguiti dall'amministratore, con la sola eccezione delle operazioni di modifica sul database effettuate tramite PAM per un cambiamento di password.

In questo caso si devono utilizzare le direttive `rootpwmoddn` e `rootpwmodpw` che si applicano soltanto alle modifiche conseguenti un cambio password eseguito da un comando invocato dall'amministratore. Ovviamente si dovrà aver cura di usare per `rootpwmoddn` il DN di un utente già presente sul database e con sufficienti privilegi di scrittura, con il quale verranno eseguite le modifiche. Se non si indica `rootpwmoddn` la password di accesso ad detto utente (LDAP) verrà richiesta sulla riga di comando. Si tenga presente che `nslcd` supporta `exop` come unico metodo di cambiamento delle password, e non esiste equivalente di `pam_password`.

In questo caso dato che le librerie di `libpam-ldapd` parlano con `nslcd` non è necessario che `nslcd.conf` sia accessibile in lettura per un qualunque programma (ed in genere non deve esserlo), pertanto si può salvare al suo interno un'eventuale password per eseguire operazioni amministrative sul server LDAP. Restano invariate le considerazioni già fatte in sez. 3.1.2 su quando sia il caso di farlo.

Come accennato per gestire i dati di autenticazione può convenire creare un utente dedicato su LDAP, da tenere separato dall'utente usato come amministratore per tutto il database. Questo può permettere di avere un maggiore controllo su quanto i vari client potranno fare, limitando l'accesso alle sole informazioni che riguardano l'autenticazione. Spesso però, quando le informazioni di autenticazione sono le più rilevanti fra quelle che si mantengono nell'albero, si preferisce adottare questa politica per le altre informazioni meno importanti in esso presenti, ed utilizzare per i dati di autenticazione direttamente l'amministratore del database.

Per l'uso di PAM hanno una particolare rilevanza i privilegi di accesso relativi all'attributo `userPassword`, in quanto è questo che viene utilizzato per l'autenticazione degli utenti; infatti se riprendiamo l'estratto del file di configurazione standard installato da Debian, già illustrato in sez. 2.2.2, vediamo che questo è trattato in modo particolare:

```
━━━━━━━━━━━━━━━━━━━━━━━━━━━ slapd.conf ━━━━━━━━━━━━━━━━━━━━━━
access to attrs=userPassword
        by dn="cn=admin,dc=truelite,dc=it" write
        by anonymous auth
        by self write
        by * none
```

L'accesso in scrittura all'utente di amministrazione del server è equivalente a quello che ha *root* per le password normali, esso cioè può cambiare le password di tutti gli utenti. Se si volesse introdurre un utente di amministrazione da usare al posto dell'amministratore generale si dovrebbe inserire anche per lui un adeguato permesso di accesso.

Si tenga presente che perché un utente possa modificare la propria password non è necessario che il client abbia pieno accesso a LDAP, in quanto esso potrà farlo una volta che si è autenticato, avendo utilizzato la ACL "`by self write`". Questo stesso privilegio dovrà essere assegnato per gli altri attributi che si vuole l'utente possa modificare; in particolare l'accesso a `shadowLastChange` è fondamentale perché all'aggiornamento della password questo dato venga aggiornato.[17] Per questo motivo una configurazione più adeguata delle ACL per gli attributi usati nell'autenticazione degli utenti potrebbe essere:

```
━━━━━━━━━━━━━━━━━━━━━━━━━━━ slapd.conf ━━━━━━━━━━━━━━━━━━━━━━
access to attrs=userPassword
        by dn="cn=admin,dc=truelite,dc=it" write
        by anonymous auth
        by self write
        by * none
access to attrs=shadowLastChange,loginShell,gecos
        by dn="cn=admin,dc=truelite,dc=it" write
        by self write
        by * none
```

---

[17]altrimenti la password verrebbe cambiata, ma per il meccanismo di verifica della durata il cambiamento non avrebbe effetto, non venendo aggiornato il valore di questo attributo.

Una volta configurate le librerie per l'accesso al server, per poter centralizzare l'autenticazione occorrerà anche configurare PAM per fargli utilizzare il modulo `pam_ldap.so` per gestire i vari servizi da esso coperti. Nel caso di Debian e di tutte le distribuzioni più recenti la configurazione di PAM avviene attraverso una serie di file posti nella directory `/etc/pam.d`, uno per servizio, che indicano quali moduli devono essere utilizzati (una trattazione dettagliata di questi argomenti si può trovare in sez. 4.3.7 di [AGL]).

Per indicare l'uso di LDAP per i servizi di autenticazione, gestione dell'account e delle password si potrebbero allora aggiungere in ciascuno dei file di configurazione dei programmi, prima delle equivalenti configurazioni che indicano quella ordinaria (in genere effettuata con `pam_unix.so`) delle righe come le seguenti:

```
auth       sufficient pam_ldap.so
account    sufficient pam_ldap.so
password   sufficient pam_ldap.so
```

e si noti che non si sia specificato niente per i servizi di sessione; questo avviene perché con PAM si gestisce solo l'autenticazione centralizzata su LDAP, le informazioni sulla sessione sono invece locali e non vengono mantenute su LDAP.

Una configurazione come quella indicata richiede di utilizzare, se presenti, le informazioni su LDAP per i servizi indicati, ed altrimenti passare al meccanismo classico di autenticazione di Unix. Si tenga presente che non si può rimuovere la parte relativa all'autenticazione ordinaria, altrimenti gli utenti locali (come *root*) non potrebbero più collegarsi al sistema.

Questo metodo ha però diversi svantaggi il primo dei quali, non collegato all'uso di LDAP, è quello di dover modificare tutti i file presenti in `/etc/pam.d`. Le versioni più recenti di PAM, quelle in uso in tutte le principali distribuzioni, consentono l'inclusione di alcuni valori comuni mantenuti su file a parte. Questo in Debian è realizzato tramite i 4 file `common-auth`, `common-session`, `common-account` e `common-password`, per cui sarà sufficiente effettuare le modifiche citate all'interno di questi.[18] Altre distribuzioni usano altri file, ma sarà sufficiente aggiungere ad essi direttive analoghe a quelle illustrate in seguito.

La configurazione in esempio presenta comunque anche altri inconvenienti: il primo è che cominciando con `pam_ldap.so` si andrà sempre a cercare prima su LDAP e poi in locale; questo comporta del traffico inutile quando si cercano dei dati relativi agli utenti locali. Dato che la ricerca in locale è molto meno onerosa è sempre preferibile utilizzare `pam_ldap.so` solo dopo l'uso del classico `pam_unix.so`. Il secondo problema è che tutte le volte che un utente non è presente su LDAP la password verrebbe richiesta una seconda volta per poterlo autenticare localmente.

Per questo motivo riportiamo di seguito, per ciascuno dei quattro file comuni appena citati, una configurazione più corretta, ripresa da quanto installato di default su una Debian Stretch se si usa `libpam-ldap` (rimossi i commenti). Nel caso di `libpam-ldapd` le configurazioni sono analoghe, con delle differenze dovute ai diversi parametri disponibili per il modulo `pam_ldap.so` installato da questa libreria, ma i seguenti vogliono essere solo degli esempi. Qualunque sia la versione di libreria che si installa si potranno ottenere i dettagli e la documentazione completa del modulo `pam_ldap.so` che si sta utilizzando con `man pam_ldap`.

Nel caso di `common-auth` si potranno utilizzare le seguenti impostazioni:

---

[18]con le versioni più recenti di Debian in realtà non c'è da fare nulla, se si installa `libpam-ldap` o `libpam-ldapd` questi file vengono automaticamente modificati dal sistema del *debconf* con le opportune configurazioni.

```
 ─────────────────────────────── common-auth ───────────────────────────────
 auth      [success=2 default=ignore]                       pam_unix.so nullok_secure
 auth      [success=1 default=ignore]                       pam_ldap.so use_first_pass
 auth      requisite                                        pam_deny.so
 auth      required                                         pam_permit.so
```

in cui prima si esegue la richiesta di autenticazione ordinaria sui file locali e se ha successo si termina subito passando a `pam_permit.so`, mentre in caso di fallimento si effettua la richiesta su LDAP saltando su `pam_permit.so` in caso di successo, terminando altrimenti su `pam_deny.so`. L'uso dell'argomento `try_first_pass` consente di riutilizzare la password immessa per l'autenticazione classica anche per LDAP, evitando così la ripetizione della richiesta. In maniera analoga si potrà inserire in `common-password` qualcosa del tipo:

```
 ───────────────────────────── common-password ─────────────────────────────
 password  [success=2 default=ignore]                       pam_unix.so obscure sha512
 password  [success=1 user_unknown=ignore default=die]      pam_ldap.so use_authtok try_first_pass
 password  requisite                                        pam_deny.so
 password  required                                         pam_permit.so
```

dove di nuovo prima si cerca di usare i file locali con l'autenticazione classica e poi si passa a LDAP, infine per `common-account` si potrà utilizzare:

```
 ────────────────────────────── common-account ─────────────────────────────
 account   [success=2 new_authtok_reqd=done default=ignore] pam_unix.so
 account   [success=1 default=ignore]                       pam_ldap.so
 account   requisite                                        pam_deny.so
 account   required                                         pam_permit.so
```

mentre per quanto riguarda `common-session` (per il quale non vengono sostanzialmente utilizzate le informazioni di LDAP) si potrà usare:

```
 ────────────────────────────── common-session ─────────────────────────────
 session   [default=1]                                      pam_permit.so
 session   requisite                                        pam_deny.so
 session   required                                         pam_permit.so
 session   required                                         pam_unix.so
 session   optional                                         pam_ldap.so
 session   optional                                         pam_systemd.so
```

3.1.4 Gestione centralizzata di utenti e gruppi con `sssd`

Abbiamo visto nelle sezioni precedenti come l'uso di un demone di intermediazione, `nslcd`, consenta di risolvere alcuni dei problemi relativi alla configurazione centralizzata degli utenti derivanti dalla necessità di accedere per gli stessi ad un servizio esterno (nel caso LDAP) da parte delle librerie di gestione per NSS e PAM.

L'idea di gestire NSS e PAM con delle librerie di interfaccia che parlano con un opportuno demone di sistema che si incarica di recuperare e fornire le informazioni necessarie è stata ripresa ed estesa da `sssd`, il *System Security Services Daemon*, che consente da una parte di interfacciarsi a diversi servizi di centralizzazione delle informazioni come LDAP, *Active Directory* o *Free*

IPA (per ottenere i dati in forma centralizzata all'interno di quello che la nomenclatura del programma chiama un "*dominio*"), e dall'altra di estendere il supporto per l'uso delle informazioni ottenute da un *dominio* oltre che a NSS e PAM anche ad altri "*servizi*" (sempre seguendo la nomenclatura del programma) come la gestione degli *automount*, la gestione di sudo su LDAP, o la gestione delle chiavi SSH. Tratteremo qui però soltanto l'uso di sssd con *dominio* LDAP, e per i servizi di NSS e PAM.

Il *System Security Services Daemon* è disponibile su tutte le distribuzioni più recenti ed in genere può essere installato con il pacchetto omonimo; con lo stesso sono fornite anche le librerie libnss-sss e libpam-sss. Con Debian Stretch queste vengono automaticamente installate come dipendenza, e viene creata da *debconf* una opportuna configurazione per usarle sia con NSS che con PAM, questo significa che si otterrà per /etc/nsswitch.conf un contenuto come:

```
──────────────────────────────── nsswitch.conf ────────────────────────────────
passwd:         compat sss
group:          compat sss
shadow:         compat sss
gshadow:        files

hosts:          files dns
networks:       files

protocols:      db files
services:       db files sss
ethers:         db files
rpc:            db files

netgroup:       nis sss
sudoers:        files sss
```

in cui si può notare come con NSS venga l'uso di sssd anche configurato per le classi di netgroup e sudoers.

La configurazione di PAM è analoga a quella vista in sez. 3.1.3 per nslcd, di nuovo prenderemo in esame le versioni dei vari file /etc/pam.d/common-* installati automaticamente dal pacchetto con Debian Stretch, che forniscono un esempio di configurazione valido in generale, si avrà pertanto per common-auth qualcosa del tipo:

```
──────────────────────────────── common-auth ────────────────────────────────
auth    [success=2 default=ignore]      pam_unix.so nullok_secure
auth    [success=1 default=ignore]      pam_sss.so use_first_pass
auth    requisite                       pam_deny.so
auth    required                        pam_permit.so
```

che praticamente è identico all'esempio illustrato in sez. 3.1.3 con l'uso di pam_sss.so al posto di pam_ldap.so, per common-password invece si avrà qualcosa del tipo:

```
──────────────────────────────── common-password ────────────────────────────────
password    requisite                   pam_pwquality.so retry=3
password    [success=2 default=ignore]  pam_unix.so obscure use_authtok try_first_pass sha512
password    sufficient                  pam_sss.so use_authtok
password    requisite                   pam_deny.so
password    required                    pam_permit.so
```

dove di nuovo, a parte l'uso del modulo `pam_pwquality.so` (che serve a effettuare un controllo preventivo di sufficiente complessità della password) si verifica prima l'esistenza di un utente locale con `pam_unix.so` e se questo fallisce si passa al controllo di un utente remoto con `pam_sss.so`; lo stesso concetto si applica anche a `common-account`:

```
──────────────────────── common-account ────────────────────────
account    [success=1 new_authtok_reqd=done default=ignore]    pam_unix.so
account    requisite                                           pam_deny.so
account    required                                            pam_permit.so
account    sufficient                                          pam_localuser.so
account    [default=bad success=ok user_unknown=ignore]        pam_sss.so
```

anche se in questo caso il risultato è ottenuto in maniera più complessa, infine per quanto riguarda `common-session` (per il quale non vengono sostanzialmente utilizzate le informazioni di `sssd`) si avrà:

```
──────────────────────── common-session ────────────────────────
session    [default=1]                                         pam_permit.so
session    requisite                                           pam_deny.so
session    required                                            pam_permit.so
session    required                                            pam_unix.so
session    optional                                            pam_sss.so
session    optional                                            pam_systemd.so
```

che di nuovo è sostanzialmente identico all'esempio illustrato in sez. 3.1.3 con l'uso di `pam_sss.so` al posto di `pam_ldap.so`.

Il file di configurazione di `sssd` è `/etc/sssd/sssd.conf`, ed utilizza il formato dei *file INI*, si può inoltre usare la directory di configurazione `/etc/sssd/conf.d/` per suddividere la configurazione in frammenti, usando una serie di file il cui nome non può iniziare con ".", e deve terminare in `.conf`, che verranno riassemblati in ordine alfabetico. Tutti i file devono essere leggibili e scrivibili solo da *root*.

La configurazione viene ottenuta leggendo prima `/etc/sssd/sssd.conf` e poi gli eventuali frammenti in `/etc/sssd/conf.d/` ordine alfabetico; in caso di sovrapposizione delle direttive di configurazione prevale quella letta per ultima, pertanto è possibile utilizzare il contenuto di `/etc/sssd/conf.d/` per inserire delle direttive specifiche gestendo la priorità delle stesse con un opportuno ordinamento dei nomi dei frammenti.

La configurazione prevede la presenza nel file di diverse sezioni a seconda dei servizi che si vogliono fornire e delle modalità con cui vogliono ottenere le relative informazioni, `sssd` infatti è modulare e questo gli consente di mettere in esecuzione sia programmi i che forniscono il supporto per i *servizi* richiesti (detti *responder*) che quelli che gestiscono della raccolta delle informazioni (detti *provider*) per i *domini* a cui si fa riferimento.

La configurazione di quali *servizi* attivare e di quali *domini* usare deve essere effettuata nella sezione `[sssd]` del file di configurazione, insieme alle opzioni generali del demone. In questa sezione occorre anzitutto indicare la versione del file di configurazione (che è sempre 2 a partire dalla versione 0.6.0 del di `sssd`), assegnando questo valore alla chiave `config_file_version`.

I *servizi* sono attivati dalla chiave `services`, da assegnare alla lista, separata da virgole, dei servizi che si intendono fornire; ad esempio nel caso più comune si indicherà `pam,nss`. Ciascuno di questi servizi dovrà essere configurato in una susseguente sezione omonima. I *domini* sono invece attivati dalla chiave `domains` in cui si deve indicare una lista, sempre separata da virgole, di quelli che si intende usare. Ciascun dominio deve essere identificato con un nome alfanumerico (più i caratteri "-", "." e "_") che può essere completamente arbitrario. Si dovrà poi procedere alla relativa configurazione in una successiva sezione nella forma `[domain/nome]`. Fintanto che non si indica almeno un dominio `sssd` non viene avviato.

Si sono riassunte in tab. 3.8 le principali chiavi di configurazione della sezione `[sssd]`, l'elenco completo delle stesse si trova nella sezione *SPECIAL SECTIONS* della pagina di manuale, consultabile con `man sssd.conf`.

Chiave	Significato
config_file_version	Versione del file di configurazione, con le versioni correnti del demone (dopo la 0.6.0) deve avere valore 2.
domains	Elenco dei domini, separato da virgole, che il demone utilizzerà come fonti delle informazioni, prende un elenco di nomi composti di sole lettere, numeri, "-", "." e "_"; per ciascuno di essi sarà necessaria una successiva sezione nella forma [domain/*nome*].
services	Elenco dei servizi, separato da virgole, che il demone deve fornire, sono possibili: nss, pam, sudo, autofs, ssh, pac, ifp, per ciascuno dei servizi indicati sarà necessaria una successiva sezione omonima.
user	Utente per conto dei quali eseguire i servizi quando è possibile diminuire i privilegi, se non indicato (il default) viene usato *root*.

Tabella 3.8: Chiavi di configurazione di `sssd.conf` per la sezione `[sssd]`.

Oltre alle chiavi di configurazione specifiche come quelle di tab. 3.8, sono disponibili una serie di chiavi di configurazione generiche che si possono utilizzare in qualunque sezione di `sssd.conf`. Fra queste sono particolarmente rilevanti quelle che controllano la registrazione delle informazioni di funzionamento fornite dal demone, controllate dalla chiave `debug_level` (usabile alternativamente anche solo come `debug`), che può prendere o un valore numerico semplice fra 0 e 9, o una maschera binaria ottenuta combinando i valori esadecimali di tab. 3.9. Il default è 0, che riporta solo gli errori fatali che impediscono l'avvio o fanno terminare il programma, e che non è appropriato quando si deve effettuare della diagnostica.

Valore		Significato
0	0x0010	Errori fatali.
1	0x0020	Errori critici.
2	0x0040	Errori gravi.
3	0x0080	Errori minori.
4	0x0100	Impostazioni di configurazione.
5	0x0200	Dati delle funzioni.
6	0x0400	Tracce delle operazioni.
7	0x1000	Tracce delle funzioni interne.
8	0x2000	Dati delle funzioni interne.
9	0x4000	Debug di bassissimo livello.

Tabella 3.9: Valori possibili per la chiave di configurazione `debug` di `sssd.conf`.

In tal caso si tenga presente che l'impostazione di `debug` si applica sempre solo al servizio o al dominio della sezione in cui viene definita, e che se inserita in [`sssd`] si applica solo al comportamento del demone principale `sssd` e non a tutto il resto. Si tenga presente inoltre che ogni singolo sottoprogramma del demone (*responder* per i servizi o *provider* per i domini) utilizza un suo file di log separato sotto `/var/log/sssd/`, nella forma `sssd_`*nome*`.log`, dove *nome* è quello usato per `domain` e `services`, con in più `sssd.log` per il demone stesso.

Come accennato per ogni servizio configurato con `services` occorre una sezione omonima in cui configurare i dettagli relativi al servizio, che può essere vuota se i default sono sufficienti. Nel caso del *Name Service Switch* la sezione è [`nss`] ed in genere i default non hanno bisogno di modifiche, ma si potrebbero personalizzare i filtri per gli utenti ed i gruppi con le chiavi `filter_users` e `filter_groups`, indicando con una lista separata da virgole rispettivamente quali utenti o gruppi escludere; di default viene escluso soltanto *root*, una possibile configurazione è quella di escludere i gruppi di sistema che si vuole mantenere locali. Altre chiavi di configurazione rilevanti per questa sezione sono illustrate nella prima parte di tab. 3.10.

Chiave	Significato
`filter_users`	Lista degli utenti da escludere dal NSS, il default è solo *root*.
`filter_groups`	Lista dei gruppi da escludere dal NSS.
`fallback_homedir`	La directory da usare come *home* degli utenti quando questa non viene fornita dal *provider*, consente l'uso di un template con le sostituzioni di tab. 3.11.
`default_shell`	La shell da usare per gli utenti quando questa non viene fornita dal *provider*.
`offline_credentials_expiration`	Numero di giorni passati i quali se il *provider* non è più raggiungibile verrà bloccato l'accesso temporaneo con le credenziali presenti in *cache*.
`pam_pwd_expiration_warning`	Numero di giorni prima della scadenza della password da cui iniziare a mostrare un avviso (se il *provider* fornisce questa informazione).
`pam_verbosity`	Prolissità dei messaggi usati durante l'autenticazione, prevede i valori: 0 (nessun messaggio), 1 (solo messaggi importanti), 2 (messaggi di informazione, il default), 3 (tutti i messaggi).
`reconnection_retries`	Numero dei tentativi di riconnessione ad un *provider* di dati in caso di disconnessione dello stesso.

Tabella 3.10: Chiavi di configurazione di `sssd.conf` per le sezioni relative ai servizi ([`nss`], [`pam`] e generiche).

Analogamente a quanto detto per il NSS, le configurazioni relative a PAM devono essere inserite nella sezione [`pam`], anche in questo caso normalmente non è necessario cambiare nessun default e si può lasciare la sezione vuota; si sono comunque riportate alcune delle chiavi di configurazione più significative nella seconda parte di tab. 3.10.

Nella terza parte invece si sono riportate le chiavi di configurazione generiche, utilizzabili per qualunque servizio; la documentazione completa è disponibile nella sezione *SERVICES SECTIONS* della pagina di manuale di `sssd.conf`. Infine in tab. 3.11 si sono riportate alcune espressioni che possono essere usate nei valori assegnabili ad alcune chiavi di configurazione ed il significato della relativa espansione.

Al di là della possibilità di utilizzarlo anche come supporto per altri servizi oltre ai classici NSS e PAM, la potenza di `sssd` sta nella flessibilità con cui consente di interfacciarsi con diverse fonti di informazioni, supportando sia la possibilità di combinarne diverse all'interno di un

Espressione	Significato
%u	Nome utente o di login (`user`) .
%U	*user ID* (`1000`).
%d	Nome del dominio (`domain.name`).
%f	Utente completamente qualificato (`user@domain.name`).
%P	*Principal Name* (`user@REALM`).
%%	Un `%`.

Tabella 3.11: Principali espressioni di sostituzione usabili nei valori di `sssd.conf`.

dominio, che quella di usare in contemporanea più domini unendone i membri. All'interno di un *dominio* infatti vengono aggregate diverse classi di informazioni, ciascuna potenzialmente associabile ad un diverso tipo di *provider*, ad esempio è possibile usare LDAP per l'identificazione e Kerberos per l'autenticazione; si tenga presente comunque che non tutte le combinazioni sono possibili o hanno senso. In tab. 3.12 si è riportato un elenco dei *provider* più comuni, con i nomi che li identificano nelle configurazioni di `sssd.conf`.

Provider	Utilizzo
`ldap`	Si interfaccia ad un server LDAP per le informazioni di autenticazione, identificazione, accesso e cambio password.
`krb5`	Si interfaccia ad un server Kerberos 5 per le informazioni di autenticazione e cambio password.
`ipa`	Si interfaccia ad un server *FreeIPA* per tutte le classi di informazioni.
`ad`	Si interfaccia ad un server *Active Directory*.
`proxy`	Reinoltra le richieste ad uno dei moduli di PAM disponibili sulla macchina stessa (usato ad esempio per inserire all'interno di `sssd` gli utenti locali).
`local`	Il *provider* interno a `sssd` per gli utenti locali.

Tabella 3.12: Tipi di *provider* utilizzabili nella configurazione dei domini di `sssd.conf`.

Le due classi principali, che devono essere sempre presenti per poter fornire i servizi di NSS e PAM, sono quella di autenticazione e quella di identificazione. Pertanto, una volta definito un *dominio* occorrerà indicare nella sezione del file di configurazione ad esso corrispondente da quale *provider* si ottengono le informazioni di identificazione, usando la chiave `id_provider`, e da quale quelle di autenticazione usando la chiave `auth_provider` (in genere è il caso di essere espliciti, anche se quest'ultima viene assegnata automaticamente al valore di `id_provider` se non indicata esplicitamente).

Si sono riportate in tab. 3.13 le chiavi di configurazione che consentono di definire i *provider* per le classi di informazioni più rilevanti,[19] elencando per ciascuna i possibili *provider* utilizzabili al loro interno. Come accennato però non tutte le combinazioni di *provider* per l'autenticazione e l'identificazione sono possibili, e a parte queste due classi le altre non si possono proprio mescolare fra loro. Per questo oltre all'uso uniforme di LDAP, *Active Directory* o *FreeIPA*, le uniche combinazioni ulteriori, in cui si possono usare *provider* diversi, sono LDAP per l'identificazione

---

[19]l'elenco completo è disponibile nella pagina di manuale di `sssd.conf`, tralasciamo quelle che sono marginali rispetto allo scopo di questo testo.

e Kerberos per l'autenticazione, oppure `proxy` per l'identificazione e uno fra LDAP, Kerberos o ancora `proxy` per l'autenticazione.

Chiave	Significato
auth_provider	Indica quale *provider* verrà usato per ottenere le informazioni di autenticazione del dominio, deve essere uno fra: `ldap`, `krb5`, `ipa`, `ad`, `proxy`, `local` oppure `none` per disabilitare completamente l'autenticazione; il default è usare il valore di `id_provider` se il valore supporta l'autenticazione, altrimenti deve essere definita esplicitamente.
id_provider	Indica quale *provider* verrà usato per ottenere le informazioni di autenticazione del dominio, deve essere uno fra: `ldap`, `ipa`, `ad`, `proxy`, `local`; la chiave non ha default e deve essere sempre definita.
access_provider	Indica quale *provider* verrà usato per ottenere le informazioni di controllo di accesso del dominio, può essere uno fra: `ldap`, `krb5`, `ipa`, `ad`, `proxy`, `simple`, oppure la parola chiave `deny` o `permit` per rispettivamente bloccare o consentire ogni accesso; il default è `permit` che non attua nessun controllo di accesso.
chpass_provider	Indica quale *provider* verrà usato per gestire il cambio password nel dominio, può essere uno fra: `ldap`, `krb5`, `ipa`, `ad`, `proxy`, oppure `none` per disabilitare il cambio password; il default è usare il valore di `auth_provider`.
sudo_provider	Indica quale *provider* verrà usato per gestire il servizio `sudo` nel dominio, può essere uno fra: `ldap`, `ipa`, `ad`, oppure `none` per disabilitare il servizio; il default è usare il valore di `id_provider`.
autofs_provider	Indica quale *provider* verrà usato per gestire il servizio `autofs` nel dominio, può essere uno fra: `ldap`, `ipa`, `ad`, oppure `none` per disabilitare il servizio; il default è usare il valore di `id_provider`.

Tabella 3.13: Chiavi di configurazione di `sssd.conf` relative alle classi di informazioni di un dominio fornite dai *provider*.

Una volta che sia indicato a quale (o quali) *provider* un *dominio* deve fare riferimento, occorrerà inserire nella relativa sezione anche le chiavi di configurazione ad esso relative. Nel caso si usi `ldap` sarà allora necessario definire il server o i server a cui si fa riferimento con `ldap_uri` e la base di ricerca con `ldap_search_base`. Si sono riportate le chiavi di configurazione più rilevanti in tab. 3.14, per l'elenco completo si può fare riferimento alla pagina di manuale del *provider*, accessibile con `man sssd-ldap`.[20]

Chiave	Significato
ldap_uri	Indica l'indirizzo del server LDAP a cui collegarsi; prende anche una lista separata da virgole, nel qual caso i server saranno contattati nell'ordine indicato.
ldap_base	Indica la base di ricerca per le interrogazioni verso il server LDAP.
ldap_schema	Indica lo *schema* utilizzato dal server per mantenere i dati di autenticazione, il default è `rfc2307` per lo schema classico dell'RFC 2307 illustrato in sez. 3.1.1, ma sono supportati anche altri *schema* come la variante dell'RFC 2307bis con `rfc2307bis`,[21] l'uso di *Active Directory* con `AD` e quello di *FreeIPA* con `IPA`.
ldap_tls_reqcert	Indica il tipo di verifica per i certificati del server quando si usa TLS/SSL, prende gli stessi valori di `TLS_REQCERT` illustrati in tab. 2.23.

Tabella 3.14: Chiavi di configurazione di `sssd.conf` per il *provider* `ldap`.

---

[20]come accennato la struttura modulare di `sssd` prevede che ogni *provider* sia gestito da un programma indipendente (si avranno pertanto anche `sssd-krb5`, `sssd-ipa`, `sssd-ad`, ecc.) per ciascuno dei quali si avrà una configurazione specifica, documentata nelle rispettiva pagina di manuale.

Per completare la configurazione si potranno infine aggiungere nella sezione relativa al dominio le chiavi generiche relative alla gestione dello stesso, come `min_id` e `max_id` che consentono di impostare i valori minimo e massimo per gli *user ID* e *group ID* utilizzabili nel dominio. Un'altra chiave rilevante è `enumerate` che di default blocca l'enumerazione (che in genere è costosa in termini di prestazioni) della lista degli utenti; questo significa che salvo una configurazione esplicita non si otterranno i risultati illustrati in sez. 3.1.2 per l'uso di comandi come `getent passwd` o `getent group`, ma continueranno a funzionare richieste specifiche come `getent passwd` *username* o `getent group` *groupname*.

Chiave	Significato
cache_credentials	Valore logico (TRUE o FALSE) che indica se viene effettuato o meno il *caching* delle credenziali di autenticazione (in forma comunque di *hash* crittografico), il default è FALSE.
enumerate	Valore logico (TRUE o FALSE) che indica se viene effettuata o meno l'enumerazione degli utenti in risposta ad una richiesta generica (ad esempio `getent passwd`), essendo una operazione onerosa, specie in caso di gran numero di utenti, il default è FALSE.
max_id	Valore massimo per l'*user ID* ed *group ID* principale degli utenti, se superiore questi verranno ignorati, il default è nessun limite.
min_id	Valore minimo per l'*user ID* ed *group ID* principale degli utenti, se inferiore questi verranno ignorati, il default è 1, che esclude *root*.
case_sensitive	Indica se trattare o meno come *case sensitive* i nomi di utenti e gruppi prende come possibili valori True (il default, tranne in caso si usi come *provider* ad che non supporta questa possibilità), False e Preserve (identico a False ma preserva la distinzione nella visualizzazione).

Tabella 3.15: Chiavi di configurazione di `sssd.conf` generiche per un *dominio*.

In tab. 3.15 si sono riportate le chiavi di configurazione generiche più rilevanti, l'elenco completo è riportato nella sezione *DOMAIN SECTIONS* della pagina di manuale di `sssd.conf`, accessibile al solito con `man sssd.conf`. In sostanza per ottenere con `sssd` una configurazione analoga a quella vista in sez. 3.1.2 e sez. 3.1.3, si potrà utilizzare per `sssd.conf` qualcosa del tipo:

─────────────────────────── /etc/sssd/sssd.conf ───────────────────────────
```
[sssd]
config_file_version = 2
services = nss, pam
domains = LDAP
[nss]
[pam]
[domain/LDAP]
id_provider = ldap
auth_provider = ldap
ldap_uri = ldaps://172.24.42.46
ldap_search_base = dc=truelite,dc=it
enumerate = true
ldap_tls_reqcert = never
```
──

---

[21]si tratta di una variante dello schema classico dell'RFC 2307 in cui si indicano i membri di un gruppo non con il valore dell'attributo `uid` nell'attributo `memberUid` ma con il loro DN nell'attributo `member`.

Si noti come nell'esempio non compaia nessun riferimento alla possibilità di collegarsi ad LDAP con un account privilegiato quando si eseguono comandi con l'utente di amministrazione; questa funzionalità infatti non è supportata da `sssd`, ed un tentativo di eseguire il cambio password di un utente su LDAP utilizzando `passwd` eseguito da *root* darà comunque luogo ad un errore (di operazione non supportata).

3.2 L'integrazione dell'autenticazione su LDAP

Vedremo in questa sezione come si può utilizzare LDAP come supporto per mantenere in maniera centralizzata le informazioni di autenticazione utilizzate da una serie di servizi e programmi, non strettamente attinenti alla gestione di utenti e gruppi di sistema, argomento che abbiamo già trattato in sez. 3.1.

3.2.1 Apache e LDAP

L'uso classico dei dati di LDAP da parte di Apache è quello della gestione delle restrizioni di accesso previa autenticazione degli utenti.[22] Invece di confrontare le credenziali di accesso con il classico file generato con `htpasswd`, queste possono essere ottenute interrogando LDAP, permettendo così una gestione integrata con gli utenti di sistema eventualmente centralizzati su un server.

Per poter utilizzare Apache in questo modo è necessario che siano stati caricati gli opportuni moduli; a partire da Apache 2.2 questi sono `mod_authnz_ldap` e `mod_ldap` (richiesto come dipendenza del primo). Entrambi sono parte dei moduli base di Apache (in Debian vengono installati con il pacchetto `apache2-bin`) e per caricarli basta assicurarsi della presenza degli opportuni link simbolici in `/etc/apache2/mods-enabled`, che si possono ottenere eseguendo il comando `a2enmod authnz_ldap`.

L'autenticazione si attiva sempre usando le direttive `AuthType` e `AuthName` all'interno di una sezione `Directory` o `Location` (per una trattazione più dettagliata dell'argomento si può consultare sez. 1.4.2 di [WebServ]) a cui si aggiunge la necessità di dare una indicazione esplicita di quale supporto di autorizzazione si intende utilizzare con la direttiva `AuthBasicProvider`, che nel caso specifico dovrà usare l'argomento `ldap` (con l'autenticazione classica sui file gestiti con `htpasswd` non viene usata dato che il suo valore di default è `file`).

Come per tutti i moduli di autenticazione il funzionamento è suddiviso in due fasi, la prima è quella detta di *autenticazione*, che prevede la verifica su LDAP delle credenziali fornite dall'utente (nome utente e password immesse nel browser). Questo viene fatto eseguendo prima una ricerca dell'utente su LDAP con l'interrogazione specificata dalla URL passata come argomento della direttiva `AuthLDAPURL`. La ricerca viene eseguita di default sull'attributo `uid` a partire dalla base specificata nella URL, ma si può scegliere un altro attributo (ad esempio `cn`) o l'applicazione di un filtro di ricerca utilizzando la sintassi estesa delle URL di LDAP illustrata in sez. 1.1.4.

Se la ricerca restituisce un risultato unico, il *Distinguished Name* così ottenuto verrà usato per collegarsi al server LDAP (in autenticazione semplice) con la password fornita dell'utente:

---

[22]esiste anche un modulo, `mod_vhost_ldap`, per mantenere su LDAP le informazioni relative ai *Virtual Host*, ma non ne risulta un uso significativo e non lo prenderemo in considerazione.

un risultato positivo completa la fase di autenticazione. Dato che è supportata solo l'autenticazione semplice se il server LDAP è remoto occorrerà utilizzare SSL o *StartTLS*, in tal caso la configurazione della gestione dei certificati dovrà essere effettuata con le opportune direttive di `mod_ldap`, che in questo caso vanno inserite nella configurazione generale del server.

Se tutto quello che interessa è semplicemente la cifratura della connessione, sarà sufficiente impostare la direttiva `LDAPVerifyServerCert` ad `off` per disabilitare la verifica dei certificati, altrimenti si dovrà utilizzare una appropriata *Certification Authority*, ed utilizzare le direttive `LDAPTrustedGlobalCert` e `LDAPTrustedClientCert` per impostare tipo e file o directory dove si sono installati i certificati delle CA che si vogliono usare. Si sono riportate in tab. 3.16 le principali direttive fornite da `mod_ldap` attinenti la configurazione generale del server, per tutti i dettagli si può fare riferimento alla documentazione del modulo, disponibile su `http://httpd.apache.org/docs/current/mod/mod_ldap.html`.

Direttiva	Significato
LDAPCacheEntries	Indica il numero di voci mantenute in *cache* dal modulo, il default è 1024.
LDAPCacheTTL	Indica il tempo di vita in secondi di una voce nella *cache*, il default è 600.
LDAPLibraryDebug	Abilita la registrazione dei messaggi di debug del modulo, i valori dipendono dal tipo di server a cui ci si rivolge, con *OpenLDAP* si può utilizzare il valore 7 (da usare solo per debug, nei log possono venire salvate anche le password immesse dagli utenti).
LDAPTrustedClientCert	Indica i certificati delle CA usate per verificare le connessioni SSL verso il server LDAP di una specifica connessione, richiede come argomenti il formato ed il file o la directory dove sono installati gli stessi, soprassiede `LDAPTrustedGlobalCert`.
LDAPTrustedGlobalCert	Indica i certificati delle CA usate per verificare le connessioni SSL verso un server LDAP a livello globale, si applica a tutte le connessioni per cui non esista una `LDAPTrustedClientCert`, richiede come argomenti il formato ed il file o la directory dove questi sono installati.
LDAPVerifyServerCert	Indica se verificare o meno il certificato SSL di un server LDAP a cui ci si collega, prende i valori `on` (default) o `off`.

Tabella 3.16: Le direttive generali della configurazione di Apache per `mod_ldap`.

Si tenga presente che se la ricerca iniziale sull'username non restituisce esattamente *un* risultato l'accesso viene negato immediatamente: questo significa anche che se non è possibile eseguire una ricerca anonima occorrerà specificare, con le direttive `AuthLDAPBindDN` e `AuthLDAPBindPassword` un *Distinguished Name* e relativa password con cui effettuare il collegamento iniziale per la ricerca, altrimenti la fase di autenticazione non verrà mai completata.

Alla fase di autenticazione segue quella di *autorizzazione*, in cui l'accesso viene consentito o meno a seconda di quanto specificato nella direttiva `Require`. Questa continua a supportare l'argomento `valid-user` per indicare un utente autenticato generico (richiede però il modulo `mod_authz_user`, che su Debian è attivo di default) mentre si dovranno usare `ldap-user` e `ldap-group` al posto di `user` e `group` per indicare uno specifico utente o gruppo su LDAP.[23]

---

[23]in realtà si può continuare anche ad usare `user`, nel qual caso però si dovrà usare l'username richiesto dal browser (ed è necessaria la presenza del modulo `mod_authz_user`, attivato di default) ed è possibile anche usare `group`

A questi si aggiungono altre modalità specifiche di LDAP, ad esempio con `ldap-attribute` si potrà specificare un attributo, nella forma `nome=valore`, e l'autorizzazione sarà concessa soltanto se nella voce corrispondente all'utente è presente quell'attributo con quel valore. Con `ldap-dn` si potrà invece autorizzare uno specifico *Distinguished Name* indicato come argomento, mentre con `ldap-filter` di potrà indicare un filtro di ricerca, consentendo l'accesso a tutti gli utenti autenticati che corrispondono allo stesso. In tab. 3.17 si sono riassunti i vari possibili argomenti utilizzabili con `Require`.

Argomenti	Significato
`ldap-user`	Da accesso ad uno specifico utente su LDAP, da indicare con il valore dell'attributo su cui si è effettuata la ricerca con `AuthLDAPURL` (il default è `uid`).
`ldap-group`	Da accesso ai membri di un gruppo su LDAP cui l'utente deve appartenere, da indicare con il relativo DN.
`valid-user`	Da accesso a qualunque utente autenticato.
`ldap-attribute`	Da accesso a tutti gli utenti che hanno un valore di uno specifico attributo, da indicare nella forma `attributo=valore`.
`ldap-dn`	Da accesso all'utente corrispondente al DN indicato.
`ldap-filter`	Da accesso a tutti gli utenti autenticati che corrispondono al filtro di ricerca indicato.

Tabella 3.17: Gli argomenti specifici della direttiva `Require` quando utilizzata con i moduli di autenticazione su LDAP.

Si tenga presente che quando si imposta una autorizzazione per utenti e gruppi, essendo i relativi dati mantenuti su LDAP, se ne dovranno tenere in considerazione le caratteristiche, che si riflettono sulla forma dei parametri da indicare agli argomenti di `Require` indicati in tab. 3.17. Come accennato infatti l'username che identifica un utente sul browser può assumere le forme più diverse a seconda dell'attributo che si usa nella interrogazione specificata da `AuthLDAPURL`. Pertanto quando si usa `ldap-user` per indicare a quale utente si vuole dare accesso occorrerà usare il valore con cui si è fatto la ricerca nella fase di autenticazione; se ad esempio si fa una ricerca sul *Common Name*, le direttive di autorizzazione dovranno essere nella forma:

```
Require ldap-user "Simone Piccardi"
Require ldap-user "Christian Surchi"
```

dove si sono usate le virgolette dato che lo spazio viene utilizzato come separatore per indicare gli utenti all'interno di una lista.

Lo stesso tipo di problematica si presenta se si esegue una autorizzazione in base all'appartenenza ad un gruppo: in primo luogo occorrerà identificare come indicare il gruppo argomento di `require ldap-group`; inoltre, dato che per definire dei gruppi si possono usare delle *objectclass* diverse, occorrerà anche prendere in considerazione le modalità con cui all'interno del gruppo viene mantenuta la lista degli utenti.

In questo caso gli aspetti di cui tenere conto sono due: il primo riguarda quale attributo viene usato per identificare gli utenti all'interno del gruppo; il default usato da `mod_authnz_ldap` è quello della sintassi nativa dei gruppi di LDAP, che implica cercare degli attributi di tipo `member` o `uniqueMember` tipici di una *objectclass* `groupOfNames`.

---

facendo riferimento ad una lista di utenti mantenuta su un file locale attivando il modulo `mod_authz_groupfile` e configurando opportunamente `AuthGroupFile`, in tal caso nel file si dovranno indicare gli username usati su LDAP.

Se però per gestire i gruppi sul server LDAP si sta usando una *objectclass* diversa, ad esempio la `posixGroup` che abbiamo visto in sez. 3.1.1, anche gli attributi usati per definire gli utenti del gruppo potranno essere diversi e in tal caso occorrerà indicarli esplicitamente con la direttiva `AuthLDAPGroupAttribute`. Nel caso di `posixGroup` abbiamo visto che questi sono i `memberUid`, per cui sarà necessario utilizzare qualcosa del tipo:

```
AuthLDAPGroupAttribute memberUid
```

Un secondo aspetto problematico della gestione dei gruppi è quello relativo al valore che viene usato per verificare se un utente è membro del gruppo; di nuovo `mod_authnz_ldap` fa riferimento allo standard di LDAP con la *objectclass* `groupOfNames`, che prevede che i membri di un gruppo siano indicati con il loro *Distinguished Name*, ed il controllo di appartenenza viene effettuato usando il DN corrispondente all'username fornito dal browser, come lo si è ottenuto dalla fase di autenticazione.

Di nuovo se sul server LDAP si gestiscono i gruppi in maniera diversa, come avviene quando si usa l'*objectclass* `posixGroup`, la ricerca fatta per *Distinguished Name* non funziona dato che in tal caso i membri del gruppo sono indicati dentro `memberUid` semplicemente per nome; è però possibile utilizzare la direttiva `AuthLDAPGroupAttributeIsDN` per richiedere di usare l'username ottenuto dal browser al posto del DN, impostando:

```
AuthLDAPGroupAttributeIsDN off
```

così che l'appartenenza al gruppo possa essere verificata correttamente.

Direttiva	Significato
AuthLDAPURL	Specifica una URL (utilizzando la sintassi estesa illustrata in sez. 1.1.4) sulla quale viene compiuta la ricerca degli utenti; vi si possono indicare la base di ricerca, l'attributo su cui eseguirla (il default è `uid`, e se si indica una lista viene comunque utilizzato solo il primo), la profondità (sono supportati solo `sub` e `one`, `base` è equivalente al default, `sub`), ed un filtro di ricerca.
AuthLDAPBindDN	Specifica il DN con cui collegarsi al server LDAP, se per la ricerca eseguita nella fase di autenticazione non è sufficiente il collegamento anonimo.
AuthLDAPBindPassword	Specifica la password da usare per eseguire il collegamento con l'utente indicato da `AuthLDAPBindDN`.
AuthLDAPGroupAttribute	Specifica quali attributi usare per identificare i membri di un gruppo; il default è l'uso di `member` e `uniqueMember`.
AuthLDAPGroupAttributeIsDN	Esegue la ricerca dei membri di un gruppo usando il DN corrispondente all'utente specificato, se disabilitato (con argomento `off`) esegue la ricerca con l'username passato in fase di autenticazione (il default è `on`).

Tabella 3.18: Le direttive specifiche della configurazione di Apache per l'autenticazione su LDAP.

Si tenga conto infine che qualora si gestiscano utenti e gruppi come illustrato in sez. 3.1.1 utilizzando le *objectclass* definite dall'RFC 2307) c'è un ulteriore aspetto di cui tener conto: un oggetto di classe `posixGroup` contiene solo i gruppi ausiliari e non il gruppo primario. Pertanto, dato che la ricerca dell'appartenenza ad un gruppo viene eseguita sul contenuto dell'oggetto indicato con `Require ldap-group`, perché l'autenticazione funzioni in maniera coerente con il contenuto dei gruppi che si vedrebbe a livello di sistema, occorre usare dei gruppi che non siano il gruppo primario di nessun utente.

In tab. 3.18 si sono riportate le principali direttive di Apache relative all'autenticazione degli utenti su LDAP, la tabella è divisa in due sezioni, nella parte superiore sono indicate le direttive attinenti la fase di autenticazione, nella parte inferiore quelle attinenti la fase di autorizzazione. Di nuovo per tutti i dettagli si può consultare la documentazione completa del modulo, disponibile a partire da `https://httpd.apache.org/docs/current/en/mod/mod_authnz_ldap.html`.

Come esempio di possibile configurazione per l'autenticazione su LDAP possiamo considerare il seguente frammento di file di configurazione, (su una Debian Stretch lo si può inserire in `/etc/apache2/conf-available` ed attivarlo con `a2enconf`) per rendere accessibili le statistiche (attraverso l'uso dell'*handler* `ldap-status` fornito da `mod_ldap`) relative alle connessione verso un server LDAP accessibile solo agli utenti autenticati sullo stesso:

```
──────────────── /etc/apache2/conf-available/ldap-status.conf ────────────────
LDAPVerifyServerCert off
<Location "/ldap-status">
        SetHandler ldap-status
        AuthType Basic
        AuthName "LDAP Protected"
        AuthBasicProvider ldap
        AuthLDAPURL ldaps://192.168.1.2/dc=truelite,dc=it
        Require valid-user
</Location>
```

Un frammento di configurazione analogo, che utilizzi però un server LDAP locale, fornendo però l'accesso solo ai membri del gruppo `truelite` (assumendo sempre l'uso delle *objectclass* definite dall'RFC 2307) è il seguente:

```
──────────────── /etc/apache2/conf-available/ldap-status.conf ────────────────
<Location "/ldap-status">
        SetHandler ldap-status
        AuthType Basic
        AuthName "LDAP Protected"
        AuthBasicProvider ldap
        AuthLDAPURL ldap://127.0.0.1/dc=truelite,dc=it
        AuthLDAPGroupAttributeIsDN off
        AuthLDAPGroupAttribute memberUid
        Require ldap-group cn=truelite,ou=groups,dc=truelite,dc=it
</Location>
```

3.2.2 Squid e LDAP

Come per Apache anche per Squid l'uso più comune dei dati di un server LDAP è per le funzionalità di autenticazione degli utenti, che vengono usate dal programma sia per porre restrizioni sull'accesso al servizio, che per registrare i dati e le richieste di chi accede alle pagine per cui fa da *proxy*.

Per utilizzare questa funzionalità occorre anzitutto richiedere a Squid di abilitare l'autenticazione degli utenti: il programma supporta quattro schemi di autenticazione, `basic`, `ntml`, negotiate e digest, corrispondenti a diversi metodi di eseguire l'autenticazione dell'utente sul client. Fra questi l'unico utilizzabile direttamente con LDAP è basic,[24] si tenga presente però che in tal caso le credenziali saranno trasmette in chiaro dal browser a Squid, per cui ci sono degli ovvi problemi di sicurezza.

La direttiva di base che permette di impostare l'autenticazione degli utenti è auth_param, che prende come primo argomento lo schema da utilizzare (nel nostro caso basic), e come terzo argomento il parametro da configurare. La direttiva deve essere ripetuta per ciascun parametro che si intende configurare, ma quello principale è program, che consente di indicare il programma da utilizzare per autenticare gli utenti; un esempio possibile di uso di questa configurazione è quello preso dal seguente estratto di squid.conf:

```
─────────────────────────── squid.conf ───────────────────────────
auth_param basic children 5
auth_param basic credentialsttl 30 minutes
auth_param basic realm Truelite Proxy Server
auth_param basic program /usr/lib/squid/basic_ldap_auth \
    -b "ou=Users,dc=truelite,dc=it" -v3 -f(uid=%s) -h localhost
```

Nel nostro caso, volendo autenticare gli utenti su LDAP, ricorreremo all'apposito programma ausiliario basic_ldap_auth distribuito insieme a Squid, il cui unico scopo è interrogare il server LDAP per autenticare l'utente. Il programma richiede come opzione obbligatoria -b che specifica la base dell'albero, e di default si collega su *localhost*.

Opzione	Significato
-b	Specifica la base dell'albero, passata come parametro.
-f	Consente di impostare un filtro, passato come parametro, con cui eseguire la ricerca del DN corrispondente al nome utente (indicabile nel filtro con l'espressione %s).
-u	Consente di impostare l'attributo, passato come parametro, da utilizzare per la ricerca del DN corrispondente al nome utente (che deve essere presente direttamente sotto la base di ricerca indicata da -b).
-s	Consente di specificare la profondità della ricerca, prende come parametro uno dei valori di tab. 1.6.
-D	Specifica un eventuale DN con cui collegarsi al server LDAP.
-h	Specifica l'indirizzo del server LDAP.
-H	Imposta la URL a cui contattare il server LDAP.
-p	Specifica la porta da utilizzare per la connessione.
-v	Imposta la versione di protocollo da usare (prende i valori 2 e 3, ed il default, da cambiare, è 2).
-Z	Richiede l'uso di TLS sulla connessione al server.

Tabella 3.19: Le opzioni del programma basic_ldap_auth usato da Squid per l'autenticazione su LDAP.

Si può specificare il server LDAP da contattare per indirizzo con -h, nel qual caso il programma si collega in chiaro sulla porta 389, o con una URL estesa come quelle di tab. 1.1 con -H, nel qual caso si può anche usare una connessione cifrata con SSL, ma se lo si fa sarà necessario

---

[24]in realtà appoggiandosi a Samba che a sua volta si appoggia a LDAP (vedi sez. 3.3.3) si potrebbe usare anche l'autenticazione NTML, ma in questo caso non si tratta di interazione fra Squid e LDAP, ma fra Squid e un *Domain Controller* per reti Windows di tipo classico.

anche configurare `ldap.conf` sul server su cui gira Squid come indicato in sez. 2.2.3, per indicare le modalità di verifica del certificato del server LDAP (il programma infatti usa le librerie di *OpenLDAP*).

Le altre principali opzioni sono riportate in tab. 3.19. Il programma riceve sullo *standard input* una coppia username e password separati da spazio, determina utilizzando l'username quale è il *Distinguished Name* da usare per eseguire la verifica della password su LDAP (che fa con un collegamento), ed infine stampa sullo *standard output* o `OK` in caso di autenticazione o `ERR Success` altrimenti. Lo si può pertanto provare con qualcosa del tipo:

```
# echo utente password-giusta | /usr/lib/squid/basic_ldap_auth \
        -b "ou=Users,dc=truelite,dc=it" -v3 -f'(uid=%s)' -H ldaps://ldap.truelite.it
OK
# echo utente password-errata | /usr/lib/squid/basic_ldap_auth \
        -b "ou=Users,dc=truelite,dc=it" -v3 -f'(uid=%s)' -H ldaps://ldap.truelite.it
ERR Success
```

Una volta abilitata l'autenticazione degli utenti, ed istruito Squid ad eseguire la ricerca degli stessi su LDAP, sarà possibile impostare il controllo di accesso per fornire il servizio solo agli utenti autenticati. Per farlo occorre anzitutto impostare una ACL di tipo `proxy_auth`, ed utilizzarla in una direttiva di accesso, cioè utilizzare qualcosa del tipo:

```
———————————————————————————— squid.conf ————————————————————————————
  ...
acl password proxy_auth REQUIRED
http_access allow password
  ...
```

Si ricordi anche che le regole `http_access` che usano una ACL di tipo `proxy_auth` per dare accesso agli utenti autenticati come la precedente (questo è il significato di `REQUIRED`) devono essere specificate per ultime, in quanto una volta impiegate se l'utente è stato autenticato l'accesso è concesso e non è più possibile applicare altre restrizioni. Per questo se si hanno restrizioni da applicare anche agli utenti autenticati (ad esempio dei siti che comunque non devono essere raggiungibili), le relative ACL vanno inserite prima.

Se tutto quello che interessa è consentire un accesso generico agli utenti autenticati l'esempio precedente è sufficiente, Squid però consente anche di avere un controllo più dettagliato, che permette di impostare ACL diverse a seconda del gruppo di cui gli utenti fanno parte, sempre facendo riferimento ad un server LDAP.

Per ottenere questo risultato occorre sfruttare la funzionalità di Squid che gli permette di ampliare le ACL disponibili facendo ad un programma esterno; questo è possibile attraverso una classe speciale di ACL, `external`, con cui è possibile delegare il controllo ad un opportuno programma di supporto. Per farlo si deve utilizzare la direttiva `external_acl_type` che prende come primo argomento il nome che identificherà la ACL esterna che si sta definendo, seguito come secondo argomento dalla specificazione (con una stringa di formato) di quale informazione dovrà essere passata al comando di ausilio, che andrà indicato a partire dal terzo argomento con il pathname completo seguito da tutte le eventuali opzioni, cioè qualcosa nella forma:

```
external_acl_type nome_external_acl %FORMAT /path/to/helper ...
```

Per la stringa di formato sono disponibili tutte quelle usabili nei file di log di Squid più alcune specifiche; nel nostro caso, in cui si vuole controllare l'appartenenza di un utente ad un gruppo, occorrerà usare %LOGIN che indica l'utente che ha fatto la richiesta. Una volta usata external_acl_type si potrà usare il nome indicato come primo argomento nella definizione di una ACL nella forma:

```
acl nome_acl external nome_external_acl parametro
```

In questo modo l'uso di *nome_acl* farà si che venga invocato per il controllo il programma /path/to/helper, cui sarà passato sullo *standard input* l'informazione indicata da *%FORMAT* seguita da uno spazio e dal valore di *parametro*. Nel nostro caso il programma per verificare l'appartenenza di un utente ad un gruppo su LDAP è ext_ldap_group_acl, distribuito insieme a Squid,[25] ed un possibile esempio di configurazione è allora quello del seguente estratto di squid.conf:

```
—————————————————————————————— squid.conf ——————————
external_acl_type ldap_group %LOGIN /usr/lib/squid/ext_ldap_group_acl \
    -b "ou=Groups,dc=truelite,dc=it" -B "ou=Users,dc=truelite,dc=it" \
    -f "(&(memberUid=%u)(cn=%g))" -h localhost
acl normal_access external ldap_group normal
acl restricted_access external ldap_group restricted
acl full_access external ldap_group full
```

dove si definisce un tipo di ACL esterna ldap_group, che fa ricorso al suddetto programma, e poi lo si utilizza per creare delle nuove ACL (le varie *_access dell'esempio) da usare per imporre diverse restrizioni a seconda dell'appartenenza ad un certo gruppo (nel caso uno fra normal, restricted e full).

Il programma ext_ldap_group_acl si aspetta sullo *standard input* una riga contenente utente e gruppo separati da spazio e restituisce il risultato come richiesto per l'uso da parte di una ACL esterna sullo *standard output*, dove di nuovo la risposta può essere OK se l'utente esiste e fa parte del gruppo richiesto, o ERR in caso contrario, e di nuovo si potrà verificarne il funzionamento con qualcosa del tipo:

```
# echo utente gruppo | /usr/lib/squid/ext_ldap_group_acl \
      -H ldaps://192.168.1.2 -b "ou=Groups,dc=truelite,dc=it" \
      -B "ou=Users,dc=truelite,dc=it" -f "(&(memberUid=%u)(cn=%g))"
OK
```

Il comando richiede che si indichino obbligatoriamente il ramo di albero dove sono mantenuti gli utenti (con l'opzione -B), quello dove sono mantenuti i gruppi (con l'opzione -b) ed il filtro di ricerca la cui corrispondenza indica l'appartenenza dell'utente al gruppo con l'opzione -f. Si può indicare il server da contattare come argomento del comando, ma in tal caso la connessione sarà in chiaro, pertanto è comunque opportuno ricorrere all'opzione -H per usare una URL. Il comando supporta diverse opzioni, le principali delle quali sono illustrate in tab. 3.20 (l'elenco completo è nella sua pagina di manuale).

---

[25]sia ext_ldap_group_acl che basic_ldap_auth fan parte dei programmi di ausilio che vengono installati insieme a Squid (nel caso di Debian sotto /usr/lib/squid), questi sono i nomi usati nelle versioni più recenti, in precedenza erano ldap_auth e squid_ldap_group.

dell'esistenza di un possibile destinatario; se i dati di quest'ultimo sono su LDAP, sarà necessario poter fare delle ricerche sul database, avendo i permessi necessari allo scopo.

Inoltre anche per l'autenticazione il programma prevede due modalità distinte: quella chiamata nella documentazione *authentication binds* in cui è il server LDAP ad eseguire l'autenticazione con un operazione di *bind* usando la password (necessariamente in chiaro) fornita dall'utente, e quella detta *password lookups* in cui invece si chiede al server LDAP il contenuto delle credenziali (in sostanza si legge `userPassword`), e si fa la verifica delle stesse internamente a Dovecot senza trasmetterle a LDAP.

In genere nell'uso di LDAP questa seconda modalità è considerata una maniera scorretta di eseguire l'autenticazione, in quanto duplica una funzionalità già fornita dal server, vincola all'uso di un formato specifico per `userPassword` che deve essere riconosciuto da entrambi,[27] e diminuisce la sicurezza in quanto Dovecot deve poter avere un accesso privilegiato al server LDAP per leggere dati sensibili.

Essa rimane perché ha alcuni vantaggi in termini di prestazioni: possono essere accorpate in una sola interrogazione al server diverse richieste di autenticazione e può evitare successive richieste fatte per la gestione delle informazioni degli utenti con un *prefetch* dei dati; quando si usa il *binding* infatti ogni autenticazione deve essere eseguita indipendentemente e non si possono richiedere dati. Inoltre ha il vantaggio di poter essere usata anche con alcuni schemi di autenticazione IMAP e POP (come CRAM-MD5) in cui la password non viene passata in chiaro al server, ma nel caso ovviamente richiede che i dati su LDAP siano compatibili con lo schema utilizzato (cosa non sempre possibile).

In generale però l'uso di schemi di autenticazione alternativi come CRAM-MD5 non ha un significativo vantaggio di sicurezza dato che comunque è sempre il caso che la comunicazione con IMAP e POP venga cifrata con SSL. Inoltre i casi d'uso in cui i dati di LDAP relativi agli utenti sono necessari per le altre componenti di Dovecot, ad esempio per ottenere dal server *user ID*, *group ID* ed *home directory* dell'utente per effettuare le operazioni sulla casella di posta per suo conto, si possono coprire in maniera molto più semplice ed efficiente configurando gli utenti locali su LDAP con NSS e PAM come visto in sez. 3.1, ed usando il default di Dovecot che è appunto PAM. Per questo motivo tratteremo qui soltanto la modalità di autenticazione classica con gli *authentication binds*, rimandando per la modalità dei *password lookups* alla documentazione di Dovecot disponibile su `https://wiki2.dovecot.org/AuthDatabase/LDAP/PasswordLookups`.

Come accennato la configurazione dell'accesso a LDAP deve essere effettuata in un file esterno indicato con la direttiva `args`, che su Debian è `/etc/dovecot/dovecot-ldap.conf.ext`. Lo stesso file può essere usato anche per `userdb` (le direttive specifiche di ciascuna sezione verranno ignorate nell'altra) nel qual caso Dovecot manterrà una sola connessione verso il server. Qualora, per motivi di prestazioni, si vogliano separare le richieste su due connessioni, occorrerà indicare due file diversi (nella configurazione, per cui è sufficiente usare link simbolico).

La configurazione richiede che si indichi il server LDAP a cui rivolgersi con la direttiva `uris`, usando il formato delle URL visto in tab. 1.1; è prevista la possibilità di indicare, quando disponibili per ridondanza, un elenco di server. Questi saranno contattati singolarmente procedendo nell'ordine indicato; qualora la connessione fallisca si passerà al successivo dell'elenco. Si può poi indicare la base di ricerca sul server con la direttiva `base`.

---

[27]anche se in questo caso viene in aiuto l'ampio supporto di Dovecot per i più diversi schemi di hashing delle password.

La modalità di autenticazione per `passdb` viene determinata dalla direttiva `auth_bind`, che deve essere esplicitamente impostata a `yes` per attivare gli *authentication binds*. In questo caso di default verrà comunque effettuata una ricerca preventiva sul database per identificare il DN dell'utente da usare per fare il *binding* sul server. Questa ricerca può essere evitata utilizzando la direttiva `auth_bind_userdn` per ottenere direttamente il *Distinguished Name* da un template in cui indicare l'utente usando l'espressione `%u`; in questo modo si risparmia una interrogazione al server LDAP e si effettua soltanto l'operazione di *bind*.

Direttiva	Significato
base	Base di ricerca sul server LDAP.
dn	Indica il *Distinguished Name* con cui eseguire le ricerche sul server, se non specificato saranno anonime, non serve per gli *authentication binds*.
dnpass	Indica la password da usare per collegarsi al server con l'utente indicato dalla direttiva `dn`.
tls_ca_cert_file	Indica il file della CA che verifica il certificato del server LDAP nel caso si usi SSL.
tls_require_cert	Indica le modalità di verifica del certificato SSL del server LDAP, prende uno fra `never`, `hard`, `demand`, `allow`, `try` con lo stesso significato illustrato in tab. 2.23.
uris	Elenco delle URI dei server LDAP da contattare, con uno dei formati di tab. 1.1.
auth_bind	Indica se usare l'*authentication binds*, prende i valori `yes` e `no` (il default è `no`).
auth_bind_userdn	Fornisce il modello con cui costruire il DN utilizzato per l'autenticazione con un *binding* su LDAP, in cui usare l'espressione `%u` per indicare l'utente richiesto da Dovecot.
pass_attrs	Indica gli attributi da richiedere al server nella ricerca indicata da `pass_filter`; questi devono essere indicati nella forma di una lista, separata da virgole, di corrispondenze fra attributo LDAP e campo utente utilizzato da Dovecot (ad esempio `uid=user,userPassword=password`). Se si usano gli *authentication binds* indicando un template con `auth_bind_userdn` viene ignorato.
pass_filter	Indica il filtro di ricerca con cui trovare sul server il *Distinguished Name* associato all'utente; nel filtro si può usare l'espressione `%u` per indicare l'utente richiesto da Dovecot. Se si usano gli *authentication binds* indicando un template con `auth_bind_userdn` viene ignorato.
user_attrs	Indica gli attributi dell'utente da richiedere al server nella ricerca indicata da `pass_filter`, da specificare nella forma di una lista, separata da virgole, di corrispondenze fra un attributo LDAP e un campo utente utilizzato da Dovecot (ad esempio `homeDirectory=home,uidNumber=uid,gidNumber=gid`).
user_filter	Indica il filtro di ricerca con cui trovare sul server i dati dell'utente, al solito specificato nel filtro con l'espressione `%u`.

Tabella 3.21: Principali direttive di Dovecot per la configurazione dell'accesso a LDAP per `passdb` e `userdb`.

In caso contrario si possono indicare con le direttive `dn` e `dnpass` il *Distinguished Name* e la relativa password per collegarsi al server per effettuare le ricerche, se queste direttive vengono omesse verrà effettuata una ricerca anonima. Inoltre occorrerà indicare con `pass_filter` il filtro di ricerca con cui ottenere il DN dell'utente che si deve autenticare (cui si potrà fare riferimento nel filtro con l'espressione `%u`). Se si è definito `auth_bind_userdn` queste direttive vengono ignorate.

Si sono riportate nella seconda parte di tab. 3.21 le principali direttive da usare per l'autenticazione relative alla sezione `passdb`, lasciando nella prima parte quelle generiche, che sono le stesse che vengono usate anche per la configurazione della sezione `userdb`. Quando gli utenti sono gestiti su LDAP infatti può essere necessario, a seconda delle modalità con cui si gestiscono le caselle di posta sul server, ottenere ulteriori informazioni con le richieste da configurare in questa sezione. In questo caso le direttive da usare per contattare il server LDAP rimangono le stesse, solo che stavolta, se l'accesso anonimo non è sufficiente, occorrerà indicare esplicitamente `dn` e `dnpass` perché quando si usa `ldap` come `driver` per `userdb` una interrogazione verrà fatta comunque.

Rispetto a `passdb` cambiano le direttive con le quali ottenere i dati dal server (le si sono riportate nella terza parte di tab. 3.21). In questo caso occorrerà anzitutto usare `user_filter` per indicare il filtro di ricerca (utilizzando la solita espressione `%u`) per ottenere la voce sul database associata all'utente richiesto da Dovecot. Occorre poi usare `user_attrs` per indicare quali sono gli attributi di tale voce il cui valore sarà passato a Dovecot per le sue operazioni, da specificare nella forma di una lista separata da virgole di corrispondenze fra attributo LDAP e *campo utente* utilizzato da Dovecot.

Il meccanismo della ricerca dei dati degli utenti di Dovecot prevede infatti che, indipendentemente dal supporto utilizzato da `userdb`, vengano ottenuti almeno l'*user ID*, il *group ID* e la *home directory* corrispondenti all'utente per conto del quale il programma andrà ad operare nelle operazioni sulle caselle di posta. Ciascuno di questi dati è identificato all'interno di Dovecot da un cosiddetto *campo utente* (nel caso questi sono `uid`, `gid` e `home`), il cui valore in questo caso viene ottenuto dal corrispondente attributo dell'utente su LDAP, con una assegnazione nella forma `attributo=campo`. Pertanto indicando una opportuna lista di assegnazioni con `user_attrs` è possibile mappare i dati degli attributi di LDAP (ad esempio `uidNumber`, `gidNumber` e `homeDirectory` se si usa l'RFC 2307) nei campi utente di Dovecot.

In conclusione, facendo riferimento al precedente esempio di `auth-ldap.conf.ext` per la configurazione di `passdb` e `userdb`, il contenuto del file `dovecot-ldap.conf.ext` da adottare per mantenere gli utenti su LDAP con una struttura dell'albero come quella illustrata in sez. 3.1.1, usando gli *authentication binds* per l'autenticazione, dovrebbe essere qualcosa del tipo:

```
─────────────────────────── /etc/dovecot/dovecot-ldap.conf.ext ───────────────────────────
uris = ldaps://ldap.truelite.it
base = dc=truelite,dc=it
tls_require_cert = never
auth_bind = yes
auth_bind_userdn = uid=%u,ou=People,dc=truelite,dc=it
user_attrs = homeDirectory=home,uidNumber=uid,gidNumber=gid
user_filter = (&(objectClass=posixAccount)(uid=%u))
```

dove si fa riferimento ad un singolo server remoto da contattare usando SSL, ma senza effettuare la verifica del certificato.

Benché la configurazione appena illustrata funzioni anche se gli utenti su LDAP non vengono integrati come utenti sulla macchina del server, quando si vogliono gestire le caselle di posta usando utenti separati la configurazione di gran lunga più semplice ed efficiente resta, come già detto, quella di integrare direttamente questi su NSS e PAM, ed usare Dovecot con la configurazione standard su PAM, dato che l'uso continuo di interrogazioni per ottenere i dati degli utenti può essere piuttosto oneroso.

Se però tutto quello che interessa è l'autenticazione centralizzata, e si fa la scelta di gestire le email degli utenti POP e IMAP all'interno di una directory dedicata utilizzando un singolo utente locale, le interrogazioni a LDAP per ottenere i dati specifici degli utenti si possono evitare, utilizzando per `userdb` una configurazione più semplice (che nell'`auth-ldap.conf.ext` installato da Debian si trova commentata) con il driver `static`.

In tal caso infatti si possono assegnare staticamente i campi utente `uid` e `gid` indicando semplicemente qual è l'utente locale che si sta utilizzando ed usando per `home` un modello per ottenere la sotto-directory in cui salvare la posta dell'utente richiesto a Dovecot (usando al solito l'espressione `%u` per indicarlo). In tal caso al posto di quanto visto in precedenza, di potrà usare qualcosa del tipo:

```
────────────────────── /etc/dovecot/conf.d/auth-ldap.conf.ext ──────────────────────
passdb {
    driver = ldap
    args = /etc/dovecot/dovecot-ldap.conf.ext
}
userdb {
    driver = static
    args = uid=vmail gid=vmail home=/var/vmail/%u
}
```

dove si potrà continuare ad usare per `dovecot-ldap.conf.ext` lo stesso esempio appena illustrato, in quanto le direttive `user_*` nel caso di `passdb` sono ignorate.

3.3 La centralizzazione delle informazioni su LDAP

Tratteremo in questa sezione l'utilizzo di LDAP come database di supporto per mantenere su un *Data Information Tree* informazioni generiche non attinenti all'autenticazione (di cui abbiamo parlato nelle sezioni precedenti), e come queste possano poi essere utilizzate da altri servizi e programmi.

3.3.1 La gestione dell'indirizzario

L'utilizzo classico di LDAP, quello per cui il servizio è nato, è quello di permettere la gestione centralizzata e la distribuzione via rete di un indirizzario (o rubrica). Vedremo in questa sezione quali sono gli schemi da utilizzare a questo scopo, e come configurare i vari client che possono appoggiarsi ad LDAP per la gestione dell'indirizzario.

Per la gestione dei dati di una rubrica condivisa esiste già una standardizzazione che definisce una serie di classi e relativi attributi che consentono di memorizzare i dati classici (nome, cognome, numero di telefono, indirizzo fisico e di posta elettronica, ecc.) che si trovano solitamente in un indirizzario. Alcuni programmi poi utilizzano delle estensioni per mantenere dati aggiuntivi ad uso del programma; in questo caso occorrerà utilizzare i relativi schemi che definiscono le classi e gli attributi necessari,[28] includendoli nella configurazione di `slapd` (si veda sez. 2.1.2).

L'utilizzo di questi schemi aggiuntivi di norma è da sconsigliare, a meno di non avere fin dall'inizio la possibilità di imporre a lungo termine una forte uniformità nell'uso delle specifiche applicazioni che ne fanno uso. Questo perché quando si introducono classi ed attributi particolari, essi sono riconosciuti solo dall'applicazione che li usa, e l'interoperabilità con altre applicazioni diventa più complessa,[29] non essendo queste consapevoli della presenza di dati aggiuntivi, che in un eventuale passaggio diventerebbero inutilizzabili.

Lo schema classico usato per la gestione delle informazioni di un indirizzario di persone è `inetorgperson.schema`, distribuito con gli *schema* di default di *OpenLDAP*; esso di solito viene incluso nella configurazione di default in `slapd.conf`. Questo schema contiene la definizione della *objectclass* `inetOrgPerson` relativa ad una persona, che definisce una lunga lista di attributi contenenti dati personali come il telefono, l'indirizzo di casa, quello di posta elettronica e similari.[30]

Se su un database si mantengono sia questi dati che quelli di un insieme di utenti centralizzati, è buona norma dedicare ai dati della rubrica una sezione dell'albero a parte (in genere è sempre un qualcosa sotto una *organizationalUnit* a parte, ad esempio `ou=Contacts`) così da restringere le ricerche su quella sezione specifica di albero e non mescolare dati di minore rilevanza, come questi, coi dati degli utenti.

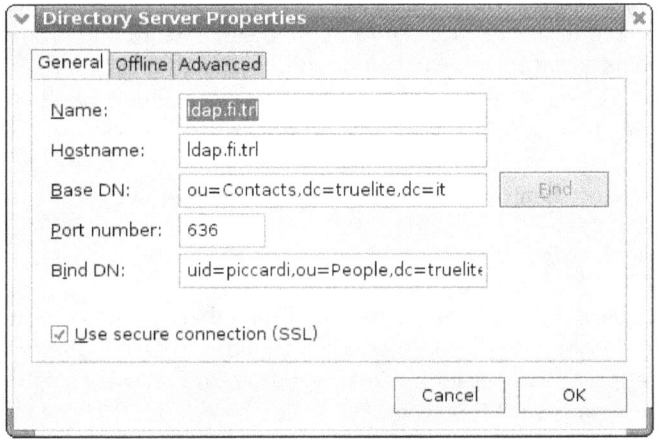

Figura 3.1: Schermata di configurazione della rubrica di *Thunderbird* per l'utilizzo di un server LDAP.

Per l'utilizzo dei dati della rubrica basta utilizzare un qualunque client LDAP adatto allo scopo, cioè in grado di riconoscere i dati e di presentarli all'utente in maniera opportuna. Alcuni

---

[28]nel caso di *Evolution* ad esempio viene fornito col pacchetto uno schema `evolutionperson.schema` che permette di inserire nell'indirizzario dati aggiuntivi come indirizzi secondari, ecc.

[29]sempre nel caso di *Evolution* poi la cosa è assolutamente da evitare, in quanto di default detto programma, quando lo schema aggiuntivo è presente, salva certi dati negli attributi da esso definiti, anche quando sarebbero disponibili attributi analoghi nella classe standard `inetOrgPerson`.

[30]per un elenco completo occorre sommare quelli della *objectclass* `person` definita in `core.schema`, da cui deriva `organizationalPerson`, definita in `cosine.schema`, da cui finalmente deriva `inetOrgPerson`.

programmi ad interfaccia grafica che sono in grado di interfacciarsi con LDAP per accedere ai dati di una rubrica condivisa sono *Evolution, Thunderbird, Kaddressbook*.

In tutti questi casi occorre comunque indicare al programma come collegarsi con il server LDAP; ed in genere questo deve essere fatto in maniera esplicita. Tutti i programmi citati hanno una opportuna schermata di configurazione che consente di immettere i dati necessari; le informazioni essenziali sono le coordinate del server e la base della ricerca, che è opportuno limitare alla sezione di albero su cui sono mantenuti i dati dell'indirizzario.

Tutti i programmi citati consentono inoltre di specificare un eventuale utente tramite il suo DN con cui collegarsi al server (una eventuale password verrà richiesta al momento dell'accesso) e di abilitare o meno le connessioni cifrate con SSL.[31] Un esempio di questo tipo di schermata è illustrato in fig. 3.1, dove è riportata quella utilizzata da *Thunderbird*.

In genere ha senso utilizzare un accesso autenticato (e in tal caso anche SSL) soltanto per l'accesso ad un eventuale sezione riservata dell'indirizzario, o per fornire, per un client che lo supporti, l'accesso in scrittura per la modifica dei dati dell'indirizzario.

3.3.2 Postfix e LDAP

Una delle caratteristiche più interessanti di Postfix è la sua capacità di utilizzare per gran parte dei suoi parametri di configurazione delle tabelle dalle quali estrarre dei valori con una ricerca su un campo che fa da chiave. La potenza di questa caratteristica, in cui viene eseguita una semplice ricerca chiave/valore, è che queste tabelle possono essere mantenute sui più vari tipi di supporti: file, hash binari, database relazionali, ed ovviamente anche su LDAP.

Se si installa Postfix con il supporto per LDAP (su Debian il pacchetto che lo fornisce è `postfix-ldap`) diventa allora possibile inserire le informazioni di una qualunque tabella all'interno di un database, ed ottenerne i valori con delle interrogazioni allo stesso. In questo caso la sintassi[32] con cui fare riferimento ad una tale tabella è analoga alla seguente:

```
alias_maps = ldap:/etc/postfix/ldap-aliases.cf
```

che è del tutto analoga alla sintassi usata per le altre tabelle, ma con l'indicativo "`ldap:`" al posto del più comune "`hash:`" usato per le tabelle ordinarie su DBM. In questo modo è possibile specificare un file (nel precedente esempio `/etc/postfix/ldap-aliases.cf`) da cui vengono prese le impostazioni di accesso a LDAP, e vengono indicati i criteri di ricerca e quali informazioni richiedere.

Questo file supporta la stessa sintassi generale dei file di configurazione di Postfix, che prevede una serie di direttive nella forma `chiave = valore`. Le direttive fondamentali da inserire in questo file sono quattro: la prima è `server_host` che consente di specificare il server LDAP a cui rivolgersi (il default è `localhost`) e che supporta anche la sintassi delle URL estese vista in sez. 1.1.4.

---

[31]in questo caso si tenga presente che deve essere già stato configurato `ldap.conf` come in sez. 2.2.3 per indicare quali certificati usare, dato che i programmi citati non consentono di fare questa impostazione nella loro schermata di configurazione.

[32]questa è la sintassi introdotta con le versioni di Postfix successive alla 2.0, in precedenza usava una notazione diversa, che, come incentivo all'aggiornamento, non tratteremo affatto (essa viene comunque riconosciuta, per compatibilità, nelle nuove versioni).

La seconda è `search_base` che indica la base della ricerca nell'albero secondo quanto visto in sez. 1.2.2, questa può coincidere con la radice del database, ma in genere è opportuno utilizzarla per indicare la sezione dell'albero su cui stanno i dati di interesse.[33]

Espressioni	Significato
`%s`	Chiave di ricerca o valore del risultato.
`%u`	Quando la chiave di ricerca o il valore del risultato sono nella forma canonica di un indirizzo di posta (`utente@dominio`) restituisce la parte locale dell'indirizzo (nel caso `utente`); altrimenti riporta l'intera chiave.
`%d`	Quando la chiave di ricerca o il valore del risultato sono nella forma canonica di un indirizzo di posta (`utente@dominio`) restituisce la parte di dominio dell'indirizzo (nel caso `dominio`); altrimenti non riporta nulla.
`%%`	Il carattere `%`.
`%[SUD]`	Gli equivalenti maiuscoli di `%s`, `%u` e `%d`.
`%[1-0]`	Nel caso di chiave o valore contenente un nome a dominio riporta le componenti dei vari livelli (ad esempio nel caso di `piccardi@truelite.it` `%1` è `it` e `%2` è `truelite`).

Tabella 3.22: La sintassi delle espressioni di sostituzione nelle direttive di LDAP.

La terza direttiva è `query_filter`, che imposta un filtro di ricerca con il quale si selezionano i risultati che si vogliono estrarre dal database LDAP. Questa direttiva prende come valore un filtro di ricerca (nella forma illustrata in sez. 1.2.2) che supporta una sintassi estesa che permette di utilizzare delle espressioni che fanno riferimento a dati forniti direttamente da Postfix; ad esempio con `%s` si indica la chiave di ricerca passata direttamente dal server (in genere l'indirizzo di posta). Una lista delle espressioni supportate è riportata in tab. 3.22; la lista fa riferimento alla versione 2.2 di Postfix, nelle versioni precedenti erano disponibili solo le prime tre espressioni.

La quarta direttiva è `result_attribute`, che permette di indicare quale attributo delle voci ottenute con la ricerca deve essere usato come valore della tabella; a questa si può aggiungere `result_format` che consente di riformattare il risultato precedente utilizzando le stesse espressioni di tab. 3.22 in cui queste verranno applicate al valore restituito dalla ricerca.

Con queste quattro direttive diventa possibile fare eseguire a Postfix una ricerca su LDAP per qualunque direttiva che prenda fra i suoi argomenti una tabella, ad esempio se si vogliono mantenere gli *alias* di posta degli utenti su LDAP, assumendo che quest'ultimi siano identificati sul sistema usando lo schema dell'RFC 2307, si potrà utilizzare la *objectclass* ausiliaria `inetLocalMailRecipient`, per aggiungere ad un utente i suoi *alias* di posta nell'attributo `mailLocalAddress`. In tal caso i dati di un utente saranno qualcosa del tipo:

────────────────────────────────── userdata.ldif ──────────────────────────────────
```
dn: uid=piccardi,ou=People,dc=truelite,dc=it
cn: Simone Piccardi
shadowMax: 99999
shadowWarning: 7
loginShell: /bin/bash
uidNumber: 1002
gidNumber: 1002
homeDirectory: /home/piccardi
```

---

[33]a partire da Postfix 2.2 si possono usare nel valore di questa direttiva le espansioni di tab. 3.22.

```
gecos: Simone Piccardi,333-1234567,,
description: IT Manager
uid: piccardi
objectClass: account
objectClass: inetLocalMailRecipient
objectClass: posixAccount
objectClass: shadowAccount
objectClass: top
mailLocalAddress: simone.piccardi@truelite.it
mailLocalAddress: s.piccardi@truelite.it
```

Nel caso degli *alias* infatti quello che viene fatto da Postfix è di cercare nelle tabelle indicate dalla direttiva `alias_maps` una corrispondenza con l'indirizzo del destinatario di una email, e se questa è trovata, consegnarla all'indirizzo indicato dalla stessa. Quando, come nel caso in esempio, si usa il trasporto locale, l'indirizzo nell'*alias* deve semplicemente corrispondere all'username. Pertanto usando la direttiva come illustrato nel precedente esempio, basterà che il contenuto del file `ldap-aliases.cf` sia qualcosa del tipo:

```
————————————————————————————— ldap-aliases.cf —————————————————————————————
server_host  = 127.0.0.1
search_base  = ou=People,dc=truelite,dc=it
query_filter = mailLocalAddress=%s
result_attribute = uid
version = 3
```

In questo caso se si scrive ad esempio a `s.piccardi@truelite.it` la direttiva `query_filter` selezionerà la voce precedente, e si otterrà come risultato il valore dell'attributo `uid`, in sostanza si otterrà un risultato equivalente all'aver aggiunto al file `/etc/aliases` la voce:

```
———————————————————————————————— /etc/aliases ————————————————————————————————
s.piccardi@truelite.it: piccardi
```

Le altre principali direttive utilizzabili nel file di configurazione di una tabella LDAP sono illustrate in tab. 3.23; un elenco completo delle direttive, insieme ad una descrizione dettagliata del formato del file, sono riportati nella apposita pagina di manuale, accessibile con `man ldap_table`.

L'esempio delle `alias_maps` è solo uno dei possibili casi di applicazione dell'uso di LDAP da parte di Postfix, che può essere usato per qualunque direttiva che consenta l'uso di una tabella; occorre però avere ben chiaro che alcune direttive, come `mynetworks`, `mydestination`, `relay_domains`, prevedono tabelle che sono in realtà delle liste, in cui cioè la ricerca per chiave si limita a verificare l'esistenza della stessa nella tabella, ed il valore corrispondente, al contrario di quanto illustrato per `alias_maps`, viene ignorato.

In sostanza in tal caso occorrerà comunque fare una ricerca specifica con `query_filter` per il valore della chiave, se un oggetto corrispondente verrà trovato sull'albero, questo sarà preso come valore presente nella lista, ed il valore `result_attribute` verrà comunque ignorato (in tal caso di solito si restituisce il valore della chiave stessa).

---

[34] per le versioni precedenti Postfix 2.2 il nome di questa direttiva era `result_filter`, ma poi è stato cambiato data la sua ambiguità.

Direttiva	Significato
`server_host`	Indirizzo (o URL, come in tab. 1.1) del server LDAP.
`server_port`	Porta del server LDAP.
`search_base`	Base delle ricerche.
`query_filter`	Filtro di ricerca, supporta le estensioni di tab. 3.22.
`result_format`	Una stringa di formattazione per i risultati della ricerca.[34]
`result_attribute`	Attributo della voce restituita nella ricerca, che viene preso come valore della tabella.
`bind`	Indica che occorre collegarsi al server LDAP come utente, prende i valori yes o no.
`bind_dn`	Il *Distinguished Name* dell'utente con cui collegarsi al database.
`bind_pw`	La password dell'utente indicato da `bind_dn`.

Tabella 3.23: Le direttive di configurazione di una tabella di Postfix su LDAP.

3.3.3 Domain controller classici con Samba e LDAP

Benché a partire dalla versione 4 Samba supporti direttamente *Active Directory*, tratteremo in questa sezione soltanto l'uso di LDAP come supporto esterno per la realizzazione di *Domain Controller* classico di tipo NT. Nel caso di *Active Directory* infatti i dati vengono gestiti con una reimplementazione del protocollo LDAP all'interno di Samba, fatta per aggiungere il supporto a delle funzionalità fuori standard che non sono utilizzabili usando un server LDAP esterno. Benché sia comunque possibile operare sul servizio lato client con gli strumenti visti in sez. 1.2, la gestione del lato server è interna a Samba e strettamente attinente all'uso che se ne fa nel contesto di *Active Directory*, per cui non entreremo nel merito della stessa.

Se non si usa *Active Directory*, ed è sufficiente un dominio classico in stile NT, è invece possibile integrare Samba con server LDAP standard ed avere un servizio di autenticazione centralizzato che può essere utilizzato in contemporanea sia da sistemi Unix che da sistemi Windows. Dato che la condivisione dei file con Samba per poter funzionare necessita di associare gli utenti Windows ad altrettanti utenti Unix, normalmente quando si configura un dominio classico con LDAP si fa anche si che gli utenti siano centralizzati su LDAP secondo quanto illustrato in sez. 3.1.

Si tenga presente però che l'autenticazione centralizzata nel mondo Windows è fondata su concetti completamente diversi rispetto a quella dei sistemi Unix, e questo porta ad una lunga serie di complicazioni.

Una prima complicazione è che nel mondo Windows gli utenti di un *Domain Controller* sono di due tipi, quelli associati ad una persona, analoghi agli utenti Unix, e quelli associati ad una macchina, corrispondenti al nome della stessa, che in ambito Unix non esistono. Quando si usa un dominio classico Samba deve poter mappare entrambi i tipi utenti di un dominio Windows su altrettanti utenti locali,[35] ma quelli associati ad una macchina non devono essere usati come utenti normali, dato che ad esempio non necessitano di credenziali di autenticazione.

Per questo motivo, nell'inserire i dati di un dominio Samba su LDAP, sono previsti due rami distinti, uno per gli utenti ordinari, che potranno corrispondere anche ai normali utenti Unix,

---

[35]la cosa non è necessaria se si usa Samba per fornire un dominio *Active Directory*, ma la mappatura resta obbligatoria se si usano delle condivisioni di rete, dato che Samba comunque deve accedere ai file per conto di un utente locale.

ed un altro per le macchine, ad uso esclusivo di Samba. Questi ultimi sono riconoscibili, oltre
che per l'uso di un ramo separato su LDAP, anche per il fatto che il nome della macchina viene
inserito sull'albero aggiungendovi in fondo il carattere "$".

Questo comporta alcuni cambiamenti rispetto a quanto visto in sez. 3.1.2, in quanto si
dovranno rendere noti al *Name Service Switch* anche gli utenti associati alle macchine. La cosa
dipende dalle librerie utilizzate, nel caso di `nslcd` e `libnss-ldapd` non è in genere necessario fare
nulla, ma nel caso si sia usato `libnss-ldap` si dovrà indicare in `libnss-ldap.conf` anche il ramo
di albero in cui trovare i dati delle macchine,[36] con qualcosa del tipo:

```
──────────────────────── libnss-ldap.conf ────────────────────────
nss_base_passwd   ou=Users,dc=truelite,dc=it?one
nss_base_passwd   ou=Computers,dc=domain,dc=local?one
nss_base_shadow   ou=Users,dc=truelite,dc=it?one
nss_base_group    ou=Groups,dc=truelite,dc=it?one
```

E si noti come si sia aggiunto, ma solo per `nss_base_passwd`, il ramo delle macchine. Queste
infatti non corrispondono ad utenti ordinari Unix, e pertanto non necessitano né dell'uso dei
dati relativi a `nss_base_shadow`, né dei dati di autenticazione. Per questo motivo non sono
necessari cambiamenti alla configurazione di PAM vista in sez. 3.1.3, a parte ovviamente indicare
correttamente i rami di albero che si stanno utilizzando, che se si fa riferimento all'esempio
precedente sono `ou=Users` per gli utenti e `ou=Groups` per i gruppi.

Una seconda complicazione nell'uso di Samba è quella relativa alla gestione degli identificativi. Questi su Windows hanno una forma completamente diversa rispetto ad Unix, ed ogni
"*oggetto*" (utente, macchina, gruppo) è associato ad un identificativo (il cosiddetto *Security ID*
o SID) che si suppone debba essere univoco a livello globale. La parte iniziale del SID infatti è
diversa fra dominio e dominio, quindi la stessa macchina o lo stesso utente avranno identificativi
diversi in domini diversi. Questo può comportare problemi nella migrazione dei dati da un server
ad un altro, dato che in genere fra due istanze diverse di Samba i SID non corrispondono.

Non tratteremo qui i dettagli relativi alla configurazione di Samba come server di dominio,
dando per acquisita la familiarità con il servizio e limitandoci a trattare quanto attiene l'interazione con LDAP.[37] La direttiva principale che per dire a Samba di registrare le sue informazioni
di autenticazione su LDAP è "`passdb backend`", che nel caso deve indicare l'utilizzo di LDAP attraverso la parola chiave `ldapsam`, seguita dalle modalità con cui contattare il server; un esempio
di questa direttiva è il seguente:

```
passdb backend = ldapsam:ldap://127.0.0.1/
```

dove si fa riferimento ad una installazione locale cui accedere in chiaro; ma `ldapsam` consente di
usare URL generiche come quelle di tab. 1.1, e con queste specificare anche più di un server,
facendo seguire al separatore "`:`" una lista separata da spazi racchiusa fra doppie virgolette.

Per poter eseguire la manutenzione dei suoi dati Samba necessita di poter accedere al server
LDAP con un utente che abbia adeguati privilegi di scrittura; per questo la seconda direttiva
essenziale è "`ldap admin dn`" che ne indica il *Distinguished Name*. Molto spesso viene consigliato

---

[36]si è usata la suddivisione in rami diversi di utenti, macchine e gruppi su altrettante unità operative con lo
schema di default prodotto dal programma `smbldap-populate` che tratteremo più avanti.

[37]per una introduzione all'uso di Samba per la condivisione di file si può invece consultare sez. 8.4.3 di [AGL].

di usare per questo un opportuno utente LDAP dedicato, assegnandogli i diritti di accesso strettamente necessari, onde evitare che Samba possa modificare dati di LDAP non attinenti.

Però nella quasi totalità dei casi di integrazione con LDAP, i dati che stanno sul database sono solo quelli degli utenti, cui comunque Samba deve poter accedere, per cui, a parte esigenze particolari, alla fine è legittimo assumere che la complessità amministrativa di una tale scelta non porti miglioramenti di sicurezza che ne giustifichino il costo, e si può anche usare direttamente, come faremo nel seguito, l'utente di amministrazione del database.

Si dovranno infine indicare a Samba quali sono le varie sezioni dell'albero su cui vengono mantenuti i dati. Per far questo, come per configurare tutte le modalità di interazione con LDAP, esistono una serie di direttive dedicate introdotte dalla parola chiave `ldap`. Dato che l'interazione con LDAP è generale queste direttive dovranno essere specificate all'interno della sezione `global` di `smb.conf`.

Direttiva	Significato
`ldap suffix`	Il suffisso che il ramo di albero contenente i dati che Samba mantiene su LDAP; prende come argomento il relativo DN.
`ldap user suffix`	La base della ricerca dei dati relativi agli utenti; specificato come RDN rispetto al suffisso generale dato da `ldap suffix` (in genere è qualcosa del tipo `ou=users`).
`ldap group suffix`	La base della ricerca dei dati relativi ai gruppi di utenti, con la stessa sintassi del precedente (è in genere qualcosa del tipo `ou=group`).
`ldap machine suffix`	La base della ricerca dei dati relativi agli account associati alle macchine del dominio (è in genere qualcosa del tipo `ou=computers`).
`ldap idmap suffix`	La base della ricerca dei dati relativi alla mappatura degli identificatori.[38]
`ldap admin dn`	Il *Distinguished Name* dell'utente usato da Samba per operare sul server LDAP.
`ldap delete dn`	Specifica se una operazione di cancellazione di un utente cancella tutta la voce su LDAP o soltanto la parte relativa a Samba.
`ldap passwd sync`	Specifica se eseguire la sincronizzazione della password Unix quando viene modificata quella Windows.
`ldap ssl`	Indica se per il collegamento al server deve essere usato SSL o meno.
`ldapsam:trusted`	Indica che tutti i dati relativi agli utenti e ai gruppi condivisi fra Unix e Samba sono interamente contenuti nell'albero LDAP, ed abilitando un accesso ottimizzato, prevede i valori `yes` e `no`.

Tabella 3.24: Le direttive di Samba per la configurazione su LDAP.

Si sono illustrate le direttive specifiche per LDAP più significative in tab. 3.24, per un elenco completo si rimanda al solito alla lettura della pagina di manuale del file di configurazione, accessibile con `man smb.conf`.

Un esempio delle direttive necessarie per quanto riguarda la configurazione dell'utilizzo di LDAP è riportato nel seguente estratto di `smb.conf`:

---

[38]quella degli `idmap` è una funzionalità di Samba che permette di memorizzare le corrispondenze fra gli indicativi usati da Windows, e gli ID usati su sistemi Unix.

```
──────────────────────────────── smb.conf ────────────────────────────────
passdb backend = ldapsam:ldap://127.0.0.1/
ldapsam:trusted = yes
ldap passwd sync = yes
ldap admin dn = cn=admin,dc=truelite,dc=it
ldap suffix = dc=truelite,dc=it
ldap group suffix = ou=Groups
ldap user suffix = ou=Users
ldap machine suffix = ou=Computers
ldap ssl = off
```

Si noti che fra le direttive di tab. 3.24 non ne esiste nessuna che indichi la password con la quale collegarsi al server LDAP; non esiste cioè l'analogo di `BINDPW` che abbiamo visto in sez. 1.2.1. Questa infatti deve essere impostata manualmente con il comando `smbpasswd`, che prevede l'uso dell'apposita opzione `-w` che memorizza nei file di gestione di Samba (per la precisione in `/var/lib/secrets.tdb`) la password da usare in corrispondenza al DN indicato dalla direttiva "`ldap admin dn`". Per far sì che Samba sia in grado di appoggiarsi a LDAP si dovrà dunque eseguire a parte il comando:

```
# smbpasswd -w password_difficile_e_segreta
```

Ovviamente oltre a configurare Samba per utilizzare LDAP, occorrerà anche configurare il server LDAP per fornire a Samba il supporto necessario. A questo scopo il primo punto è quello di attivare l'uso delle *objectclass* che definiscono gli attributi e gli oggetti aggiuntivi usati da Samba per mantenere le informazioni che gli sono necessarie.

Per questo insieme a Samba viene distribuito un file `samba.schema` che contiene le definizioni di tutte le *objectclass* e gli attributi occorrenti.[39] Detto file dovrà essere copiato in `/etc/ldap/schema` e si dovrà riconfigurare `slapd.conf` aggiungendo alle altre direttive di inclusione degli schemi una riga del tipo:

```
include        /etc/ldap/schema/samba.schema
```

In tab. 3.25 si sono illustrati i principali attributi della *objectclass* ausiliaria `sambaSamAccount`, che è l'analoga della `posixAccount` vista in sez. 3.1.1 per gli utenti Unix, a cui deve essere abbinata per aggiungere quanto necessario per Samba. In questo modo alle voci già presenti per definite un utente Unix si potranno impostare anche gli ulteriori attributi che mantengono le informazioni usate da Samba.

Analogamente, per mantenere le informazioni relative ai gruppi di dominio, occorrerà abbinare a `posixGroup` la *objectclass* ausiliaria `sambaGroupMapping`. Oltre a queste due nel file `samba.schema` sono definite alcune ulteriori *objectclass* che consentono a Samba di mantenere su LDAP anche altri dati relativi alla gestione di un dominio Windows classico.

Come accennato è inoltre necessario che l'utente specificato dalla direttiva "`ldap admin dn`" abbia sufficienti privilegi di accesso, ed inoltre si dovrà permettere agli utenti di modificare le

---

[39]nel caso di Debian nelle versioni più recenti il file viene distribuito col pacchetto `samba`, ed installato in forma compressa sotto `/usr/share/doc/samba/examples/LDAP/samba.schema.gz`, per RedHat/CentOS/Fedora si trova nel file `/usr/share/doc/samba-<versione>/LDAP/samba.schema`, e altrimenti può essere trovato nella directory `examples/LDAP/samba.schema` dei sorgenti di Samba.

[40]tutti i tempi usati da Samba in questo e negli altri attributi sono espressi nel cosiddetto *unix-time*, vale a dire in numero di secondi a partire dal 1 Gennaio 1970.

Attributo	Significato
sambaNTPassword	Password nel formato NT (hash MD4 della password in Unicode).
sambaLMPassword	Password nel formato LAN manager.
sambaPwdLastSet	Tempo di ultima modifica delle password.[40]
sambaPwdMustChange	Tempo in cui la password dovrà essere modificata.
sambaKickoffTime	Tempo in cui l'account sarà bloccato, analogo dell'attributo shadowExpire di shadowAccount (vedi tab. 3.1).
sambaPasswordHistory	Password precedenti, che non potranno essere riutilizzate al momento della modifica della password.
sambaSID	*Security ID* (SID) dell'utente.
sambaPrimaryGroupSID	*Security ID* (SID) del gruppo principale dell'utente.
sambaAcctFlags	Flag, una stringa di 11 caratteri delimitata da parentesi quadre che definisce le caratteristiche dell'account.
sambaDomainName	Dominio Windows di cui l'utente fa parte.

Tabella 3.25: I principali attributi della *objectclass* sambaSamAccount usata da Samba per mantenere i dati di un utente.

informazioni relative al proprio account. Per far questo devono essere impostate delle ACL opportune per i nuovi attributi; un esempio di quanto è necessario aggiungere a **slapd.conf** è il seguente:

```
────────────────────────────── slapd.conf ──────────────────────────────
access  to attrs=userPassword,sambaNTPassword,sambaLMPassword
        by dn="cn=admin,dc=truelite,dc=it" write
        by anonymous auth
        by self write
        by * none

access  to attrs=description,telephoneNumber,shadowLastChange,sambaPwdLastSet,
                 sambaPwdMustChange,sambaPasswordHistory
        by dn="cn=admin,dc=truelite,dc=it" write
        by self write
        by * read
```

Occorrerà inoltre, se si vogliono avere prestazioni accettabili, indicizzare opportunamente gli ulteriori attributi usati da Samba; un esempio di configurazione è il seguente:

```
────────────────────────────── slapd.conf ──────────────────────────────
index   objectClass                                       eq
index   cn,sn,displayName,givenName,mail,sambaSID          eq,sub
index   uid,uidNumber,gidNumber,memberUid                 eq
index   sambaPrimaryGroupSID,sambaDomainName               eq
index   sambaSIDList,sambaGroupType                        eq
index   uniqueMember                                       eq
```

Infine, come per la centralizzazione degli utenti Unix, anche in questo caso è necessario che le informazioni siano adeguatamente strutturate all'interno dell'albero. Questa struttura è analoga a quella già vista in sez. 3.1.1, dato che questa deve essere riutilizzata per la parte di utenti e gruppi; ma come accennato si avrà necessità di almeno di un ramo ulteriore per mantenere gli elenchi delle macchine nel dominio, e di un altro ramo qualora si intenda usare gli *idmap*.

Si tenga presente che molti dei dati utilizzati da Samba sono del tutto indipendenti rispetto agli analoghi di sez. 3.1 per le credenziali degli utenti Unix, in particolare Samba utilizza dei dati propri sia per gli identificativi che per le password. Questo comporta una ulteriore complicazione, se infatti lo scopo è quello di unificare le autenticazioni in un ambiente misto, occorrerà assicurarsi che le credenziali degli utenti (ed in particolare la password) siano sempre le stesse, sia per la parte Windows gestita da Samba che per quella Unix gestita da PAM.

Il problema è che quando utente Unix cambia la sua password, ad esempio con `passwd`, normalmente viene modificato su LDAP solo l'attributo `userPassword`, mentre la relativa password per Windows, che viene mantenuta negli attributi `sambaNTPassword` e `sambaLMPassword` resta invariata. Nel caso opposto, quando si esegue il cambio password sul dominio, è possibile dire a Samba, con la direttiva `ldap passwd sync`, di aggiornare anche `userPassword`, ma questo comporta comunque che in un ambiente misto operazioni come il cambiamento della password debba essere gestito in maniera opportuna.

Per risolvere il problema di propagare il cambio password da Unix a Samba è però disponibile l'*overlay* `smbk5pwd`,[41] che, intercettando le operazioni di cambio password (quando sono fatte attraverso una *LDAP Password Modify Extended Operation*) consente di aggiornare tutti gli attributi necessari. Per poterlo fare infatti è necessario disporre della password in chiaro, dato che negli attributi vengono sempre memorizzati degli *hash*, per non c'è modo di ottenere da uno di essi valori utilizzabili per gli altri.

L'*overlay*, come indicato dal nome, consente di sincronizzare anche eventuali attributi usati per mantenere su LDAP le password di Kerberos, ma solo per Heimdal Kerberos (che però ha una diffusione molto ridotta rispetto al più comune MIT Kerberos); qui vedremo solo come utilizzarlo per Samba. Una volta caricato il suo utilizzo deve essere abilitato con la direttiva `smbk5pwd-enable`, che prende come argomenti una lista separata da spazi dei moduli di sincronizzazione che si vogliono utilizzare; i valori possibili sono `krb5` per Heimdal Kerberos, `samba` per Samba e `shadow` per gli attributi relativi alle *shadow password*.

L'*overlay* infatti non si limita a sincronizzare ad ogni cambio password gli attributi che contengono gli *hash*, ma aggiorna anche attributi ausiliari come quelli relativi alla registrazione di quando il cambiamento è avvenuto (come `shadowLastChange` e `sambaPwdLastSet`) e con l'uso della ulteriore direttiva `smbk5pwd-must-change` può anche impostare un tempo massimo di durata delle password (operando di nuovo sugli opportuni attributi).

In sostanza, se si vuole che ogni eventuale cambio password fatto da Unix venga propagato automaticamente anche agli attributi utilizzati da Samba per gestire gli utenti sul dominio Windows, occorrerà aggiungere alla configurazione di LDAP qualcosa del tipo:

```
━━━━━━━━━━━━━━━━━━━━━━━━━━━━ slapd.conf ━━━━━━━━━━━━━━━━━━━━━━━━━━
...
moduleload       smbk5pwd

...
# Specific Directives for database #1 ...

...
overlay                        smbk5pwd
smbk5pwd-enable                samba shadow
#smbk5pwd-must-change   180
━━━━━━━━━━━━━━━━━━━━━━━━━━━━━━━━━━━━━━━━━━━━━━━━━━━━━━━━━━━━━━━━━━━
```

---

[41]con Debian esso è installabile con il pacchetto `slapd-smbk5pwd`, se si installa dai sorgenti, essendo distribuito come sperimentale, la sua compilazione deve essere abilitata esplicitamente.

Si tenga presente però che la sincronizzazione delle password è possibile solo quando viene fatto un cambiamento delle stesse,[42] e non risolve il problema di impostarle quando si crea un utente. Per questo è necessario disporre di programmi che siano in grado di fare una gestione *unificata* degli utenti, tenendo conto di queste problematiche di sincronizzazione. In questo ambito i più utilizzati sono i cosiddetti `smbldap-tools` (in Debian sono installabili direttamente tramite l'omonimo pacchetto) un insieme di script in Perl che consente di gestire gli utenti su LDAP per un ambiente misto Unix/Windows.

Questi script ricalcano il principio di funzionamento del programma `cpu` illustrato in sez. 3.1.1, e forniscono una serie di comandi (`smbldap-useradd`, `smbldap-userdel`, `smbldap-usermod` e gli analoghi per i gruppi) che hanno una sintassi praticamente identica ai relativi comandi classici, ma effettuano la gestione di utenti e gruppi sull'albero LDAP, tenendo anche conto, a differenza di quanto avviene per `cpu`, della necessità di mantenere anche le informazioni usate da Samba.

Dato che questi programmi operano direttamente sui dati di LDAP, occorre configurarli opportunamente in modo da consentire loro l'accesso; questo viene fatto attraverso due file di configurazione in `/etc/smbldap/`. Il primo file è `smbldap_bind.conf`, che contiene esclusivamente i dati da usare per il collegamento al server, vale a dire il DN dell'utente con cui collegarsi e la relativa password. Dato che i comandi supportano l'utilizzo di due server (un master ed uno slave) esistono in tutto quattro direttive da usare, illustrate in tab. 3.26.

Direttiva	Significato
`masterDN`	Il *Distinguished Name* dell'utente usato per collegarsi al server LDAP.
`slaveDN`	Il *Distinguished Name* dell'utente usato per collegarsi ad un eventuale server LDAP secondario.
`masterPw`	La password dell'utente usato per collegarsi al server LDAP principale.
`slavePw`	La password dell'utente usato per collegarsi ad un eventuale server LDAP secondario.

Tabella 3.26: Le direttive di configurazione del file `smbldap_bind.conf`.

Siccome i dati mantenuti in `smbldap_bind.conf` prevedono la presenza della password di accesso in chiaro, detto file deve essere protetto da lettura. Si tenga conto che l'esistenza di un server secondario è del tutto opzionale, qualora non esista basterà usare gli stessi valori indicati per il primario; un esempio del contenuto di questo file è il seguente:

```
───────────────────────────────── smbldap_bind.conf ─────────────────────────────────
slaveDN="cn=admin,dc=truelite,dc=it"
slavePw="password_segretissima"
masterDN="cn=admin,dc=truelite,dc=it"
masterPw="altra_password_altrettanto_segreta"
```

Tutte le restanti configurazioni sono invece mantenute nel file `smbldap.conf`, a partire dall'indicazione del server a cui rivolgersi, del ramo di albero su cui sono mantenute le informazioni,

---

[42]pertanto se si partisse da una situazione in cui gli utenti Unix sono già presenti, e si volessero aggiungere in un secondo tempo gli attributi ad uso di Samba, non ci sarebbe altro di poter sincronizzare le password che quello di cambiarle tutte.

delle modalità per eseguire le ricerche ed una serie di valori di default da utilizzare nella gestione di utenti e gruppi e per la configurazione di varie caratteristiche di Samba.

Il file `smbldap.conf` è sostanzialmente uno spezzone di codice Perl che viene incluso dai vari comandi dei `smbldap-tools`, per cui le *direttive* sono tutte nella forma di una assegnazione di variabile (perché in realtà proprio di questo si tratta) in cui il valore assegnato è fra virgolette; per questo nell'assegnazione si può anche fare riferimento al valore di un'altra variabile con la sintassi Perl `${variabile}`.

Le principali direttive (o variabili, a seconda del punto di vista) sono illustrate brevemente in tab. 3.27, il file di configurazione installato di default normalmente è ampiamente commentato con una descrizione dettagliata del significato di ciascuna variabile.

Direttiva	Significato
masterLDAP	Indirizzo IP del server LDAP.
masterPort	Porta del server LDAP.
slaveLDAP	Indirizzo IP di un eventuale server LDAP secondario.
slavePort	Porta di un eventuale server LDAP secondario.
suffix	La base della sezione di albero su cui sono mantenuti i dati degli account; in genere coincide con la base dell'albero stesso.
usersdn	Il DN della sezione di albero su cui sono mantenuti i dati degli utenti.
groupsdn	Il DN della sezione di albero su cui sono mantenuti i dati dei gruppi.
computersdn	Il DN della sezione di albero su cui sono mantenuti i dati delle macchine.
scope	La *profondità* della ricerca (secondo i valori di tab. 1.6).
SID	Il suffisso dei *Security ID* del dominio.
userLoginShell	La shell di default assegnata ai nuovi utenti.
defaultUserGid	Il *group ID* del gruppo di default assegnato ai nuovi utenti.
defaultComputerGid	Il *group ID* del gruppo di default assegnato agli utenti usati per identificare le macchine nel dominio.
skeletonDir	La directory da cui prendere i file da mettere nella home di un nuovo utente.
userSmbHome	Lo share su cui viene mappata la directory home dell'utente.
userProfile	Lo share su cui sono mantenuti i profili degli utenti.
userHomeDrive	Il disco Windows su cui viene mappato la directory home dell'utente.
userScript	Lo script di avvio per Windows (preso dalla home dell'utente) che viene eseguito all'ingresso nel dominio.

Tabella 3.27: Le direttive di configurazione del file `smbldap.conf`.

Le direttive essenziali sono `masterLDAP` e `masterPort` che permettono di indicare l'indirizzo del server (e rispettiva porta) a cui rivolgersi, la maggior parte delle altre (quelle riportate nella prima parte di tab. 3.27) servono ad impostare le caratteristiche della connessione al server: ad esempio `suffix` indica la base dell'albero, e le varie `*dn` specificano poi i sottorami in cui sono mantenute le varie informazioni. Una serie di altre direttive (quelle riportate nella parte finale di tab. 3.27) permettono invece di impostare caratteristiche standard degli utenti creati con i comandi degli `smbldap-tools`, ad esempio la shell di login con `userLoginShell`, o la directory da usare per mantenere i profili Windows con `userProfile`.

Un ruolo particolare è però quello svolto dalla direttiva `SID`, essa infatti indica il *Security ID* del dominio Samba; e serve come suffisso a tutti gli identificativi usati in ambito Windows.

Questo valore non può essere assegnato a piacere, ma deve corrispondere a quello usato da Samba, pertanto prima di poter usare gli `smbldap-tools` occorrerà eseguire il comando:

```
# net getlocalsid
SID for domain DOMAIN is: S-1-5-21-1911238739-97561441-2706018148
```

sulla macchina su cui gira il server Samba, per ottenere il valore da assegnare a questa variabile.[43] Questo infatti deve corrispondere ai valori che Samba mantiene internamente, altrimenti i dati di LDAP saranno considerati come appartenenti ad utenti di un altro dominio ed ignorati.

Qualora si avesse un albero già popolato di dati, e quindi con una serie di SID già determinati, sarebbe comunque possibile forzare Samba ad utilizzare un SID diverso da quello adottato internamente con il comando:

```
# net setlocalsid S-1-5-21-1911238739-97561441-2706018148
```

Per concludere un esempio del contenuto del file `smbldap.conf`, che utilizza gli stessi rami di albero già visti in precedenza, ed assume che il server LDAP sia installato sulla macchina stessa su cui si usano i **samba-tools**, è il seguente:

```
—————————————————————————————————— smbldap.conf —————————
SID="S-1-5-21-1911238739-97561441-2706018148"
sambaDomain="DOMAIN"
slaveLDAP="127.0.0.1"
slavePort="389"
masterLDAP="127.0.0.1"
masterPort="389"
...
usersdn="ou=Users,${suffix}"
computersdn="ou=Computers,${suffix}"
groupsdn="ou=Groups,${suffix}"
idmapdn="ou=Idmap,${suffix}"
...
userLoginShell="/bin/bash"
userHome="/home/%U"
userGecos="System User"
defaultUserGid="513"
defaultComputerGid="515"
skeletonDir="/etc/skel"
defaultMaxPasswordAge="175"
userSmbHome=""
userProfile=""
userHomeDrive="H:"
userScript="%U.cmd"
...
```

Una volta completata la configurazione in genere il primo passo che è quello di usare il comando `smbldap-populate`, che permette di creare su LDAP l'infrastruttura iniziale necessaria per gestire gli utenti di un dominio Windows, una procedura analoga a quella che si è vista in sez. 3.1.1 con l'uso dei `migrationtools`.

Una delle caratteristiche del comando è quella di creare, oltre ad una serie di gruppi standard dei domini Windows, un utente ospite per l'accesso anonimo (il default è **nobody**, ma lo si può

---

[43]in genere il *Security ID* viene impostato autonomamente da Samba al proprio interno.

cambiare specificando un nome diverso con l'opzione -b) ed un utente amministratore del dominio (il default è **root** che può essere cambiato con l'opzione -a). Quest'ultimo è molto importante, dato che è l'utente per conto del quale si potranno aggiungere macchine al dominio. Altre due opzioni supportate sono -e che invece di inserire i dati li esporta su un file LDIF (specificato come parametro dell'opzione) e -i che crea l'infrastruttura leggendola da un file LDIF (sempre passato come parametro).

Alla sua esecuzione il comando chiede la password dell'amministratore (l'utente ospite è senza password) ed esegue la creazione dell'infrastruttura notificando a video la creazione delle varie voci, con un qualcosa del tipo:

```
# smbldap-populate -a admin
Using workgroup name from sambaUnixIdPooldn (smbldap.conf): sambaDomainName=DOMAIN
Using builtin directory structure
entry dc=truelite,dc=it already exist.
adding new entry: ou=Users,dc=truelite,dc=it
adding new entry: ou=Groups,dc=truelite,dc=it
adding new entry: ou=Computers,dc=truelite,dc=it
adding new entry: ou=Idmap,dc=truelite,dc=it
entry sambaDomainName=DOMAIN,dc=truelite,dc=it already exist. Updating it...
adding new entry: uid=admin,ou=Users,dc=truelite,dc=it
adding new entry: uid=nobody,ou=Users,dc=truelite,dc=it
adding new entry: cn=Domain Admins,ou=Groups,dc=truelite,dc=it
adding new entry: cn=Domain Users,ou=Groups,dc=truelite,dc=it
adding new entry: cn=Domain Guests,ou=Groups,dc=truelite,dc=it
adding new entry: cn=Domain Computers,ou=Groups,dc=truelite,dc=it
adding new entry: cn=Administrators,ou=Groups,dc=truelite,dc=it
adding new entry: cn=Print Operators,ou=Groups,dc=truelite,dc=it
adding new entry: cn=Backup Operators,ou=Groups,dc=truelite,dc=it
adding new entry: cn=Replicators,ou=Groups,dc=truelite,dc=it
Changing password for admin
New password :
Retype new password :
```

Una volta che l'infrastruttura iniziale dell'albero è a posto, i vari comandi del pacchetto consentiranno di creare, cancellare e modificare i dati di utenti e gruppi operando direttamente su LDAP, mantenendo allo stesso tempo la coerenza degli stessi per il loro utilizzo sia da parte di Samba che da parte di PAM e NSS ed ottenere un meccanismo di gestione centralizzata sia in ambiente Unix che Windows. In tab. 3.28 si è riportato un riassunto dei vari comandi che fanno parte degli *smbldap-tools*.

Comando	Scopo
smbldap-populate	Crea l'infrastruttura iniziale dei dati su LDAP.
smbldap-useradd	Crea un nuovo utente.
smbldap-usermod	Modifica le caratteristiche di un utente.
smbldap-userdel	Cancella un utente.
smbldap-groupadd	Aggiunge un gruppo.
smbldap-groupmod	Modifica le caratteristiche di un gruppo.
smbldap-groupdel	Cancella un gruppo.
smbldap-passwd	Cambia la password di un utente.

Tabella 3.28: I comandi che fanno parte del pacchetto smbldap-tools.

I comandi per creare, modificare e cancellare un utente sono rispettivamente `smbldap-useradd`, `smbldap-usermod` e `smbldap-userdel`. Quest'ultimo prende come unica opzione `-r`, che se specificata rimuove anche la home directory dell'utente. I primi due supportano un insieme comune di opzioni, le principali delle quali sono illustrate in tab. 3.29. La tabella è suddivisa in due sezioni, in alto si sono riportate le opzioni relative all'ambiente Unix, simili a quelle degli analoghi comandi classici, ed in basso quelle relative all'ambiente Windows. Per un elenco completo si può al solito fare riferimento alle pagine di manuale dei vari comandi.

Opzione	Significato
-g	Imposta il gruppo principale dell'utente, se non specificato viene usato il valore corrispondente a quanto indicato da `defaultUserGid`.
-G	Imposta una lista (specificata come elenco separato da virgole) di gruppi ausiliari di cui l'utente è membro, se non specificato l'utente sarà membro solo del suo gruppo principale.
-P	Termina invocando `smbldap-passwd` per impostare una password per l'utente.
-s	Imposta la shell passata come parametro come shell di default.
-u	Imposta un valore numerico (passato come parametro) per l'*uid* dell'utente.
-B	Imposta la proprietà che forza l'utente Windows a eseguire il cambiamento della password al primo accesso; prende rispettivamente i valori 0 (no) e 1 (si).
-C	Imposta lo share su cui viene mappata la directory home dell'utente.
-D	Imposta la lettera associata al disco Windows su cui viene mappata la directory home dell'utente.
-E	Imposta lo script Windows eseguito all'ingresso nel dominio.
-F	Imposta lo share usata per mantenere i profili dell'utente.

Tabella 3.29: Le opzioni comuni dei comandi `smbldap-useradd` e `smbldap-usermod`.

Il comando `smbldap-useradd` prende come argomento l'username dell'utente da creare, e rispetto a quelle già illustrate in tab. 3.29 prevede alcune opzioni specifiche, riportate in tab. 3.30. In genere lo si invoca semplicemente con `-m` per richiedere la creazione della home directory e con `-a` per avere un utente utilizzabile anche in ambito Windows.

Opzione	Significato
-a	Aggiunge le *objectclass* e gli attributi necessari per mantenere i valori delle credenziali in ambito Windows.
-m	Crea la home directory dell'utente se non esiste già.
-k	Copia i file della directory definita da `skeletonDir` nella home dell'utente, altrimenti viene usata /etc/skel (valida solo se congiunta a -m).
-w	Crea un utente speciale da associare ad una workstation nel dominio (ad uso di Samba per la gestione delle macchine nel dominio).

Tabella 3.30: Le opzioni specifiche del comando `smbldap-useradd`.

Per modificare le caratteristiche di un utente già presente si può invece usare il comando `smbldap-usermod` che prende come argomento il nome dell'utente. Le principali opzioni specifiche di questo comando sono riportate in tab. 3.31.

Opzione	Significato
-e	Imposta una data di scadenza dell'account.
-L	Disabilita l'utente lato Unix.
-U	Riabilita l'utente lato Unix.
-I	Disabilita l'utente lato Windows.
-J	Riabilita l'utente lato Windows.

Tabella 3.31: Le opzioni specifiche del comando `smbldap-usermod`.

Infine per modificare la password di un utente, con la sicurezza che questa venga aggiornata sia per quanto riguarda la parte usata in ambiente Unix e per LDAP stesso (in sostanza l'attributo `userPassword`) che per l'ambiente Windows (gli attributi usati da Samba allo scopo), è disponibile il comando `smbldap-passwd`, che prende come argomento il nome utente e chiede (due volte, la seconda per conferma) la nuova password. Il comando prende solo due opzioni: `-u` per modificare solo la password Unix e `-s` per modificare solo quella Windows.

Come avviene per comandi classici anche negli **smbldap-tools** sono presenti degli opportuni script per operare sui gruppi; in particolare i comandi analoghi ai precedenti visti per gli utenti sono `smbldap-groupadd`, `smbldap-groupmod` e `smbldap-groupdel`; quest'ultimo permette di cancellare un gruppo, passato come argomento, e non ha nessuna opzione, gli altri due invece supportano alcune opzioni comuni, le principali delle quali riportate in tab. 3.32.

Opzione	Significato
-g	Imposta il valore numerico del *gid* al valore passato come parametro.
-a	Aggiunge automaticamente al gruppo un SID opportuno per renderlo utilizzabile in ambito Windows.
-s	Imposta il valore del SID del gruppo al valore passato come parametro.

Tabella 3.32: Le opzioni comuni dei comandi `smbldap-groupadd` e `smbldap-groupmod`.

Un nuovo gruppo può essere creato con il comando **smbldap-groupadd**, specificando il nome del gruppo. In genere l'unica opzione che si usa è `-a` per richiedere al comando anche la creazione dei dati che verranno utilizzati da Samba per gestire le credenziali per Windows. Altre caratteristiche possono essere impostate manualmente con le opzioni di tab. 3.32.

Opzione	Significato
-x	Elimina dal gruppo la lista degli utenti (separata da virgole) passata come parametro.
-m	Aggiunge al gruppo la lista degli utenti (separata da virgole) passata come parametro.
-n	Modifica il nome del gruppo sostituendolo con quello passato come parametro.

Tabella 3.33: Le opzioni specifiche del comando `smbldap-groupmod`.

Una volta creato un gruppo può essere modificato con il comando `smbldap-groupmod`, che di nuovo prende come argomento il nome del gruppo. Oltre a quelle illustrate in tab. 3.32 le altre opzioni rilevanti specifiche di questo comando sono state elencate in tab. 3.32.

Indice analitico

Bibliografia

[AGL]   Simone Piccardi. *Amministrare GNU/Linux*. Truelite S.r.l., 5th edition, 2018. `https://www.truelite.it/amministrare-gnu-linux`.

[GaPiL]   Simone Piccardi. *Guida alla Programmazione in Linux*. Simone Piccardi, 2012. `https://gapil.gnulinux.it`.

[RegExp]   Jeffrey E. F. Friedl. *Mastering regular expression*. O'Reilly, 1997.

[SGL]   Simone Piccardi. *La sicurezza con GNU/Linux*. Truelite S.r.l., 2003. `https://labs.truelite.it`.

[WebServ] Simone Piccardi. *I servizi web*. Truelite S.r.l., 2003. `https://labs.truelite.it`.